中国廉政史鉴

李洪峰题

典章制度卷

1

李洪峰 主编

文化艺术出版社
Culture and Art Publishing House
國家圖書館出版社

《中国廉政史鉴》编辑委员会

谢冬荣　国家图书馆古籍馆副馆长，副研究馆员

方自今　国家图书馆出版社社长，副研究馆员

贾贵荣　国家图书馆出版社副总编辑，编审

郭又陵　国家图书馆高级馆员

秦建业　中央纪委驻文化部纪检组副组长、监察局局长

亓胜阁　中央纪委驻文化部纪检组监察局副局长、正局级纪检监察员

陈　锋　中央纪委驻文化部纪检组监察局办公室主任，博士研究生

《中国廉政史鉴·典章制度卷》撰写人员

组　长：

贾磊磊　中国艺术研究院院长助理、文化发展战略研究中心主任，研究员

成　员：

王　磊　中国艺术研究院《文艺理论与批评》杂志社编辑，博士研究生

霍明宇　中国艺术研究院《艺术评论》杂志社助理研究员，博士研究生

肖　庆　中国艺术研究院文化发展战略研究中心助理研究员，博士后

任　慧　中国艺术研究院文化发展战略研究中心副研究员，博士研究生

叶楚炎　中国艺术研究院文化发展战略研究中心助理研究员，博士研究生

刘　藩　中国艺术研究院文化发展战略研究中心副研究员，博士研究生

石一冰　中国艺术研究院音乐研究所助理研究员，博士研究生

序

中共中央书记处书记、
中央纪律检查委员会副书记　何勇

廉政文化建设，面向全党全社会，以党政机关和领导干部为重点，以培育廉洁价值理念为根本，以廉政制度和规范为支撑，以群众广泛参与的廉政文化创建活动和丰富多彩的廉政文化产品为载体，在反腐倡廉建设中处于基础性地位。

加强廉政文化建设，是贯彻落实科学发展观的必然要求，是建设社会主义核心价值体系的重要内容，是深入推进党风廉政建设和反腐败斗争的战略举措，对于坚定中国特色社会主义共同理想，加强党的执政能力建设和先进性建设，提高党员干部拒腐防变能力，增强全社会反腐倡廉意识，形成廉荣贪耻的思想道德基础和文化氛围，从源头上预防和减少腐败现象发生，具有重要意义。

中国几千年历史中蕴藏着丰厚的廉政文化精华，包括深刻的廉政思想、丰富的典章制度和灿若群星的历史人物。这些宝贵的历史文化精华，是新形势下加强廉政文化建设的重要资源，必须认真研究、充分利用，并赋予其崭新的时代内涵和鲜明的时代特色，使之不断发扬光大。

唐太宗李世民有一句名言："以铜为鉴，可正衣冠；以古为鉴，可知兴替；以人为鉴，可明得失。"[1] 清代的龚自珍说："出乎史，入乎道；欲知大道，必先为史。"[2]

注重学习和借鉴历史经验，是我们党的优良传统。毛泽东同志指出，"历史的经验值得注意"，"我们要研究哪些是过去的成功和胜利，哪些是失败，前车之覆，后车之鉴"。[3] 邓小平同志指出，"历史上成功的经验是宝贵财富，错误的经验、失败的经验也是宝贵财富。"[4] 江泽民同志指出，"作为一个领导干部特别是高级干部，自然科学和社会科学的基本知识都应具备。不读点历史，

---

〔1〕《新唐书·魏徵传》。

〔2〕龚自珍：《定庵续集》卷一《尊史》，《四部丛刊》本。

〔3〕《毛泽东文集》第二卷，人民出版社 1993 年第 1 版，第 339 页。

〔4〕《邓小平文选》第三卷，人民出版社 1993 年第 1 版，第 234—235 页。

不了解中国历史和外国历史，不知道历史与现实的联系，不掌握中外历史上的成功与失败、经验与教训，怎么治理社会、治理国家啊？……所以，我始终主张，我们的领导干部特别是高级干部必须读点历史。”〔1〕胡锦涛同志强调：要铭记历史，特别是铭记我们党领导人民创造的中国革命史，要注重总结和发扬我们党在革命战争时期保持先进性的历史经验，坚持用时代发展的要求审视和认识自己，以改革的精神加强和完善自己，全面加强党的先进性建设，扎实做好保持共产党员先进性的各项工作。学习中国历史，了解和懂得自古以来中国人民创造的灿烂历史文化，从中汲取有益于加强修养、做好工作的智慧和营养，有助于在廉洁与腐败、进步与落后的斗争中，把握方向、站稳立场、坚定信念，筑牢反腐倡廉思想防线。〔2〕

当前，在严峻复杂的国际环境下，在国内经济体制深刻变革、社会结构深刻变动、利益格局深刻调整、思想观念深刻变化和各种社会矛盾凸显的历史条件下，我们党面临的执政考验、改革开放考验、市场经济考验、外部环境考验是长期的、复杂的、严峻的。精神懈怠的

〔1〕江泽民2000年5月14日《在江苏、浙江、上海党建工作座谈会上的讲话》，《江泽民论有中国特色社会主义（专题摘编）》，中央文献出版社2002年第1版，第700页。

〔2〕参见胡锦涛《在中共中央政治局第三十三次集体学习时的讲话》，《人民日报》2006年7月26日。

危险，能力不足的危险，脱离群众的危险，消极腐败的危险，更加尖锐地摆在全党面前。落实党要管党、从严治党的任务比以往任何时候都更为繁重、更为紧迫。提高党的领导水平和执政水平，提高拒腐防变和抵御风险能力，加强党的执政能力建设和先进性建设，面临许多前所未有的新情况、新问题、新挑战。现阶段的反腐败斗争，面临党风廉政建设和反腐败斗争呈现出成效明显和问题突出并存，防治力度加大和腐败现象易发多发并存，群众对反腐败期望值不断上升和腐败现象短期内难以根治并存的总体态势，反腐败斗争形势依然严峻、任务依然艰巨。我们必须警钟长鸣，深刻认识反腐败斗争的长期性、复杂性、艰巨性，深刻认识我们党反对腐败的坚强意志和坚定决心，深刻认识中国特色社会主义的政治优势，坚持“标本兼治、综合治理、惩防并举、注重预防”的战略方针，把反腐倡廉建设摆在更加突出的位置，以更加坚定的信心、更加坚决的态度、更加有力的举措推进惩治和预防腐败体系建设，不断把党风廉政建设和反腐败斗争引向深入，努力提高反腐倡廉建设科学化水平。

要把廉政文化建设摆在更加突出的位置。坚持以人为本、坚持突出重点、坚持重在建设、坚持服务大局，不断提高廉政文化水平。要坚持用科学理论引导人、廉洁理念教育人、先进文化熏陶人，不断提高干部群众的思想道德修养和廉洁从政、廉洁从业意识。要以党政机关和领导干部为重点，面向全体社会成员，扩大覆盖面，增强影响力，形成有利于反腐倡廉建设的广泛群众基础和良好社会氛围。要在运用以往行之有效的好经验好做法的基础上，抓活动、抓阵地、抓作品、抓舆论，积极探索新思路、新办法、新举措，扎实推进廉政文化建设取得积极进展和显著成效。

《中国廉政史鉴》的出版，是廉政文化建设的一件大事。2008 年 8 月以来，在文化部的大力支持下，在李洪峰同志主持下，中央纪委监察部驻文化部纪检组监察局会同中国艺术研究院和国家图书馆，组织一百多位专家学者，历时近四年时间，编纂了《中国廉政史鉴》，分别以著名历史人物廉政实践、重要典章制度沿革、重要廉政思想理论发展为线索，系统梳理了中国历史上的廉政精华，完成了四百多万字的巨帙。这部书容量巨大、可读性强、富有借鉴意义，相信它的出版一定会对推动廉政文化建设起到重要作用。

目录

绪论

李洪峰

中国古代的廉政文化，是博大精深的中华历史文化的一脉清泉，源远流长，清净明澈；在今天，仍然极富教育意义，具有巨大的感染力。

中国古代的廉政文化，概括言之，可以分为三个方面，即思想理论、典章制度和历史人物。这三个方面，都包含着极为丰富、厚重的内容，充实而有光辉，体现了中国古代政治文明成就。为了弘扬伟大祖国优秀的历史文化，为加强廉政文化提供有益借鉴，我们对中国古代的廉政文化进行了初步的梳理。

一、 中国古代的廉政思想

中国古代思想文化资源博大精深，“百川异源，而皆归于海；

百家殊业，而皆务于治”[1]。其中廉政思想是一个重要的论题。

“廉”，最初指官员应具有的品德之一。舜时代提出从政者要有九种品德：“宽而栗，柔而立，愿而恭，乱而敬，扰而毅，直而温，简而廉，刚而塞，强而义。”[2]“简而廉”，意思是“性简大而有廉隅”，即性格豁达而又行为端方。

到西周时，“廉”作为官员一种必备的品质纳入考察考核。“以听官府之六计，弊群吏之治。一曰廉善，二曰廉能，三曰廉敬，四曰廉正，五曰廉法，六曰廉辨。”[3]“廉”在此当为坚持原则的意思。后来唐朝的贾公彦注释这里的“廉”字时说：“廉者，洁不滥浊也。”[4]不过，廉狭义固定为“廉洁”之意是在春秋时期。管仲提出：“国有四维……一曰礼，二曰义，三曰廉，四曰耻。礼不逾节，义不自进，廉不蔽恶，耻不从枉。”[5]这四维，都是指遵守法度、不逾规矩。晏婴曾提出：“廉者，政之本也”，“廉之谓公正”,[6]“故圣人伏匿隐处，不干长上，洁身守道，不与世陷乎邪，是以卑而不失义，瘁而不失廉。”[7]凝而聚之，“行廉而不为苟得”[8]作为一种品德内涵趋于固定，廉洁而不贪的意义明晰而特指了。

战国时，廉洁与不贪的意义固定下来。屈原说：“朕幼清以廉洁兮。”[9]东汉人王逸注释说：“不受曰廉，不污曰洁。”这应该

[1]《淮南子·氾论训》。
[2]《尚书·皋陶谟》。
[3]《周礼·天官冢宰·小宰》。
[4]《周礼注疏·天官冢宰》。
[5]《管子·牧民》。
[6]《晏子春秋·内篇杂下》。
[7]《晏子春秋·内篇问上》。
[8]《晏子春秋·内篇杂上》。
[9]《楚辞·招魂》。

符合屈子的本义。韩非子讲："百官之吏，亦知为奸利之不可以得安也，必曰：'我不以清廉方正奉法，乃以贪污之心枉法以取私利，是犹上高陵之颠，堕峻溪之下而求生，必不幾矣。'安危之道若此其明也，左右安能以虚言惑主，而百官安敢以贪渔下？是以臣得陈其忠而不弊，下得守其职而不怨。此管仲之所以治齐，而商君之所以强秦也。"〔1〕韩非子明确提出国家强盛的一个重要原因，就是臣僚清廉方正，而不是放纵贪污之心以徇私枉法。

因此，廉政的内涵在廉正与廉洁之间。廉政，在国家层面，是一种政治文明形态；对官员个人，则是一种从政品质和风范。廉政的思想观念，伴随公权的产生而产生；其相对固定和系统化，是在王朝建立之后。在几千年的中国政治思想史上，廉政思想集中表现为八个理念：民本、德治、任贤、治吏、明法、勤政、节用、教化。

（一）古代的民本思想

民本观念是中国古代倡导的从政价值理念。价值观是思想的灵魂，民本观念是中国廉政思想的基石。

夏启废禅让建立家天下，宣扬"有夏服天命"〔2〕的天命观。但是，夏启的儿子太康即位后就沉迷游乐，不理朝政，结果被放逐。是时，《五子之歌》讽之曰："皇祖有训：民可近，不可下。民惟邦本，本固邦宁。"〔3〕这是关于民本思想的第一次呐喊。夏商相继覆亡，西周汲取前两朝的政治教训，提出"敬德保民"、

〔1〕《韩非子·奸劫弑臣》。
〔2〕《尚书·召诰》。
〔3〕《尚书·五子之歌》。

"以德配天"，所谓"聿修厥德，永言配命，自求多福"[1]。其中"德"包括敬天、敬宗、保民三方面，尤其要"怀保小民"[2]，舍此难保天祚。

春秋战国的动荡，彰显了民心向背的力量。"贵以贱为本，高以下为基"[3]，"唯人是保，而利合于主，国之宝也。"[4] 于是，孔子提出了庶民富民教民的仁政思想[5]。孟子继而提出了"民为贵，社稷次之，君为轻"[6] 的政治秩序理论，要求统治者须有"忧民之忧"及"与民同乐"的思想境界，有解民于"倒悬"的政治作为，建立"恒产"的产权制度以保障民生。荀子则更进一步提出"天之生民，非为君也；天之立君，以为民也"[7] 的立君为民权力观。至此，先秦民本思想基本形成。

先秦民本思想具有通过制民巩固君权的政治立场。孔子讲仁政，要富民教民，归根结底是为了"使民"。孔子说："百姓足，君孰与不足？百姓不足，君孰与足？"[8] 民众是国家的经济基础。孔子又说："善人教民七年，亦可以即戎矣。"[9] 民众是国家的军事基础。孔子还说："君子学道则爱人，小人学道则易使。"[10] 民众是国家的政治基础。儒家讲教化，但是它极其明确的立场却在

---

〔1〕《诗经·大雅·文王》。
〔2〕《尚书·无逸》。
〔3〕《道德经·第三十九章》。
〔4〕《孙子兵法·地形篇》。
〔5〕《论语·子路》。
〔6〕《孟子·尽心下》。
〔7〕《荀子·大略》。
〔8〕《论语·颜渊》。
〔9〕《论语·子路》。
〔10〕《论语·阳货》。

于，“民可使由之，不可使知之”[1]，“劳心者治人，劳力者治于人；治于人者食人，治人者食于人”[2] “君者，舟也；庶人，水也。水则载舟，水则覆舟。……故君人者，欲安则莫若平政爱民矣。”[3] 这都是讲君主是为治主体，民众是治理客体，客体是基础，搞得不好客体就要颠覆主体。从秦始皇到汉武帝，封建专制制度在全国最终确立起来。应该说，封建君主政治正是植根于民本思想的上述政治立场，才把它作为治国策略思想。董仲舒发现了这一奥妙所在，指出“唯天子受命于天，天下受命于天子，一国受命于君”，“ 君者，民之心也；民者，君之体也。”[4] 汉武帝欣赏君权天授原则基础上的民本思想，实行“罢黜百家，独尊儒术”，民本思想进入主流意识形态，奠定了君主集权制民的基石，也派生出天子与官僚都要“爱民如子”的廉政蕴涵。

民本思想也适应了春秋战国时期政治治理的转型，它的产生恰好伴随着世卿世禄制度到封建官僚制度的转变。世卿世禄制度的终结，统治主体代之以官僚集团。关于官僚政治，“从理论上讲，往往是如此的：（一）所尽的责任，减至最小限度。（二）所得的利益，扩充至最大限度。……所以怠惰和贪污，乃是官僚阶级的本性”[5]。“官僚和民众的利益，是处于相反的地位的。”[6] “君主所处的地位，一方面固然代表其一人一家之私……又一方面，则亦代表人民的公益，而代他们监督治者阶级。”[7] 君主与

---

〔1〕《论语·泰伯》。
〔2〕《孟子·滕文公上》。
〔3〕《荀子·王制》。
〔4〕《春秋繁露·为人者天》。
〔5〕《吕思勉讲中国政治》，九州出版社 2008 年版（下同），第 211 页。
〔6〕 同上书，第 213 页。
〔7〕 同上书，第 236 页。

民众处在利益的两极，民本思想针对的是防止中饱阶层的形成。反对中饱官僚集团欺上压下，是专制体制反腐败的重要任务。中国古代民本思想的廉政意义及其局限性都在于此。

恰因如此，民本思想成为约束官僚集团政治行为的一个准绳。西汉思想家贾谊将以民为本视为国家政治生活的基本准则："闻之于政也，民无不为本也。国以为本，君以为本，吏以为本。故国以民为安危，君以民为威侮，吏以民为贵贱。此之谓民无不为本也。"〔1〕

在政治实践中，民本思想首先要求官吏关注民生。"夫民者，国之根也，诚宜重其食，爱其命。"〔2〕 凡属把发展民生作为要务的官吏都受民拥戴，也为朝廷赞赏。例如，西汉宣帝时，渤海太守龚遂赈灾民、选良吏、施教化、劝农桑，治理升平，后被《汉书》列为第一循吏。

民本思想要求官僚顺应民心、惩恶扬善。"圣人无常心，以百姓心为心。"〔3〕 民众的意志彰显社会的善恶，是行政的主要依据。唐朝宰相狄仁杰为官，不媚上、不阿贵，始终保持体恤百姓的本色，做大理丞到任一年，便处理了前任遗留下来的诸多案子，没有一人上诉伸冤，后被称之为"唐室砥柱"。

民本思想还体现于官员执政价值追求方面。北宋范仲淹"先天下之忧而忧，后天下之乐而乐"〔4〕，南宋陆游"位卑未敢忘忧国"〔5〕，清代黄宗羲"我之出而仕也，为天下，非为君也；为万

〔1〕《新书·大政上》。
〔2〕《三国志·吴书·陆凯传》。
〔3〕《道德经·第四十九章》。
〔4〕 范仲淹：《岳阳楼记》。
〔5〕 陆游：《病起书怀》。

民，非为一姓也”[1]，晚清龚自珍“落红不是无情物，化作春泥更护花”[2]，无不彰显了民本思想。

隋唐以后，民本思想通过科举制度注入政治体制之中，造就了中国古代政治特有的文化气质，形成了一股廉洁政治清流，源远流长数千年，在一定程度上对封建政治腐败现象起了抑制和延缓作用。

（二）古代的德治思想

中国古代的德治渊源可以追溯到上古。尧舜禹是部落首领，更是道德楷模，他们和睦群体，禅让而治。家天下开始后，夏商周三代统治集团很快认识到要“敬德、保民、配天”。

在春秋争霸的战火中，思想家疾呼德治。一方面是道家消极的德治，一方面是儒家积极的德治。老子提倡统治者“见素抱朴，少私寡欲”[3]，施行无为而治，薄税敛、轻刑罚、慎用兵、尚节俭。孔子反对暴虐政治和不义之战，明确提出了“为政以德”的主张。他说：“为政以德，譬如北辰，居其所而众星共（同‘拱’）之。”[4] 如何为政以德？孔子认为包括仁政与礼治两个方面，其中前者为本，后者为辅。仁是出发点，即律己宽人的“忠恕”之道，“己欲立而立人，己欲达而达人”[5]，“己所不欲，勿施于人”[6]。治是归宿，就是要“敬事而信，节用而爱人，使民

[1] 《明夷待访录·原臣》。
[2] 龚自珍：《己亥杂诗》。
[3] 《道德经·第十九章》。
[4] 《论语·为政》。
[5] 《论语·雍也》。
[6] 《论语·颜渊》。

以时"[1]，"博施于民而能济众"[2]。

孟子把伦理和政治紧密结合起来，强调道德修养是搞好政治的根本，"乐以天下，忧以天下，然而不王者，未之有也。"[3] 因此，要顺民意、体民情、殖民产。荀子要求以政惠民、以德导民、以礼齐民，尤其要讲究礼乐法度，"人君者隆礼尊贤而王，重法爱民而霸，好利多诈而危，权谋、倾覆、幽险而亡。"[4]

秦统一了中国，但是迅速灭亡了。许多政治家、思想家认为秦朝灭亡的原因之一在于它违背了德政，"仁义不施而攻守之势异也"[5]。汉初大兴德政，倡导黄老无为之治，令民休养生息。汉武帝开始崇尚积极进取的儒学，德治进一步转型。董仲舒意识到君主统治集团权力日益强大，难免造成政治混乱与倾覆，于是在理论上提出一定要加强道德修养，依靠德治管理国家。董仲舒提出了天人合一学说，为德治提供理论依据。"天之任阳不任阴，好德不好刑"[6]，"天之生民，非为王也，而天立王以为民也。故其德足以安乐民者，天予之；其恶足以贼害民者，天夺之。"[7] "国之所以为国者，德也"，"是故为人君者，固守其德以附其民"[8]。"君民者，贵孝弟而好礼义，重仁廉而轻财利，躬亲职此于上，而万民听，生善于下矣。"[9] 而一旦君主滥用权力，有背天道，就会遭到"天谴"。从此之后，历代统治者大都重视道德教化对于

---

[1]《论语·学而》。
[2]《论语·雍也》。
[3]《孟子·梁惠王下》。
[4]《荀子·强国》。
[5] 贾谊：《过秦论》。
[6]《春秋繁露·阴阳位》。
[7]《春秋繁露·尧舜不擅移，汤武不专杀》。
[8]《春秋繁露·保位权》。
[9]《春秋繁露·为人者天》。

管理国家“如鸟有翼，如鱼依水，失之必死，不可暂无”[1] 的作用。

宋朝重文治，“理学”应运而生，德治从理论到实践上升为治国轨度。理学认为，君主的个人品行是治乱兴衰的根本原因，君主要“正心诚意”，通过修德以正心去实施仁政，恤民养民，尽量避免耗用民力，使民安于生产，满足人民的衣食之需，进而达到修礼义、尊君亲。官吏要爱民，民为邦本，爱民就是爱君。在形式上要以礼治国，德是礼的根本，礼是德的制度表现，要通过礼治协调社会关系，完善社会等级秩序。

明末清初，黄宗羲、王夫之、顾炎武等进步思想家，批判“存天理，灭人欲”的宋明理学，提出“国家兴亡，匹夫有责”的德治思想，主张劝学和奖廉，通过正人心、厚风俗、行孝悌、倡廉耻，促进克己奉公，实现合天下之私以成天下之公的德治理想。

中国几千年历史，德治是基本一贯的政治主张，因此在为政道德建设方面积累了丰富的资源。例如，孔子提出：“尊五美，屏四恶，斯可以从政矣。”“五美”即“君子惠而不费，劳而不怨，欲而不贪，泰而不骄，威而不猛”。“四恶”即“不教而杀谓之虐；不戒视成谓之暴；慢令致期谓之贼；犹之与人也，出纳之吝谓之有司”[2]。汉代扬雄提出：“君子为国，张其纲纪，谨其教化。导之以仁，则下不相贼；莅之以廉，则下不相盗；临之以正，则下不相诈；修之以礼义，则下多德让。”[3] 根据唐太宗李世民统治经验编写成的《贞观政要》和《帝范》，其中不少涉及帝王

---

〔1〕《贞观政要·慎所好》。
〔2〕《论语·尧曰》。
〔3〕《法言·先知卷第九》。

修养问题。武则天编《臣轨》专辟“廉洁”一章，论及廉洁的重要性：“君子虽富贵，不以养伤身；虽贫贱，不以利毁廉。……廉平之德，吏之宝也。”〔1〕欧阳修则提出：“廉耻，士君子之大节，罕能自守者，利欲胜之耳。”〔2〕南北朝时期苏绰提出君主必须具备八种品德：“必心如清水，形如白玉，躬行仁义、躬行孝悌、躬行忠信，躬行礼让，躬行廉平，躬行俭约，然后继之以无倦……加之以明察。”〔3〕北宋司马光则提出：“人君大德有三，曰仁，曰明，曰武。”〔4〕南宋朱熹提出治理天下的根本在于君主“正心诚意”〔5〕。康熙撰《廉静论》，论述“吏尤以廉为贵也”〔6〕。

为政道德思想，一方面针对君主，一方面针对官僚。君主道德修养由“天”管辖，官僚的道德修养则付诸考课制度。比如，唐代文官考课制度的标准是“四善二十七最”。其中，二十七最强调官吏的为政才能，四善则突出官吏的道德修养。“凡考课之法有四善：一曰德义有闻，二曰清慎明著，三曰公平可称，四曰恪勤匪懈。”〔7〕明清文官考核制度规定有“四格”和“八法”的内容。四格“才、守、政、年”之中的操守就是对道德方面的要求，八法“贪、酷、罢软无为、不谨、年老、有疾、浮躁、才力不及”之中的不谨、浮躁、贪、酷四项也主要是指官员道德方面的缺陷和错误。

中国古代思想家、政治家还提出一些方法，用来修养德性，

---

〔1〕武则天：《臣轨·廉洁章》。
〔2〕《欧阳修集·笔说·廉耻说》。
〔3〕《北史·苏绰列传》。
〔4〕《续资治通鉴·宋纪五十九》。
〔5〕《宋史·道学（三）》。
〔6〕《康熙御批·廉静论》。
〔7〕《唐六典·尚书吏部》。

直至仕进。如儒家经典《大学》讲三纲八目，阐述不断加强个人修养，强调通过格物、致知、诚意、正心、修身、齐家、治国、平天下，完善内在的德智修养，严格约束自己的行为举止，实现外在事业的完成。

（三）古代的任贤思想

任贤使能，或者说“尚贤”、“任贤”，是古代廉政思想的重要组成部分。“贤”，本义指“多才”，但依中国古代政治传统论，“贤”等同于“善”。《吕氏春秋》中讲：“以和氏之璧与百金以示鄙人，鄙人必取百金矣；以和氏之璧、道德之至言以示贤者，贤者必取至言矣。”[1] 可以看出，贤人首先是有道德的人。它的反义词是“不肖”，如果是自谦，就是“不才”的意思；如果他指，就是“品行不端”。正是“贤”的双重含义，任贤总的要求是重用优异之人。

周文王和姜太公讨论圣贤之君的治道，姜尚列出的第一条就是“上贤，下不肖”[2]。后来周公旦摄政，思贤若渴，礼贤下士，“一沐三握发，一饭三吐哺，犹恐失天下之士”[3]，传为历史美谈。

春秋列国争霸，贤人政治备受推崇。打破贵贱出身的社会偏见，不拘一格选用贤人，成为一条重要的治国经验。齐桓公曾问郭国父老亡国之因，父老回答说：“国君爱贤人而不任用，恨坏人而不翦除，所以导致亡国。”齐桓公深受启发，重用鲍叔牙荐举的

[1]《吕氏春秋·异宝》。
[2]《太公六韬·文韬·上贤》。
[3]《韩诗外传》卷三。

管仲为相，“九合诸侯，一匡天下”[1]，遂成霸业。而晚年任用了易牙、开方、竖刁之类的奸佞，结果导致身死国衰。管仲树立贤人伟业，孔子评价道：“管仲相桓公，霸诸侯，一匡天下，民到于今受其赐。微管仲，吾其被发左衽矣！岂若匹夫匹妇之为谅也，自经於沟渎而莫之知也！”[2] 鉴于此，孔子力主“举贤”。在回答鲁哀公治乱问策时，他说：“政在选贤”[3]；在回答仲弓关于为政之要时，他说：“先有司，赦小过，举贤才”[4]；在谈大同理想时，他说：“大道之行也，天下为公，选贤与能，讲信修睦”[5]。孟子主张“贤者在位，能者在职”[6]，他所提出的可致“无敌于天下”的五项国策中，第一项即为“尊贤使能，俊杰在位”[7]。荀子也高度推崇“尚贤使能”，将“贤能不待次而举，罢不能不待须而废”列为“王者之政”[8]。荀子还讲：“君人者欲安则莫若平政爱民矣，欲荣则莫若隆礼敬士矣，欲立功名则莫若尚贤使能矣，是君人者之大节也。三节者当，则其余莫不当矣；三节者不当，则其余虽曲当，犹将无益也。”[9]

墨子曾经系统论述“尚贤”的思想。墨子把使用人才上升为治乱兴衰的根本国策，“尚贤者，政之本也”。他强调“贤”是选官的唯一标准，其他如身份、地位、职业等等社会因素都不可影响人才的使用。“故古者圣王之为政，列德而尚贤，虽在农与工肆之人，有能则举之，高予之爵，重予之禄，任之以事，断予之

---

[1] 《史记·管晏列传》。
[2] 《论语·宪问》。
[3] 《韩非子·难三》。
[4] 《论语·子路》。
[5] 《礼记·礼运》。
[6][7] 《孟子·公孙丑上》。
[8][9] 《荀子·王制》。

令……故官无常贵，而民无终贱，有能则举之，无能则下之。”任贤的标准有三条，凡“厚乎德行，辩乎言谈，博乎道术者”，就要量才而任用，量功而分禄。[1]

法家选官突出“能”而重“事功”。李悝提出“为国之道，食有劳而禄有功，使有能而赏必行、罚必当”[2]，申不害提出“见功而与赏，因能而授官”[3]，商鞅提出“国以功授官予爵”[4]，韩非子提出“推功而爵禄，称能而官事”[5]，这些思想都属于任贤范畴。

任贤思想，强烈地冲击腐败的世卿世禄制度，推出了一批批崛起自社会各阶层的士官将相，推动了由分裂走向一统的历史进程，并最终将任贤思想制度化。汉武帝建立察举征辟制度，就是选贤的一种制度化。董仲舒说：“使诸列侯、郡守、二千石各择其吏民之贤者，岁贡各二人以给宿卫，且以观大臣之能；所贡贤者有赏，所贡不肖者有罚。……遍得天下之贤人，则三王之盛易为，而尧舜之名可及也。毋以日月为功，实试贤能为上，量材而授官，录德而定位，则廉耻殊路，贤不肖异处矣。”[6]

隋唐兴起科举制，进一步将选官制度与教育制度结合起来，任贤使能成为国家意志。史载唐太宗为网尽天下贤人而欣欣然，“尝私幸端门，见新进士缀行而出，喜曰：‘天下英雄入吾彀中矣！’”[7]

科举制度的廉政意义就在于把民间贤俊选拔到官僚集团中来，

---

〔1〕《墨子·尚贤上》。
〔2〕《说苑·政理》。
〔3〕《韩非子·外储说左上》。
〔4〕《商君书·靳（饬）令》。
〔5〕《韩非子·人主》。
〔6〕《天人三策·第二策》。
〔7〕王定保：《唐摭言·述进士上篇》。

源源不断地补充新生力量，这在一定程度上抵制了腐败发生。唐宋以来，中国逐渐形成一个地道的“士人政府”，形成“道统”对政统的完善与制衡。以范仲淹为例，朱熹曾高度评价其从政意义，他说：“且如一个范文正公，自做秀才时便以天下为己任，无一事不理会过。一旦仁宗大用之，便做出许多事业。”〔1〕今人余英时也认为，范仲淹是宋代士大夫的典范，代表北宋以来士阶层的共识〔2〕，这就是“先王建官，共理天下，必以贤俊授任，不以爵禄为恩，故百僚师师，各扬其职，上不轻授，下无冒进，此设官之大端也”〔3〕。由此说明，宋代以降，“‘士’不但以文化主体自居，而且也发展了高度的政治主体的意识；‘以天下为己任’便是其最显著的标识。”〔4〕

士人代表文化的力量，文化蕴含着道德和智识的力量。有宋开始，选贤任能更加强调德才兼备、以德为先。司马光对此作了透辟的阐述。“夫才与德异，而世俗莫之能辨，通谓之贤，此其所以失人也。夫聪察强毅之谓才，正直中和之谓德。才者，德之资也；德者，才之帅也。……才德全尽谓之‘圣人’，才德兼亡谓之‘愚人’；德胜才谓之‘君子’，才胜德谓之‘小人’。凡取人之术，苟不得圣人、君子而与之，与其得小人，不若得愚人。何则？君子挟才以为善，小人挟才以为恶。挟才以为善者，善无不至矣；挟才以为恶者，恶亦无不至矣。愚者虽欲为不善，智不能周，力不能胜，譬如乳狗搏人，人得而制之。小人智足以遂其奸，勇足

〔1〕《朱子语类》卷一二九。
〔2〕余英时：《朱熹的历史世界》，三联书店2004年版（下同），第210页。
〔3〕《范文正公文集》卷七《奏上时务书》。
〔4〕余英时：《朱熹的历史世界》总序，第3页。

以决其暴，是虎而翼者也，其为害岂不多哉！夫德者人之所严，而才者人之所爱；爱者易亲，严者易疏，是以察者多蔽于才而遗于德。自古昔以来，国之乱臣，家之败子，才有馀而德不足，以至于颠覆者多矣。”〔1〕司马光的论述影响深远。

康熙曾经感言道：“国家用人，当以德器为本，才艺为末。凡才长者，虽能济事，亦为败检。若德器醇朴，必不至荡轶准绳之外。”〔2〕道德是内心的法则、自律的防线，道德高尚，必至清廉。

（四）古代的吏治思想

官吏是执掌权力的管理集团，是腐败易发常发之处，所以，治国必先治吏。

尧舜之时就注意对官吏严加考课，严明赏罚。“三载考绩，三考黜陟幽明，庶绩咸熙。”〔3〕尧之“鞭作官刑”，舜之“流刑”，都是用来惩戒犯错误官吏的。商朝“制官刑，儆于有位”，惩治官吏“三风十愆”腐败行为。〔4〕盘庚也曾告诫群臣，不要斤斤计较升官发财，而要专心关注民生和教化。〔5〕西周“三岁则大计群吏之治而诛赏之”〔6〕，标准是“六廉”，奖惩的方式有爵、禄、予、置、生、夺、废、诛等。周朝制《吕刑》，判定罪与罚有“五刑”、“五罚”、“五过”、“五疵”的等级。〔7〕

春秋战国时期，世卿世禄制度逐步被官僚制所取代。君主通

---

〔1〕《资治通鉴·周纪一》。
〔2〕《圣祖御制文》二集卷三十八《张华以才学文识名重一时》。
〔3〕《文献通考·选举十二》。
〔4〕《尚书·伊训》。
〔5〕《尚书·盘庚》。
〔6〕《文献通考·选举十二》。
〔7〕《尚书·吕刑》。

过庞大的官僚机器实施统治，首先是对官吏的治理，其次才是对民众的治理，因而“明主治吏不治民”[1]。管仲相齐，提出“治官化民，其要在上”[2]，主张“明主之治也，明分职而课功劳”，“案其功而行赏，案其罪而行罚”[3]。为此，管仲提出“二察”（乡里察举、君主察问）、“三审”（德义未明于朝者，则不可加于尊位；功力未见于国者，则不可授以重禄；临事不信于民者，则不可使任大官）、“四慎”（大德不至仁，不可以授国柄；见贤不能让，不可与尊位；罚避亲贵，不可使主兵；不好本事、不务地利而轻赋敛，不可与都邑）[4] 的考察任用官吏的准则。魏国的李悝制定了中国历史上最早的一部成文法典《法经》，其中《杂律》中有相当比重的关于吏治的条款：“博戏罚金三币，太子博戏则笞，不止则特笞，不止则更立……丞相受金，左右伏诛”[5]。秦国的商鞅重治吏，“守法守职之吏有不行王法者，罪死不赦，刑及三族。”[6] 韩非子将治理官吏的思想系统化：一是依法治吏，“循法而治”[7]；二是不可使大臣权势太大，“渐更以离通比”[8]；三是坚持以贤能为用人的标准，“所举者必有贤，所用者必有能”[9]；四是进行经常的考核，“循名实而定是非，因参验而审言

[1] 《韩非子·外储说右下》。
[2] 《管子·君臣上》。
[3] 《管子·明法解》。
[4] 《管子·立政》。
[5] 《法经·杂律》。
[6] 《商君书·赏刑》。
[7] 《韩非子·用人》。
[8] 《韩非子·八经》。
[9] 《韩非子·人主》。

辞”[1]；五是不可偏听偏信，要“决诚以参，听无门户”[2]；六是提倡廉耻，“立廉耻……以厉下”[3]，“以精洁固身”，“以治辩进业”[4]。

秦朝颁有《为吏之道》，涉及治国、理政、安民、趋利、远祸等方面。例如，为政品质要求有“必精絜（洁）正直，慎谨坚固，审悉毋（无）私，微密韱（纤）察，安静毋苛，审当赏罚”。官员行为有五善五失。“五善”指忠信敬上，清廉毋谤，举事审当，喜为善行，恭敬多让；“五失”指奢侈超过限度，妄自尊大，擅自决断，犯上弗知害，轻士人而重钱财。凡官吏能做到五善，则给予奖赏；反之，有五失者则受到处罚，直至“身及于死”[5]。

汉朝治国重治吏，首先要求官员惜民力、勤治事、尚节俭。西汉文帝提出，“廉吏，民之表也”[6]，官吏不得大吃大喝。汉景帝时，禁止官吏利用职权参与经济活动和受贿，“若买故贱，卖故贵，皆坐臧为盗，没入臧县官。吏迁徙免罢，受其故官属所将监治送财物，夺爵为士伍，免之。无爵，罚金二斤，令没入所受。有能捕告，畀其所受臧。”[7] 汉元帝时规定，坐赃者，皆禁锢不得为吏。到了东汉，赃官子孙三代不得为官。汉朝治吏，形成循吏传统，“政优则增秩赐金，绩负则论输左校。选任之道，皇汉其优。”[8] 特别是汉宣帝为政，尤其以治吏为根。“信赏必罚，综核

---

〔1〕《韩非子·奸劫弑臣》。
〔2〕《韩非子·八说》。
〔3〕《韩非子·诡使》。
〔4〕《韩非子·孤愤》。
〔5〕《睡虎地秦墓竹简·为吏之道》。
〔6〕《汉书·文帝纪》。
〔7〕《汉书·景帝纪》。
〔8〕《旧唐书·良吏上》。

名实，政事文学法理之士咸精其能”[1]，地方官吏“所居民富，所去见思”[2]。

西汉察举制极有利于选拔民间孝廉为官，但到东汉末年滋生了私门请谒求荐现象。九品中正制实行后，谒送之风更加严重，加速了官吏贪腐。为了遏制此风，魏晋南北朝法典增设《请赇》篇，专司贪污与受贿的惩处。但是，这样的法律制度基本上没有执行下去。

积习难返，延至隋朝。“隋政不纲，彝伦斯紊。天子事巡游而务征伐，具僚逞侧媚而窃恩权。是时朝廷无正人，方岳无廉吏。跨州连郡，莫非豺虎之流；佩紫怀黄，悉奋爪牙之毒。以至土崩不救，旋踵而亡。”[3] 因之，唐朝重典治吏。官吏分等次考课，凡属“居官饰诈、贪浊有状”者必得罢官惩处。[4]《唐六典》规范了政务活动。《唐律疏议》以严刑峻法惩治官吏贪赃枉法。受赃枉法、受赃不枉法、受所监临财物、强盗、窃盗、坐赃，“六赃”必办。

宋代文官治国，考课官员定有“四善三最”标准，依次奖罚。“宋以忠厚开国，凡罪罚悉从轻减，独于治赃吏最严。”[5] 王安石也说：“今朝廷之法所尤重者，独贪吏耳。”[6] 宋设武德司（皇城司），专司官僚贪腐罪罚。宋朝还推行高俸禄以养廉的方法，“使其足以养廉耻而离于贪鄙之行”[7]。其消极的结果是文官厚禄、

---

〔1〕《汉书·宣帝纪》。
〔2〕《汉书·循吏传序》。
〔3〕《旧唐书·良吏上》。
〔4〕《文献通考·选举十二》。
〔5〕 赵翼：《廿二史劄记·宋初严惩赃吏》。
〔6〕〔7〕《临川先生文集·上仁宗皇帝言事书》。

冗官泛滥、武备不足，最终成为亡国的一个重要原因。

元朝擢拔“吏员”，“首论行止，次取吏能，又次计月日多者为优”[1]，兼以“六事”考绩。然而，重吏员轻儒生，“由进士入官者仅百之一，由吏致位显要者常十之九”[2]，学而优则仕的途径不能畅通，官僚整体素质走低，腐败衰亡在所难免。

明代官僚管理素称严酷，先评定“三等”（称职、平常、不称职），再稽查“八法”（贪、酷、浮躁、不及、老、病、罢、不谨）[3]。凡被列入“八法”之中的，就要降级或罢免，有的终身不再被录用。朱元璋明刑弼教，律己示范，尤其是酷刑惩腐，“凡三《诰》所列凌迟、枭示、种诛者，无虑千百，弃市以下万数”[4]，于是，洪武以来，“吏治澄清者百余年”[5]。

清代学者王夫之曾说：“严者，治吏之经也；宽者，养民之纬也；并行不悖，而非以时为进退者也。……严以治吏，宽以养民，无择于时而并行焉，庶得之矣。”[6]清初考课官僚实行“四格”（才、守、政、年）和“八法”制，嘉庆以后课以“四格”、“六法”（不谨、罢软、浮躁、才力不及、年老、有疾）。如果官员贪、酷，将革职拿问，永不叙用。清朝初期几个皇帝励精图治，宽以养民，严以治吏，渐进盛世。乾隆中期以后，官员自律日益松弛，清官不称于世，墨吏不乏其人，贪墨日甚，终成积重，下启19世纪的鸦片战争败局。曾国藩、左宗棠、张之洞等中兴之臣奋起救赎，释

---

〔1〕《元典章·吏部六》。
〔2〕《元史·韩镛传》。
〔3〕《明史·选举志三》。
〔4〕《明史·刑法志二》。
〔5〕《明史·循吏传序》。
〔6〕王夫之：《读通鉴论》卷八《桓帝》。

放了传统文化的教化之功，然无力回天，终是专制腐败的恶果。

（五）古代的法治思想

在传统文化意义上，中国古代治理方法分德治、礼治和法治。但它们都属于人治，即强调官员特别是最高统治者依规则（包括基本道德规范、礼、法）而治。这些规则就是治理民众的法。所以，明法之治是中国古代政治准则之一。“明于五刑，以弼五教，期于予治。”〔1〕

儒家治国出发点是“道之以德，齐之以礼”〔2〕，但是德与礼往往通过法律制度来落实，所谓“经有正义，律有明刑”〔3〕，“故治国无法则乱，守法而弗变则悖。”〔4〕因此，儒家讲德治礼治，但不反对法（刑）治。管仲相齐，提出治国“三本”、“四固”、“五事”〔5〕，既重视道德教化，又重视法制建设。“法律政令者，吏民规矩绳墨也”〔6〕，“君臣上下贵贱皆从法，此谓为大治。”〔7〕管子还提出执法要公平的“壹刑”主张：“壹刑者，刑无等级，自卿相将军以至大夫庶人，有不从王令、犯国禁、乱上制者，罪死不赦。”〔8〕孟子认为，不以规矩不能成方圆，呼吁弘扬“先王之法”。荀子推崇规范之治，主张隆礼重法，“隆礼至法则国有常，尚贤使能则民知方”〔9〕。

---

〔1〕《尚书·大禹谟》。
〔2〕《论语·为政》。
〔3〕《后汉书·阜陵质王延传》。
〔4〕《吕氏春秋·察今》。
〔5〕《管子·立政》。
〔6〕《管子·七臣七主》。
〔7〕《管子·任法》。
〔8〕《商君书·赏刑》。
〔9〕《荀子·君道》。

法家从根本上崇尚法治。商鞅认为，法度是维护公共利益的柱石，是治国的根本。“故明主慎法制，言不中法者不听也，行不中法者不高也，事不中法者不为也。”〔1〕他也主张公平执法，“任法去私，而国无隙蠹矣。”〔2〕韩非子认为，以法治国治吏是最有效、最周全的治国之策，“故舍己能而因法数，审赏罚”〔3〕。“二柄而已矣。二柄者，刑、德也。何谓刑、德？曰：杀戮之谓刑，庆赏之谓德。”〔4〕

墨子认为，“天下从事者，不可以无法仪；无法仪而其事能成者，无有也。”〔5〕墨家的“义”就是大经大法。早期社会一人一义，因而相争。后来选君，君有同一天下之义的责任，此“同一天下之义”者，实为制定与遵守法律之谓也。〔6〕

明法治国的思想，在春秋战国时期形成。但是，对法度成分理解的不同、实践程度的不同，形成明显派别之分。儒家更重视道德和礼治的内在规定作用，法家更重视刑罚的震慑制驭作用。例如，孔子讲：“道之以政，齐之以刑，民免而无耻；道之以德，齐之以礼，有耻且格。”〔7〕以政令来规范，以刑罚来整治，以德来引导，这样的观点为后世儒家治国思想发展开辟了方向。至南宋，朱熹将这种观点讲到透彻的程度：“政者，为治之具，刑者，辅治之法；德礼，则所以出治之本，而德又礼之本也，此其相为终始，虽不可以偏废，然政刑能使民远罪而已，德礼之效，则有以使

〔1〕《商君书·君臣》。
〔2〕《商君书·修权》。
〔3〕《韩非子·有度》。
〔4〕《韩非子·二柄》。
〔5〕《墨子·法仪》。
〔6〕《墨子·尚同下》。
〔7〕《论语·为政》。

民日迁善而不自知，故治民者不可徒恃其末，又当深探其本也。”〔1〕战国末期，秦国统一中国。“皇帝临位，作制明法，臣下修饬。……端平法度，万物之纪。以明人事，合同父子。圣智仁义，显白道理。”〔2〕秦朝灭亡后，汉初推崇黄老无为之治，实际上是遵守习惯法休养生息。汉武帝独尊儒术，确立了儒学的主流地位，德主刑辅成了主导的政治思想。魏晋南北朝，重视法制建设的思想一度上升。三国政论家桓范强调刑与德不能偏废，提出“治国之本有二：刑也，德也。二者相须而行，相待而成矣。天以阴、阳成岁，人以刑、德成治，故虽圣人为政，不能偏用也。”〔3〕西晋傅玄提出治国应当赏罚分明，威德相济，并强调了赏罚的公平公正性。〔4〕东晋思想家葛洪提出：“仁者，为政之脂粉；刑者，御世之辔策。脂粉非体中之至急，而辔策须臾不可无也。”〔5〕魏晋统治者也注重修订法律，加强治理。《北齐律》就制定了“重罪十条”以维护国家根本利益。

隋朝重新建立统一政权，着手加强法制，修《开皇律》，在《北齐律》“重罪十条”的基础上，将谋反、谋大逆、谋叛、恶逆、不道、大不敬、不孝、不睦、不义、内乱改为“十恶之条”，大力加以贯彻，并为宋元明清历代所承袭。

唐朝统治者认为，“德礼为政教之本，刑罚为政教之用，犹昏晓阳秋相须而成者也”〔6〕，主张礼法并用、德主刑辅。法律的制

〔1〕《论语集注·为政》。
〔2〕《史记·秦始皇本纪》。
〔3〕桓范：《世要论·臣不易》。
〔4〕傅玄：《傅子·治体》。
〔5〕葛洪：《抱朴子外篇·用刑》。
〔6〕《唐律疏议》卷一《名例》。

定“一准乎礼”，礼的基本原则直接入律，而且“尊卑贵贱，等数不同，刑名轻重，粲然有别”[1]，礼法由互补发展为统一的体用关系。在制定法律方面，约法省刑，“务在宽简”[2]。在执法方面，坚决严明，“一断以律”，“按举不法，震肃权豪”[3]。

宋朝文治，虚外实内，增官加俸，造成冗官多、贪墨盛、国防弱的局面，结果被元朝取代。明代推行重典治世，尤其是对直接危害统治秩序的重罪加重处罚，而对违反礼教秩序的犯罪处罚较轻。清初统治者把法制建设作为“保邦致治”之本，教导国人牢记法令[4]，维护清朝统治集团特权，严惩叛逆，大兴文字狱，加强皇权专制。

明法治国根本在于加强统治，它的廉政意义在于，通过比较公正地执法，能够维护大多数民众的利益，并制约、遏止统治集团的腐败。具体表现在：一是限制皇权。为维护形式化法律权威，皇帝的特旨不得作法引用，这在一定程度上防止了帝王任意破坏常典法律。例如，《大清律例·刑律·断狱下》之“断罪引律令”条规定，“凡断罪，皆须具引律例，违者，笞三十。……其特旨断罪，临时处治不为定律者，不得引比为律。若辄引致罪有出入者，以故失论”。二是制约官僚权力。作为稳定的规范，法度是历史的产物和文化的产物，具有延续性和独立性，需要援例执行，一断于法，所谓“法不阿贵，绳不挠曲。法之所加，智者弗能辞，勇者弗敢争。刑过不避大臣，赏善不遗匹夫”[5]。这种公平正义尽

[1]《唐律疏议》卷十九《贼盗三·发冢》。
[2]《旧唐书·刑法志》。
[3]《贞观政要·贪鄙》。
[4]《满文老档》第十一册《太祖天命四年七月初八日》。
[5]《韩非子·有度》。

管具有虚伪性，但无疑是制约统治集团、防治权力腐败的重要力量。三是公正执法，既是示范，也是警示。例如，包拯毕生“以法律提衡天下”〔1〕，清廉严毅，不畏权贵，其形象长期受到民众尊敬和称赞，而“贵戚宦官为之敛手，闻者皆惮之”〔2〕。清代李鸿章在《重修包孝肃祠》一文中曾感慨道：“若公清风介节，并世已奉之如神明，其精神气象，至今尚仿佛于村氓野老妇人孺子之口，是固无往而不在。”包公形象和精神无疑蕴含反腐倡廉的重大力量。

（六）古代的勤政思想

中国古代是一个以小农经济为基础的国家，勤于治业是最基本的品德要求。“处其位而不履其事，则乱也。”〔3〕官吏为民师表，应该是勤政的模范。

文献记载，舜曾教导禹要“克勤于邦，克俭于家”〔4〕，伯益也告诫禹说：“儆戒无虞，罔失法度，罔游于逸，罔淫于乐”〔5〕。周公旦也曾训诫成王“君子所其无逸”〔6〕，执政不能贪图享乐，而要“徽柔懿恭，怀保小民，惠鲜鳏寡。自朝至于日中昃，不遑暇食，用咸和万民”〔7〕。

“沉于乐者洽于忧，厚于味者薄于行，慢于朝者缓于政，害于国家者危于社稷。”〔8〕春秋战国时期，一些思想家、政治家从社

〔1〕《包拯集》附录·朱天应《万历端州刻本跋》。
〔2〕《宋史·包拯传》。
〔3〕《礼记·表记》。
〔4〕〔5〕《尚书·大禹谟》。
〔6〕〔7〕《尚书·无逸》。
〔8〕《管子·中匡》。

会主体论的层面深刻提出要勤政为民、忠于职守。勤政由此被赋予民本的终极关怀，也成为官员应该养成的道德操守。当时随国的季梁指出，“夫民，神之主也”，君主和官员不可以荒废民利而“逞欲”，而要虔诚地履行“忠于民而信于神”的治道。[1] 孔子论治国，把敬业惠民列入首要，所谓“道千乘之国，敬事而信，节用而爱人，使民以时”[2]，为此，应该“居之无倦，行之以忠”[3]。

勤奋治业是秦国灭六国、一统天下的重要因素。秦穆公时期，招贤纳士，开疆拓土，发展农业，君臣上下励精图治，“夙夜匪解”[4]，遂成为春秋五霸，打下秦崛起的根基。后来，秦孝公重用商鞅变法图强，奠定了统一中国的基础。“自缪公以来，至于秦王，二十余君，常为诸侯雄。”[5] 秦始皇统一中国后，勤勉理政，“天下之事无小大皆决于上，上至以衡石量书，日夜有呈，不中呈不得休息”，所谓“朝夕不懈”、“莫敢怠荒”。[6] 秦国官吏历来有勤政之风。荀子就曾称赞秦官吏的勤政传统，“及（秦）都邑官府，其百吏肃然，莫不恭俭敦敬，忠信而不楛，古之吏也”[7]

西汉休养生息，兴行黄老无为之学。淮南王刘安讽喻应顺自然之理而治，不可宽纵奢乐，恣意懈怠。“吾所谓乐者，人得其得者也。夫得其得者，不以奢为乐，不以廉为悲，与阴俱闭，与阳

---

〔1〕《左传·桓公六年》。
〔2〕《论语·学而》。
〔3〕《论语·颜渊》。
〔4〕《左传·文公三年》。
〔5〕贾谊：《过秦论》。
〔6〕《史记·秦始皇本纪》。
〔7〕《荀子·强国》。

俱开。"[1] 汉朝中期以后，渐生怠惰政风，官僚"上不能匡主，下亡以益民，皆尸位素餐"[2]。于是，朱云折槛廷谏，朱博提出加强职责考核，"分职授政，以考功效"[3]。后来，东汉王符也提出，"群僚师尹，咸有典司，各居其职，以责其效"[4]，以保证官吏"奉遵礼法，竭精思职，推诚辅君，效功百姓"[5]。

"官怠于有成，病加于小愈，祸生于懈惰。"[6] 诸葛亮考课官吏，"五事五苦"，迁善黜恶，以资勤政。[7] 诸葛亮本身也是勤政的典型。"受命以来，夙夜忧叹"，"敢竭股肱之力，效忠贞之节，继之以死！"[8]

唐之时，魏徵与李世民有个对话。魏徵说："自古帝王初即位者，皆欲励精为政，比迹于尧、舜；及其安乐也，则骄奢放逸，莫能终其善。人臣初见任用者，皆欲匡主济时，追踪于稷、契；及其富贵也，则思苟全官爵，莫能尽其忠节。若使君臣常无懈怠，各保其终，则天下无忧不理，自可超迈前古也。"太宗曰："诚如卿言。"[9] 唐玄宗李隆基恰恰验证了魏徵这番话的深意。玄宗初登帝位时，励精求治，创造了"开元盛世"。但是，玄宗后来自以为天下太平，变得骄傲怠惰，沉溺享乐，结果酿成"安史之乱"，盛唐转入衰世。

宋代吕本中做过中书舍人兼直学士院，主编《官箴》一部，

---

〔1〕《淮南子·原道训》。
〔2〕《汉书·朱云传》。
〔3〕《汉书·朱博传》。
〔4〕《潜夫论·考绩》。
〔5〕《潜夫论·忠贵》。
〔6〕《韩诗外传》卷八。
〔7〕《诸葛亮集·考黜第八》。
〔8〕《三国志·蜀书·诸葛亮传》。
〔9〕《贞观政要·慎终》。

首页言："当官之法，唯有三事，曰清、曰慎、曰勤。知此三者，可以保禄位，可以远耻辱，可以得上之知，可以得下之援。"康熙对此箴赞赏有加，从中录出"清、慎、勤"三字，欣然御书，然后下发各州县，刻于匾额，高悬大堂之上，诫勉官吏恪尽职守。

南宋理学家真德秀曾官至户部尚书，以四事自勉：律己以廉，抚民以仁，存心以公，莅事以勤。他尤以"莅事以勤"警诫自己。他在《谕州县官僚》中说："业精于勤，荒于嬉，则为士者不可以不勤，况为命吏，所受者朝廷之爵位，所享者下民之脂膏。一或不勤，则职业隳弛，岂不上孤朝寄而下负民望乎?"[1]

元朝徐元瑞编著《吏学指南》，提出为官"三尚"：廉、勤、能。所谓尚勤，"谓早入晏出，奉公忘私，虽休勿休，恪谨匪懈；呈押文字，发遣公事，务为敏速，耻犯稽迟；躬操笔砚，不仰小胥，手阅簿书，不辞劳役"[2]。

明朝留有一部佚名编著的《初仕要览》，其中说："初仕以勤政为首务，政不勤则百事殆"。何谓勤？清代刚毅解释说："黾勉从公，夙夜匪懈，谓之勤。"[3] 清代名臣曾国藩说得更具体："勤之道有五。一曰身勤：险远之路，身往验之；艰苦之境，身亲尝之。二曰眼勤：遇一人必详细察看，接一文必反复审阅。三曰手勤：易弃之物，随手收拾；易忘之事，随笔记载。四曰口勤：待同僚，则互相规劝；待下属，则再三训导。五曰心勤：精诚所至，金石亦开；苦思所积，鬼神亦通。五者皆到，无不尽之职矣。"[4]

---

〔1〕《文渊阁四库全书》第706册，台湾商务印书馆1986年版。

〔2〕徐元瑞：《吏学指南》，浙江古籍出版社1988年版。

〔3〕刚毅：《居官镜·臣道》。

〔4〕《曾国藩全集》第14册，岳麓书社1986年版（下同），第439页。

曾国藩是对勤政论述最多、践行最好的政治家。他把勤上升为历史政治经验加以论说，并以此告诫后代子孙："开国之际，若汉唐之初，异才、畸士、丰功、伟烈，飙举云兴，盖全系夫天运，而人事不得与其间。至中叶以后，君子欲有所建树，以济世而康屯，则天事居其半，人事居其半。以人事与天争衡，莫大乎忠勤二字。乱世多尚巧伪，惟忠者可以革其习；末俗多趋偷惰，惟勤者可以遏其流。忠不必有过人之才智，尽吾心而已矣；勤不必有过人之精神，竭吾力而已矣。能剖心肝以奉至尊，忠至而智亦生焉；能苦筋骸以捍大患，勤至而勇亦出焉。余观近世贤哲，得力于此二字者，颇不乏人。余亦忝附诸贤之后，谬窃虚声，而于忠勤二字，自愧十不逮一。吾家子姓，倘将来有出任艰巨者，当励忠勤以补吾之阙憾。忠之积于平日者，则自不妄语始；勤之积于平日者，则自不晏起始。"[1]

（七）古代的节俭思想

"好廉自克曰节。"[2] 经济与消费上的节俭与人格修养方面的节制，是中国古代政治和社会生活的一条法则，古人多所论及。

相传虞舜曾告诫夏禹："克勤于邦，克俭于家。"[3] 素有"中华第一相"之称的管仲崇尚简朴治国。他说："明君制宗庙，足以设宾祀，不求其美；为宫室台榭，足以避燥湿寒暑，不求其大；为雕文刻镂，足以辩贵贱，不求其观。故农夫不失其时，百工不

〔1〕《曾国藩全集》第14册，第392页。
〔2〕《逸周书·谥法解》。
〔3〕《尚书·大禹谟》。

失其功，商无废利，民无游日，财无砥墆。故曰：俭其道乎！”[1]

在思想界，道家、儒家都把节俭作为理想人格的要素。老子说：“圣人去甚，去奢，去泰。”[2] 他认为，节俭自持是富裕安康的前提条件之一。“我有三宝，持而保之：一曰慈，二曰俭，三曰不敢为天下先。”[3] 孔子讲究礼仪，但是强调以节俭为本，“礼，与其奢也，宁俭”[4]；“奢则不孙（同‘逊’），俭则固。与其不孙也，宁固。”[5] 荀子主张礼治，但是认为“节用以礼，裕民以政”[6]。

墨家更进一步地提出为人为政都要节用：“圣人之所俭节也，小人之所淫佚也。俭节则昌，淫佚则亡。”[7] 节俭是圣王治理天下的方式：“去无用之费，圣王之道，天下之大利也。”[8] 墨子还提出了适度消费的理念，倡导在衣食住行中加以贯彻：“是故古者圣王制为节用之法，曰：‘凡天下群百工，轮车鞼匏，陶冶梓匠，使各从事其所能’；曰：‘凡足以奉给民用，则止。’诸加费不加于民利者，圣王弗为。”[9] 墨子尚节制，对后世有着不可忽视的影响。庄子称墨子“不侈于后世，不靡于万物，不晖于数度，以绳墨自矫而备世之急”[10]。近人梁启超说：“墨学精神，深入人心，至今不坠，因以形成吾民族特性之一者，盖有之矣。”[11]

---

〔1〕《管子·法法》。
〔2〕《道德经·第二十九章》。
〔3〕《道德经·第六十七章》。
〔4〕《论语·八佾》。
〔5〕《论语·述而》。
〔6〕《荀子·富国》。
〔7〕《墨子·辞过》。
〔8〕〔9〕《墨子·节用》。
〔10〕《庄子·天下》。
〔11〕梁启超：《墨子学案·第二自叙》。

春秋战国，百家争鸣，在消费观念上却一致“尚俭”。秦亡汉兴，力崇节俭。“至高祖、孝文、孝景皇帝，循古节俭，宫女不过十余，厩马百余匹。”[1] 汉初节俭戒奢形成一代风尚，既有利于恢复生产、富国强兵，又极大地带动了廉政建设，迎来了“文景之治”。“文景之际，建元之始，民朴而归本，吏廉而自重，殷殷屯屯，人衍而家富。”[2]

文景之治积累了丰富的物质财富。至武帝时，国力鼎盛，社会消费意识大大增强，奢侈消费现象开始出现了。“当此之时，网疏而民富，役财骄溢……宗室有土公卿大夫以下，争于奢侈，室庐舆服僭于上，无限度。”[3] “崇奢”之风愈演愈烈，“是以民年急而岁促，贫即寡耻，乏即少廉，此所以刑非诛恶而奸犹不止也。故国有严急之征，即生散不足之疾矣。”[4] 东汉末年，金钱至上的拜金主义思潮兴盛起来。西晋鲁褒著《钱神论》曰：“时易世变，古今异俗，富者荣贵，贫者贱辱”，铜钱成为当世神宝、神物，“亲爱如兄，字曰孔方”，“钱之所在，危可使安，死可使活；钱之所去，贵可使贱，生可使杀”，“有钱可使鬼，而况于人乎?”[5] 在一味追求物质享受的价值观念支配下，统治集团腐败到了极点。“今上无去奢之俭，下有纵欲之敝，至使禽兽食民之甘，木土衣民之帛。”[6]

于是，一些清明的政治家思想家痛斥穷奢极欲，呼吁勤俭节

---

〔1〕《汉书·贡禹传》。
〔2〕桓宽：《盐铁论·国疾篇》。
〔3〕《史记·平準书》。
〔4〕桓宽：《盐铁论·国疾篇》。
〔5〕鲁褒：《钱神论》。
〔6〕《后汉书·宦者列传》。

约。诸葛亮留下《诫子书》，勉人自修："夫君子之行，静以修身，俭以养德，非淡泊无以明志，非宁静无以致远。夫学须静也，才须学也，非学无以广才，非志无以成学。淫慢则不能励精，险躁则不能治性。年与时驰，意与日去，遂成枯落，多不接世，悲守穷庐，将复何及！"〔1〕傅玄著《曲制》篇，醒人图治："天下之福，莫大于无欲；天下之祸，莫大于不知足。无欲则无求，无求者，所以成其俭也；不知足，则物莫能盈其欲矣，莫能盈其欲，则虽有天下，所求无已，所欲无极矣。海内之物不益，万民之力有尽。纵无已之求以灭不益之物，逞无极之欲而役有尽之力，此殷士所以倒戈于牧野，秦民所以不期而周叛。曲论之好奢而不足者，岂非天下之大祸邪？"〔2〕

隋朝统一国家后，文帝力除侈靡之风，"务从节俭，不得劳人"〔3〕。"其自奉养，务为俭素，乘舆御物，故弊者随宜补用；自非享宴，所食不过一肉；后宫皆服浣濯之衣。天下化之。"〔4〕而隋炀帝却穷侈极欲，致使亡国。"奢侈者可以为戒，节俭者可以为师矣。"〔5〕唐初统治者识鉴节俭，创业兴邦，而唐朝中后期却奢侈堕落下去。讴歌节俭、劝诫奢侈于是成为唐诗的一个重要内容。杜甫《往在》里说："君臣节俭足，朝野欢呼同。中兴似国初，继体如太宗。"白居易《太平乐词》有："岁丰仍节俭，时泰更销兵。圣念长如此，何忧不太平？"李商隐更是在《咏史》中总结道："历览前贤国与家，成由勤俭败由奢。"

---

〔1〕《诸葛亮集》，中华书局1960年8月第1版（下同），第28页。
〔2〕傅玄：《傅子·曲制》。
〔3〕《隋书·高祖下》。
〔4〕《资治通鉴·隋纪四·文帝仁寿四年》。
〔5〕《贞观政要·俭约》。

"前代人庶之贫困者，由官吏之纵欲也。官吏之纵欲者，由君上之不能节俭也。"〔1〕 宋太祖赵匡胤又兴节俭，治家治国俱严。史载："帝性孝友节俭，质任自然，不事矫饰。……宫中苇帘，缘用青布；常服之衣，浣濯至再。"〔2〕 史家吕中评论说："创业之君，后世所奉以为轨范也；宫闱之地，四方所视以为仪刑也。一人之奢俭者虽微，而关于千万世者为甚大；致谨于服色者虽小，而失于千万里者为甚远，可不谨哉？"〔3〕

"忧劳可以兴国，逸豫可以亡身。"〔4〕 司马光作《训俭示康》，论及节俭的廉政意义时说："御孙曰：'俭，德之共也；侈，恶之大也。'共，同也，言有德者皆由俭来也。夫俭则寡欲。君子寡欲则不役于物，可以直道而行；小人寡欲则能谨身节用，远罪丰家。故曰：'俭，德之共也。'侈则多欲。君子多欲则贪慕富贵，枉道速祸；小人多欲则多求妄用，败家丧身。是以居官必贿，居乡必盗。故曰：'侈，恶之大也。'"〔5〕

"大抵尝历艰难，便自然节俭；稍习富贵，便自然奢华。"〔6〕 在明清时代，洪武、康熙、雍正等都崇尚节俭治国。其中康熙把节俭戒奢视为帝王政治的要务："帝王致治，首在维持风化，辨别等威，崇尚节俭，禁止奢侈。故能使人心淳朴，治化休隆。"〔7〕 "人生衣食财禄皆有定数，若俭约不贪，则可以养福，亦可以致寿。若夫为官者，俭则可以养廉。居官居乡，只缘不俭，宅舍欲

〔1〕《白居易全集》，上海古籍出版社 1999 年版，第 863 页。
〔2〕《宋史·太祖三》。
〔3〕《宋史全文（内府藏本）·开宝五年秋七月》。
〔4〕《新五代史·伶官传序》。
〔5〕 司马光：《训俭示康》。
〔6〕《大明英烈传》第六十三回。
〔7〕《康熙政风录·圣祖仁皇帝圣训》。

美，妻妾欲奉，仆隶欲多，交游欲广，不贪何从给之？与其寡廉，孰若寡欲？语云‘俭以成廉，侈以成贪’，此乃理之必然者。”[1]这里，康熙把“惟俭可以助廉”[2]的道理讲明白了。

（八）古代的教化思想

中国古代教化之治，源远流长。溯及西周时代，天子建立“辟雍”，各诸侯国设立“泮宫”，实施教化民众之职，尤其是培养贵族子弟成为未来的管理者。《周礼·地官司徒》规定司徒的主要职责是“帅其属而掌邦教”。

春秋时期，教化思想深化到从人性论上找根据。管子提出人性趋利避害，“从欲妄行，男女无别，反于禽兽。然则礼义廉耻不立，人君无以自守也”[3]。因此，“凡牧民者，使士无邪行，女无淫事。士无邪行，教也；女无淫事，训也。教训成俗而刑罚省，数也。”[4]“教训成俗”依靠教化之功，所谓“渐也，顺也，靡也，久也，服也，习也，谓之化”[5]。

孔子认为“性相近也，习相远也”[6]，要人向善，则需“道之以德，齐之以礼”[7]。对于官僚贵族，孔子认为要在教化中起表率作用，所谓“君子之德风，小人之德草，草上之风必偃。”[8]为此，一要志于仁，“苟志于仁矣，无恶也”[9]；二要见贤思齐，

---

〔1〕《康熙政风录·圣祖仁皇帝庭训格言》。
〔2〕《宋史·范纯仁传》。
〔3〕《管子·立政九败解》。
〔4〕《管子·权修》。
〔5〕《管子·七法》。
〔6〕《论语·阳货》。
〔7〕《论语·为政》。
〔8〕《论语·颜渊》。
〔9〕《论语·里仁》。

“见贤思齐焉，见不贤而内自省也。”[1]

孟子认为，人性中有“善端”，要“以善养人”，管理国家则要“以德服人”。为此，君主要怀仁正己，内圣外王。[2] 官僚们则要“厚乎责己”，养心寡欲。[3]

荀子主张“性恶论”：“人之性恶，其善者伪也。”[4] 他提出通过教化和礼治，使人“反于性而悖于情”，“化性而起伪”[5]。其中君仪民景[6]、贤吏导民[7]、师法导善[8]，通过君吏师隆礼崇德，可以完善治理。官吏的角色则是要“明君臣，上能尊主下爱民”[9]。

韩非不同意儒家的道德教化主张，他指出：“夫圣人之治国，不恃人之为吾善也，而用其不得为非也。恃人之为吾善也，境内不什数；用人不得为非，一国可使齐。为治者用众而舍寡，故不务德而务法。”由此，韩非提出了法治教化的立国理念：“故明主之国，无书简之文，以法为教；无先王之语，以吏为师。”[10]

秦亡汉兴，陆贾提醒刘邦：“秦非不欲治也，然失之者，乃举措太众、刑罚太极故也。”[11] 因此，要“怀德”而治。贾谊随后提出：“教者，政之本也；道者，教之本也。有道，然后教也；有

---

〔1〕《论语·里仁》。
〔2〕《孟子·离娄上》。
〔3〕《孟子·尽心下》。
〔4〕〔5〕《荀子·性恶》。
〔6〕《荀子·君道》。
〔7〕《荀子·王制》。
〔8〕《荀子·礼论》。
〔9〕《荀子·成相》。
〔10〕《韩非子·五蠹》。
〔11〕《新语·无为》。

教，然后政治也。”〔1〕贾谊认为君主要发挥教导作用，官吏则要做楷模。“君之为言也，道也。故君也者，道之所出也。……吏之为言，理也。故吏也者，理之所出也。”〔2〕董仲舒继之，认为帝王的职责就是要“承天意，以成民之性”〔3〕，在此基础上，“实试贤能为上，量材而授官，录德而定位”〔4〕。从此，确定了教化与吏治相结合的制度化走势。

魏晋重玄学，轻名教礼法，于是世风“薄综世之务，贱功烈之用，高浮游之业，埤经实之贤”，贵族官僚“立言籍其虚无，谓之玄妙；处官不亲所司，谓之雅远；奉身散其廉操，谓之旷达”〔5〕。隋朝建立后，重振儒学，兴科举取士制度，使教化之功融入吏治。由此，兴起了中国长达一千三百年的教化政治，“学而优则仕”，“五尺之童，耻不言文墨焉”〔6〕。

唐朝社会思潮交融多样，但都倡导教化。从唐朝中期到北宋中期，孕育了后世所称的“宋明理学”。宋明理学注重内省修养德性，又不乏社会责任感，“为天地立志，为生民立道，为去圣继绝学，为万世开太平”〔7〕，对士人具有强烈的钟毓作用。

值得一提的是，教化既对官吏又对民众，是一个双重治理方式，对于形成清正廉洁的官僚群体和风清气正的社会风气，具有双重功用。试举王阳明一例。王阳明为一代心学大师，“随物而格致良知”，而其在江西为官，十分留意教化，致使人们“朝夕聚

〔1〕〔2〕《新书·大政下》。
〔3〕《春秋繁露·深察名号》。
〔4〕《汉书·董仲舒传》。
〔5〕裴頠:《崇有论》。
〔6〕《通典·选举三》。
〔7〕《张载集》，中华书局1978年8月第1版（下同），第320页。

会，考德问业”[1]。

不少英明帝王更是孜孜于教化，渴求官廉风清，提出了一些很有见地的廉政教化思想。隋文帝注意示范教育。岐州刺史梁彦光“甚有惠政，嘉禾连理，出于州境”，他曾下诏表彰曰：“赏以劝善，义兼训物。彦光操履平直，识用凝远，布政岐下，威惠在人，廉慎之誉，闻于天下。三载之后，自当迁陟，恐其匮乏，且宜旌善。可赐粟五百斛，物三百段，御伞一枚，庶使有感朕心，日增其美。四海之内，凡曰官人，慕高山而仰止，闻清风而自励。”[2]

“上之所为，人之所瞻也。夫释己教人，是谓逆政；正己教人，是谓顺政。”[3] 唐太宗以身作则，率先垂范，注重身教。他对身边大臣讲：“若安天下，必须先正其身，未有身正而影曲、上治而下乱者。”[4]唐太宗提倡节俭，从禁止修建宫殿为先例，要求“自王公已下，第宅、车服、婚嫁、丧葬，准品秩不合服用者，宜一切禁断。”“由是二十年间，风尚简朴，衣无锦绣，财帛富饶，无饥寒之弊。”[5]

北宋太宗注重对官僚进行诫勉教育。鉴于前朝后蜀政治腐败的历史教训，宋太宗亲书后蜀君主孟昶《颁令箴》的四句“尔俸尔禄，民脂民膏，下民易虐，上天难欺”，赐给州县官员勒石警诫，成为历史上有名的《戒石铭》。

明太祖朱元璋重视学校教育。他说：“治国之要，教化为先。

〔1〕《王阳明全集·别录十·牌行委官陈逅设教灵山》。
〔2〕《隋书·梁彦光传》。
〔3〕 张澍辑：《诸葛亮集·教令第十三》。
〔4〕《贞观政要·君道》。
〔5〕《贞观政要·俭约》。

教化之道，学校为本。”[1] 山东日照知县马亮工于督运，漠视课农办学，朱元璋罢了他的官，并斥责道：“农桑，衣食之本；学校，风化之原。此守令先务。不知务此，而曰长于督运，是弃本而务末，岂其职哉?”[2] 朱元璋还重视对在任的官吏进行廉政训诫，谆谆告诫他们要“简徭省费”，“劝孝励忠”，“守法奉公，不为阿私”，力争做一名“循吏”，“奉公无渔民也”[3]。

康熙注重移风易俗。他说：“治天下者，莫亟于正人心，厚风俗，其道在尚教化以先之。”[4] 他颁发《学校论》、《御制训饬士子文》，强调要“防其放僻邪侈之心”，杜绝“蜚语流言挟制官长”、“隐粮包讼出入公门”、“唆拨奸猾欺孤凌弱”、“招呼朋类结社要（邀）盟”等“名教不容，乡党弗齿”[5] 的丑恶现象。他还认为，“淫词小说，人所乐观，实能败坏风俗，蛊惑人心。朕见乐观小说者多不成材，是不惟无益，而且有害”[6]，着力进行整治。

乾隆运用反面典型案例进行廉政教育。乾隆十八年（1753年），黄河决口。他下令严查治河巨款使用情况，将事故主要责任者在灾区斩首示众，其他治河官员也被革职治罪。并勒令历任治河官员一年之内，将亏空的十万多两银子如数补齐，否则斩首。此举令百官震恐，民心得到抚慰，起到了很好的廉政教育作用。

中国古代历朝都奖掖清廉，为廉吏树碑立传，形成了一个优良传统。“二十四史”之中就有《循吏传》、《良吏传》、《良能

[1] 《明太祖实录》卷四十六《洪武二年十月辛巳》。
[2] 余继登：《典故纪闻》卷三。
[3] 《明会要》卷四十一《职官十三》。
[4] 康熙：《学校论》。
[5] 《清圣祖实录》卷二〇八《康熙四十一年六月》。
[6] 《清圣祖实录》卷一百二十九《康熙二十六年二月》。

传》。宋人费枢还撰《廉吏传》，明代还有《彰善录》、《圣政记》。让历史讴歌廉洁，使廉吏青史留名，对本人是极大的褒奖，又为百官树立效法的榜样，实在是很好的教化。

晚清时期，中国经历了有史以来未曾有的大变局。思想家、政治家反思历史，批判现实，创新文化，探求革新政治的新思路。如果说，春秋战国时期是中国思想文化的“轴心时代”，中国传统文化的思想理念由此发轫，那么，晚清时代则开始了对中国传统的思想观念的“扬弃”，中国古代的廉政思想在这一时期开始向近代转型。

龚自珍、林则徐、魏源的廉政思想具有传统士大夫特色，但是，他们认识到必须“更法”。例如，龚自珍对僵化官制和“一人为刚，万夫为柔”[1] 政体的批判，对不拘一格降人才和经世致用学风的呼唤，具有开风气之先的意义。

曾国藩、张之洞、左宗棠为代表的洋务派，标榜“中学为体，西学为用”，在廉政思想方面彰显出中国传统文化余晖灿烂的光芒，并以身作则把传统廉政理念践行得淋漓尽致。但是，他们固守旧道德、旧礼教，不肯作半点修正，竭诚于没落朝廷，有负于时代精神。例如，曾国藩秉承“始于修身，终于济世”[2] 的人生信条，一生战战兢兢，躬身自省，克己复礼，防微杜渐，循规蹈矩，几近圣人。《清史稿》主修赵尔巽称其“以忠诚倡天下”，“中兴以来，一人而已”[3]。其结果，从历史发展趋势来看，只是形成了传统政文化迈入近代门槛时的一抹落日返照，实在不足以

---

〔1〕《龚自珍全集》第一辑《古史钩沈论一》，上海人民出版社1975年版（下同），第20页。
〔2〕《曾国藩全集》第14册，第443页。
〔3〕《清史稿·曾国藩传》。

光炳民族复兴前程。

中日甲午战争失败后，康有为、梁启超等维新派揭櫫变法。他们从中西“政教之异”的剖析直捣旧体制的病灶，亮出了变革政体的主张，还进行了初步的国民性批判。例如，梁启超指出，长于私德修养，欠缺公德公利之心，对公务漠不关心[1]，致使少数人的腐败得以肆意妄行，政治文明难以进展。中国人把科学看低了，把科学看呆了，缺乏求真、求系统、求实证的知识与方法，结果形成笼统、武断、虚伪、因袭、散失的思想病症，难以开展健康的公共政治生活[2]。为此，在文化上进行矫正，才是根除腐败的根本之策。换言之，传统思想文化的精华要汲取，而包含诱发腐败的成分必须剔除。

邹容、陈天华是资产阶级民主革命的宣传家，他们鲜明地提出，改革晚清腐败政治只有进行革命。陈天华在《警世钟》里说：“做官的只晓得贪财爱宝，带兵的只晓得贪生怕死，读书的只晓得想科名，其余一切的事都不管。上中下三等的人，天良丧尽，廉耻全无……大家若不从此另换心肠，痛加改悔，恐怕不要洋人来灭，也要自己灭种了。”[3] 作为一位年轻的革命家，陈天华认识到中国腐败衰弱是全社会性的，逻辑结论必然是，不仅要进行制度变革，而且要进行文化变革。

黄兴是资产阶级民主革命领袖之一。他既献身革命，又淡泊名利、严于律己，极富人格魅力。他说：“非有高尚之学术、卓越

〔1〕 陈书良编：《梁启超文集·政论·论公德》，北京燕山出版社2009年版（下同），第113页。

〔2〕 《梁启超文集·政论·科学精神与东西文化》，第311－317页。

〔3〕 刘晴波等编：《陈天华集·警世钟》，湖南人民出版社2008年版，第77页。

之精神、优美之道德，不足竟全功而巩新国。"〔1〕他言行如一，鞠躬尽瘁，勤政廉政，树立了一位近代民主革命家的光辉形象，也充分表明古代廉政思想可以继续发扬光大。

孙中山是"三民主义"的倡导者和革命的先行者。他认识到中国人民的苦难根源于一点，"那就是普遍的又是有系统的贪污"〔2〕，也就是政治腐败，而救治腐败只有政治的、社会的革命一途。因此，孙中山反腐倡廉的思想与根本措施在于建立新制度，具体的就是"权能分治"、"五权分立"的政治体制。这样的新制度，主张政府权力来自国民授予，人民通过宪法，把各种治权分别授予行政权、立法权、司法权、考试权和监察权分立制衡的国家机关行使；国民则保留"民权"，通过国民大会的形式来控制和指挥"治权"的行使，由此促使这些行使治权的主体兢兢业业为国民服务，做好国民的公仆。这就从根本上否定了在中国绵延几千年的皇权、官僚思想，把古代民本理念提升到近代民主精神层面，为资产阶级革命指明了政治方向，并且把建设廉洁政治思想推向了中国近代的最高峰。

二、 中国古代的廉政制度

（一）先秦时期

只要存在公共权力，廉洁政治就是人们的普遍诉求。这一点

---

〔1〕 刘泱泱编：《黄兴集》一册《与李宝成等发起陆军将校联合会缘起》，湖南人民出版社2008年版（下同），第218页。

〔2〕《孙中山全集》第一卷，中华书局2006年11月第2版（下同），第89页。

在关于三皇五帝的传说中就有所呈现。例如，尧选择有德行的舜作为接班人，经过了民主推荐、人事考察、三年试用，才予以摄政。舜帝执政，对于管理队伍和地方政事，“三岁一考功，三考绌陟”，“五岁一巡狩”，“远近众功咸兴”[1]。这些都具有早期廉政制度建设的意义。

其中，《尚书·舜典》记载了舜巡视四方的情况：“岁二月，东巡守，至于岱宗，柴。望秩于山川，肆觐东后。协时月正日，同律度量衡。修五礼、五玉、三帛、二生、一死贽。如五器，卒乃复。五月南巡守，至于南岳，如岱礼。八月西巡守，至于西岳，如初。十有一月朔巡守，至于北岳，如西礼。归，格于艺祖，用特。五载一巡守。群后四朝，敷奏以言，明试以功。车服以庸。”[2] 舜在摄政的第二年，就开始巡视四方，封禅四岳，考监官员，颁行礼治法度，听取地方官员的工作汇报，从此把巡察地方和接受朝觐定为制度。此乃中国古代巡视制度的发源。

夏朝是中国第一个奴隶制王朝。夏王通过召集盟会和巡狩诸侯等形式，巩固中央权威，实行政务监督。《尚书·甘誓》中有夏启“乃召六卿”议事的记载，《尚书·秦誓》正义及《太平御览》都引述了有关群臣劝谏夏桀的事例，这些均说明夏王治理也注意讲究群策群力和约束权力。

中国有文字记载的历史从商代开始。从文字记载看，商之廉政建设有三个特点：一是宣扬王权神授。“率民以事神，先鬼而后礼”[3]，增强对权力的敬畏。二是注重修德。鉴于夏桀暴虐亡国，

---

〔1〕《史记·五帝本纪》。
〔2〕《尚书·舜典》。
〔3〕《礼记·表记》。

商王和官员都尊崇道德修养。一个突出的例子，是商汤之孙太甲在位时，因其“不遵汤法，乱德”，当政的权相伊尹将其幽禁。太甲三年“悔过自责”，“修德，诸侯咸归汤，百姓以宁”〔1〕。三是施行了一些监察制度。例如，有对官员政务活动进行巡视、考察的“简相”规定。

西周的统治是建立在宗法制和分封制基础上的，廉政建设特点鲜明：一是官员职责考核突出了廉政要求：“一曰廉善，二曰廉能，三曰廉敬，四曰廉正，五曰廉法，六曰廉辨。”〔2〕二是建立了监督监察官员队伍，包括匡人、御史、大宰、小宰和宰夫等职官。三是中央特别注意对分封诸侯的监督，推行“天子使其大夫为三监，监于方伯之国”〔3〕的举措。四是尊崇“礼”制，“先君周公制周礼”〔4〕，推行森严的社会规范和道德规范。五是辅助礼制制定了刑法。在夏商“五刑”的基础上，增订为“九刑”〔5〕，形成较完备的《甫刑》。六是周天子建立“采谏”制度。周朝设有专门的采诗官，巡游各地，采集民间歌谣，以体察民俗风情、政治得失。所谓“哀乐之心感而哥（歌）咏之声发，诵其言谓之诗，咏其声谓之哥（歌）。故古有采诗之官，王者所以观风俗、知得失、自考正也。”〔6〕“孟春之月……行人振木铎徇于路以采诗，献之大师，比其音律以闻于天子。故曰王者不窥牖户而知天下”〔7〕。

---

〔1〕《史记·殷本纪》。
〔2〕《周礼·天官冢宰·小宰》。
〔3〕《礼记·王制》。
〔4〕《左传·文公十八年》。
〔5〕《左传·昭公六年》。
〔6〕《汉书·艺文志》。
〔7〕《汉书·食货志上》。

春秋时期，诸侯争霸，大夫专政，礼崩乐坏。在这种背景下，出现两个极为突出的政治现象。一是，“礼”在政治中的地位和作用继续被推崇，以求维护即将分崩离析的统治秩序。“礼”被认为是“经国家，定社稷，序民人，利后嗣”[1]的最高准则，“非礼勿视，非礼勿听，非礼勿言，非礼勿动”[2]，礼之所禁同于法之不容。二是，残酷的政治和军事竞争，激发了前所未有的制度创新。郡县制、官僚制打破了采邑制和世卿世官制，奋发有为之君、贤良卓荦之士，廉洁自强，横空出世，与没落反动势力形成鲜明对比，成为新生政治力量，打破旧资质、旧秩序，逐渐主导社会变迁的方向。例如，奠定秦国强盛之基的秦穆公，“闻百里傒贤”，为其赎买变更了奴隶身份，“与语国事”，“授之国政”[3]，成为史家佳话。

战国时期，是各诸侯国通过变法，推动中国走向统一的时代。在变法中，廉政制度建设成为新政不可缺少的一个方面。楚国吴起认为，“大臣太重，封君太众，若此则上逼主而下虐民，此贫国弱兵之道也”，因此对封君子孙“三世而收爵禄”[4]，“令贵人往实广虚之地”[5]，同时“损其有余而继其不足”[6]，打击腐败的旧贵族，劝诫新生军功地主阶级。齐威王改革，首先整顿“百官荒乱”的吏治，奖赏清正廉洁、政绩卓著的即墨大夫，烹杀厚币贿赂博得“誉言日闻”、辖域“田野不辟，民贫苦”的阿大夫，

---

〔1〕《左传·隐公十一年》。

〔2〕《论语·颜渊》。

〔3〕《史记·秦本纪》。

〔4〕《韩非子·和氏》。

〔5〕《吕氏春秋·贵卒》。

〔6〕《说苑·指武》。

“谨修法律而督奸吏”[1]。魏国李悝编制了中国第一部系统的封建法典《法经》，其中有专门惩治“不廉”、“淫侈”、“逾制”的贪官污吏的条款[2]。秦国商鞅变法废除世禄世卿制度，建立封建官吏制度，奖励耕战新兴地主，规定爵位依军功授予，“宗室非有军功论不得为属籍”[3]。这样的变革，是对没落政治势力的强大冲击，具有很强的涤除旧弊、维新图强的效能，形成了“明主之吏，宰相必起于州部，猛将必发于卒伍。夫有功者必赏，则爵禄厚而愈劝”[4] 的欣欣向荣的局面。

战国时期，思想解放，制度创新迭出。各国普遍出现了荐举入仕、以功授官、俸禄养廉、“上计”考课、教育惩戒等廉政制度，都具体贯彻了当时兴起的“民本”、“仁政”、“君德”和“任贤使能”、“以法治吏”等廉政思想，强化了政权自我约束，有利于富国强兵，赢得了民众支持，推动了各国通过“农战”走向一统。

（二）秦汉时期

秦统一中国和两汉王朝的稳固治理，奠定了中国封建社会的制度框架，廉政制度借助春秋战国时期形成的丰厚廉政思想文化资源，逐步确立和完备起来。

秦王朝首创皇权制度和三公九卿为核心的中央行政体制、郡县制为基本形式的地方行政体制架构，建立了一套职业化官吏管

---

〔1〕《史记·田完世家》。
〔2〕《晋书·刑法志》。
〔3〕《史记·商君列传》。
〔4〕《韩非子·显学》。

理制度，构筑了相关的监督机制。秦王朝三公之一的“御史大夫”，其重要的职责就是监察百官，等于副丞相，可以递补相位之缺，其下有御史中丞、侍御史等辅佐，专事“察举非法”，位高权重，百官畏之如“风霜”。后人有诗云：“扶颠待柱石，独坐飞风霜。”[1]

秦朝廉政建设还有一个鲜明特点，就是贯彻法家治国理念而倡扬法制建设。1975 年，湖北云梦县睡虎地出土的秦简上载有秦朝“为吏之道”，其中指出：“凡为吏之道，必精洁正直，慎谨坚固，审悉毋私，微密纤察，安静毋苛，审当赏罚。”“为吏之道”严格规定了官吏的行为规范，包括“五善”、“五失”[2]，详尽具体，治吏严明。对于贪腐官员，秦朝必惩不贷，例如规定“通一钱，黥为城旦”，“府中公金钱私貣（tè）用之，与盗同法”[3]，凡此行贿与贪污者，都要受到惩办。

西汉在基本治理制度上多继承秦制。但是，西汉初期致力于社会休养生息，统治阶级“躬修俭节”[4]，至汉武帝时形成了廉政传统，所以极力推行“廉吏”规范和风尚，举孝廉成为最主要的察举仕进制度，也是很有效的廉政制度。西汉宣帝“及拜刺史守相，辄亲见问，观其所繇，退而考察所行以质其言，有名实不相应，必知其所以然”[5]。西汉后期，皇帝柔弱，“吏不良，风俗薄”[6]，官员荒淫奢侈成风。于是，东汉甫建，倡扬节俭，并官

---

〔1〕 杜甫：《入衡州》。

〔2〕 张晋藩主编：《中国法制史》第二章第二节《秦律对社会的多方面调整》，中国政法大学出版社 2002 年版，第 61 页。

〔3〕《睡虎地秦墓竹简·法律答问》。

〔4〕《汉书·食货志上》。

〔5〕《汉书·循吏传》。

〔6〕《汉书·龚胜传》。

省职，强化监督，形成“光武中兴”。

更为重要的是，官员选拔制度在西汉的改革，优化了官员队伍，推动了廉政建设。从公元前196年汉高祖刘邦下诏令郡国推举“贤士大夫”，经汉文帝诏举贤良能直言极谏者对策授官，至汉武帝元光元年（前134年）下诏郡国每年察举孝廉各一人，汉代察举选官制度逐渐确立。察举的科目很多，主要有孝廉（孝敬廉洁者）、秀才（才能优秀者）、明经（通晓经义者）、贤良方正（能直言极谏者）等，分为“常科”和“特科”两大类。“常科”即是“孝廉科”，由地方长官根据各地人口比例，推荐“孝子廉吏”到中央参加考试，合格者授予官职。其余为“特科”，为不定期挑选有特殊才能的人而设。在数百年实施过程中，察举制突出了“以德取人”、“以能取人”、“以文取人”等考选官员的价值取向，对于廉政建设发挥了很好的导向作用。

秦汉时期，中国廉政制度有重大发展，首先表现在实行了监察权与行政权的分离。从中央到地方各级政府均建立了相对独立的监察机构，使各级官吏和行政部门都处在有效监督之下。这些监察机构的工作职责和对象都很明确，操作性很强。例如，西汉初年，御史监察三辅时，就明确规定其监察的范围有九项：“辞讼者、盗贼者、铸伪钱者、狱不直者、繇（徭）赋不平者、吏不廉者、吏苛刻者、逾侈及弩力十石以上者、非所当服者”[1]。对于地方，有刺史巡察各地，主要负责监察郡守国相一级的地方高级官吏和宗族豪强，规定“以六条问事；非条所问，即不省”[2]。“六条问事”内容包括：强宗豪右，田宅逾制，以强凌弱，以众暴

〔1〕 李林甫撰：《唐六典》，中华书局1992年版，第379页。
〔2〕《汉书·百官公卿表上》颜师古注引《汉官典职仪》。

寡；不奉诏书，背公向私，侵渔百姓，聚敛为奸；不恤疑狱，风厉杀人，烦扰苛暴，为百姓所疾；选署不平，蔽贤宠顽；子弟恃怙荣势，请托所监；阿附豪强，通行货赂。[1] 这样的监察内容，抓住了监督检查的要害，有利于地方吏治建设和行政管理。“中国历史上讲到地方行政，一向推崇汉朝，所谓两汉吏治，永为后世称美。”[2]

为了提高监察的效能和权威，监察机构和官员被赋予特殊的地位和权力。如品秩较低的监察官员可以监察品秩较高的行政官员；刺史巡察，可以代表君主巡视；除去专司监察之权外，往往拥有一定的弹劾权、举荐权、司法权。这样就为顺利开展监察提供了制度保障。另一方面，为了防止监察机构坐大失控，秦汉时期规定监察官员必须接受监督，所谓“惧宰官之不修，立监牧以董之；畏督监之容曲，设司察以纠之：宰、牧相累，监、察相司”[3]。宰、牧相累，是行政权与监察权之间相互制约；监、察相司，是各监察机构之间相互监察。

除了建立上述专门的监察职官之外，秦汉时期的廉政制度建设还有三个突出特点：一是具体化。对官吏忠于职守、保障绩效、勤政惠民、节俭用度都有比较明确的规范。这些规范主要体现在职官设置、选用、管理以及一些法律制度之中，施行起来不显山水，却处处显示其约束力。例如，秦汉时期将“制节谨度以防奢淫”称之为“为政所先，百王不易之道”[4]，于是通过具体规定

〔1〕《资治通鉴·汉纪二十二·成帝建始元年》。
〔2〕钱穆：《中国历代政治得失》，三联书店2005年版（下同），第9页。
〔3〕《三国志·魏书·夏侯玄传》。
〔4〕《汉书·哀帝纪》。

“吏民养生、送终、嫁娶、奴婢、田宅、器械之品”的办法，“明申旧令，禁奢侈”[1]。二是成体系。一些廉政规范相互照应，多侧面多环节强化官员廉洁从政。例如在官吏管理规定中，有定期考课政绩和品行的规定，有对政绩卓著、德才出众的官吏破格提拔的规定，有犯有重大过失的官吏应主动引咎辞职的规定，有年老体弱官吏及时退休的规定，有官吏任职实行回避的规定，有中央对地方巡视督察的规定，等等。三是重治吏。廉政建设主要是管好官吏，君主“所谓寝食不安，所谓宵旰图治，在天下已定或大定之后，主要还不是为了对付人民，而是为了对付臣属”[2]。有力度的廉政建设，保障秦汉时期涌现出不少能干和廉洁的官吏。这样的一支队伍，成为国家长治久安的一个重要因素。因此，司马迁在《史记》中首设“循吏”和“酷吏”列传，两《汉书》沿袭循例，都不惜笔墨予以记载。循吏，是为廉洁、节俭、公正的“奉法循理之吏”[3]；酷吏，多具有“据法守正”[4]、“廉洁无资”[5] 的品德。

（三）魏晋南北朝时期

魏晋南北朝时期是中国历史上大分裂大动荡时期，政权割据、民族纷争以及地主阶级内部寒族对门阀势力的斗争，形成了此间时代特征。其中门阀士族的盛极而衰和寒门庶族的崛起，是这一时期阶级变动的主要标志。

---

〔1〕《后汉书·安帝纪》。
〔2〕王亚南：《中国官僚政治研究》，中国社会科学出版社 1981 年版（下同），第 44 页。
〔3〕《史记·太史公自序》。
〔4〕《汉书·酷吏传》。
〔5〕《后汉书·周紆传》。

门阀士族是两汉之际在地主阶级内部出现的一个特权阶层，他们凭借出身高阶、经术传道累世公卿，拥有崇高的社会地位和雄厚的经济实力，左右了主要仕进途径。东汉末年，门阀士族已经操纵了察举制，他们主导乡闾舆论，使察举滋生了种种腐败现象，与要求参与政治的中小地主及其知识分子产生了尖锐矛盾。在此背景下，曹操三下“求贤令”，倡扬“唯才是举”，提出“士无遗滞，官无废业”〔1〕，具有重要的历史进步性。曹丕即位后，为了缓和与士族的矛盾，确立了家世、道德、才能三者并重的“九品中正制”选官。

以“九品中正制”充实察举制，也具有一定的历史进步意义。这是因为，察举选官制度把宗族乡党的评定作为政府选拔官吏的最重要依据，而九品中正制一方面沿袭了乡里评议的传统，又把评议权也就是官员选任权通过“中正”收归政府，在一定程度上抑制了士族专权。此制规定，在各州郡选择“贤有识见”的官员任“中正”，中正从家世、道德、才能三个方面把人士分成上上、上中、上下、中上、中中、中下、下上、下中、下下九等，作为吏部对等授官的依据。但是，由于充当仲裁的“中正”几乎全部是门阀士族，他们实际上把持着官吏选拔之权。司马懿当政后，任世家豪门为各地中正，评定士人品级只论其门第而不论才能，家世越来越重要，甚至成为唯一的标准。因此，到西晋时，终于形成了“上品无寒门，下品无势族”〔2〕的局面。

九品中正制作为选官制度，下接科举制，施行数百年。“魏氏立九品，置中正，尊世胄，卑寒士，权归右姓已。其州大中正、

〔1〕《三国志·魏书·武帝纪》。
〔2〕《晋书·刘毅传》。

主簿，郡中正、功曹，皆取著姓士族为之，以定门胄，品藻人物。晋宋因之，始尚姓已。”〔1〕 但是，到南北朝时期，却带来了门阀士族的盛极而衰。由于“贵仕素资，皆由门庆，平流进取，坐至公卿”〔2〕，门阀士族“不乐武位”〔3〕，“不屑竭智尽心，以邀恩宠；且风流相尚，罕以物务关怀，人主遂不能借以集事”〔4〕。由于他们只愿意做职闲廪重的“清官”，职繁廪轻的“浊官”就自然让位给甘于勤政廉政的寒门庶族了。

在分裂动荡的三百余年间，中央集权的管理体制仍在沿着加强君权、分解臣权的趋势演进。魏晋时期，中央形成了三省六曹制，地方上则沿袭了东汉以来州（由刺史巡察全国后固定而来）、郡、县三级管理体制，还兼有诸侯王国。

尚书在秦代设于少府，掌管文书奏章，西汉后期成为分曹办事的政务官员。尚书台权力日益扩展，成为“出纳王命，敷奏万机，盖政令之所由宣，选举之所由定，罪赏之所由正”〔5〕 的重要机构。西汉成帝时，在尚书台之下设立六曹：吏部曹管选举祠祀之事，二千石曹管词讼、司法之事，民曹管修缮、园苑之事，三公曹管州郡考课之事，客曹管少数民族及外国之事，中都官曹管水火盗贼之事。此六曹，成为以后近两千年间六部的雏形。东汉时期，尚书台正式协助皇帝处理政务兼有纠察之权，“虽置三公，事归台阁。自此以来，三公之职，备员而已”〔6〕。魏晋南北朝时

〔1〕《新唐书·柳冲传》。
〔2〕《南齐书·褚渊王俭传》。
〔3〕《南齐书·丘灵鞠传》。
〔4〕《廿二史劄记·南朝多以寒人掌机要》。
〔5〕《文献通考·职官五》。
〔6〕《后汉书·仲长统传·法诫篇》。

期，六曹制基本保持。但是，为了限制权逾三公的尚书台，三省制约的体制应运而生。尚书省转变为辖管六曹掌管执行政务，“听命受事而已”[1]。中书省为曹丕始设，原来由尚书郎担任的诏令文书起草之责，转由中书省官员担任，中书省渐获掌管机要和督责之权。门下省原为皇帝的侍从机构，在晋武帝时得以建制，渐有封驳政令和诤谏得失职能。北朝政出门下省，一时成为中央政权机构的重心。

论及廉政制度建设，北魏孝文帝改革值得一提。北魏初期，地方官员任期一般为六年，届满即可升迁。另外，中央不负责地方官员的俸禄，一律由地方自筹，这样就造成了地方官员不思政务，专事掳掠。为扭转仕风日下，北魏孝文帝推行俸禄制度，禁止地方官员私自筹俸，一律改为由中央政府定期发放。同时孝文帝还颁布了惩治贪污法令，规定凡弄权枉法、贪污国家财物达到一匹绢帛者，一律处死；地方官员升迁不再按年资核定，只有政绩突出者升迁，否则推迟提拔。北魏还将具有民族特色的反腐败制度推广开来，“阙左悬登闻鼓，人有穷冤则挝鼓，公车上奏其表”[2]，允许有冤者击鼓向皇帝“直诉”，从此以后直到清代都有这种直诉制度。这些创新性的制度，对于澄清吏治意义很大。

魏晋南北朝时期监察机构进一步独立发展。东汉时期，监御史台和司隶校尉负有监察职责，与尚书省统称为“三独台”。魏晋时期，御史台负责监察宫内百官，称行马内察官；司隶校尉负责监察宫外百官，称行马外察官。两者形成专司监察的严密网络。南北朝时期，司隶校尉合归御史台。御史台则完全跃出百官之列，

---

〔1〕《通典·职官四》。

〔2〕《魏书·刑罚志》。

成为直接受命于皇帝的监察机构，被称为“南台”或“南司”。

魏晋南北朝时期的监察立法也有很大进步，最主要的是形成了一套对皇帝进行最高监督的言察制度。秦汉时期宫内设置的给事中、谏议大夫等加官，至此成为门下省的正式属官，具有诤谏和封驳之权力。在地方上，州刺史的监察职责被强化，魏晋时期出现了“六条察吏”，南北朝时期出现了“诏制九条”、“六条课郡法”，作为遣使巡察考课诸州的参照，从而把地方官员的为官道德和为官政绩都纳入监察立法范畴，进一步丰富了廉政制度。

（四）隋唐时期

隋唐时期是中国封建社会重要的发展期。隋王朝虽然国祚短暂，但是它在某些方面的创制作用功不可没。

隋朝首创科举取士，擢拔寒门俊杰，削弱门阀士族。隋文帝终止九品中正制，于开皇十八年（598 年）下诏“以志行修谨、清平干济二科举人”〔1〕。隋炀帝大业三年（607 年）“始建进士科”〔2〕，创立了延至 1905 年的科举取士制度，保障了封建官吏队伍能够源源不断地从各社会阶层吸收有生力量。这在廉政制度建设方面具有划时代的意义。第一，把天下才俊笼络到统治集团内部，实现了精英政治。隋炀帝诏书说得很透彻：“天下之重，非独治所安；帝王之功，岂一士之略？自古明君哲后，立政经邦，何尝不选贤与能，收采幽滞。……夫孝悌有闻，人伦之本；德行敦厚，立身之基。或节仪可称，或操履清洁，所以激贪厉俗，有益风化。强毅正直，执宪不挠，学业优敏，文才美秀，并为廊庙之

〔1〕《隋书·高祖纪下》。

〔2〕《通典·选举二·历代制中》。

用，实乃瑚琏之资。才堪将略，则拔之以御侮；膂力骁壮，则任之以爪牙。爰及一艺可取，亦宜采录，众善毕举，与时无弃。以此求治，庶几非远。文武有职事者，五品已上，宜依令十科举人。有一于此，不必求备。朕当待以不次，随才升擢。”〔1〕第二，把官员选任权从地方集中到中央，有利于国家的稳定和统一。“前代选用，皆州府察举……至于齐隋，不胜其弊……是以罢州府之权而归于吏部。……自隋罢外选，招天下之人，聚于京师，春还秋住，乌聚云合。”〔2〕“隋氏罢中正，举选不本乡曲，故里闾无豪族，井邑无衣冠……五服以内，政决王朝；一命免拜，必归吏部。”〔3〕

为加强权力制约和提高行政效率，隋文帝对中央官制进行改革。在三省六曹制的基础上，严格了三省职责，确定内史省掌管起草诏书、参与决策，门下省掌封审议、兼具监察，尚书省下辖六部、负责行政。整顿地方官制，“存要去闲，并小为大”，裁撤郡一级政府，实行州县两级制，专治民政，不再具有军事职能，不仅防止了地方割据生成，而且改变了东汉以来沿袭五百年的三级辖制，革除了“民少官多，十羊九牧”〔4〕的现象。

隋代监察制度进一步加强，在御史台之外又增设了司隶、谒者二台，三台分理监察。又颁布了“司隶六条”的监察法条，制定了《开皇律》的刑律。又建立大理寺作为最高审判机关、刑部作为最高司法政务部门，地方上仍以州刺史、县长令兼知司法，

〔1〕《隋书·炀帝纪上》。
〔2〕《全唐文·沈既济·选举论》。
〔3〕《通典·选举五·杂论议中》。
〔4〕《隋书·杨尚希传》。

建立起一套较为完整的司法审判机制。

唐代的制度建设，承继隋代而加以进一步完善。这主要包括：施行外朝听政、朔望朝参和君臣常朝的朝参制度，促进朝臣勤政自律；完善三省六部制的中央官制，内史省改称中书省，六部设为吏、户、礼、兵、刑、工，确立起中书省决策、门下省审议、尚书省执行的制衡行政格局；在地方上设置了专事监察的“道”，加强监察和巡视；发展科举制度和官吏致仕制度，促进官僚队伍吐故纳新；对官员进行严格考课，重修谱牒，推行“以资产为宗”的两税法，奖拔寒素、抑制士族。

唐朝反腐倡廉建设，突出了法制建设。本着“德礼为政教之本，刑罚为政教之用，犹昏晓阳秋相须而成”〔1〕的治国思想，唐朝先后编修《武德律》、《贞观律》、《永徽律》、《唐六典》等，促进保障廉政建设。《新唐书·刑法志》上说：“令者，尊卑贵贱之等数，国家之制度也。格者，百官有司之所常行之事也。式者，其所常守之法也。凡邦国之政，必从事于此三者，其有所违及人之为恶而入于罪戾者，一断以律。”传世的《唐律疏议》共计十二篇，其中第三篇《职制律》集中对官吏的设置、选任、失职、渎职等行为作出规范认定，其余八篇也涉及追究官吏违法渎职的法律责任，其中涉及惩治赃贪的内容有七十六条，规定罪名四百四十五个，涉及官吏犯罪有一百九十二个，占总律条的百分之四十三。〔2〕比如严惩贪污、贿赂有规定：凡以次等之私有财物换取较好之官有财物者，以盗论。诸有事先不许财，事过之后而受财

〔1〕《唐律疏议·名例》。

〔2〕吴毅：《唐朝贞观年间防治贪腐的政策举措释析》，见《理论导刊》2009年第9期第117页。

者，事若枉，准枉法论，事不枉者，以受所监临财物论。[1] 较为完备的法制建设，促进了较好的反腐倡廉建设，使唐律和唐朝享有“得古今之平”[2] 的美誉。

在廉政制度执行中，唐朝有几个政治行为意义重要。一是殿廷议事。《资治通鉴》载：“中书、门下及三品官入（阁）奏事，必使谏官、史官随之，有失则匡正，美恶必记之。诸司皆于正牙奏事。御史弹百官，服豸冠，对仗读弹文。故大臣不得专君，而小臣不得为谗慝。”[3] 谏官、史臣参与廷议，当场行使职权，加强了君臣自律，促进了政治清明。二是门下言谏。门下省在中央决策中主要负责审议和封驳政令，其履职官员一般称“给事中”。给事中在审核政令时，如发现有不便施行者，可以封还中书省另拟，亦可以直接在诏敕上涂改，称“涂归”。司法部门审案不当时，给事中可以会同中书省、御史台覆核，称“三司受事”。这样的措施，增强了政策的准确性、可操作性和实效性。三是三院治事。御史台是独立的监察机构，是“治官”之官。御史台长官为御史大夫，号称“台主”，副官为御史中丞。下辖侍御史称“台院”，殿中御史称“殿院”，监察御史称“察院”。台院掌纠察弹劾不法百僚，审判皇帝特命的案件，并与门下省的给事中、中书省的中书舍人分值朝堂，受理冤讼，号称“小三司”。殿院掌殿廷供奉仪式，纠察朝会典礼失仪和随驾检举非违等事。察院掌监察地方官吏及尚书省的六部。御史台三院的设置与明确分工，说明中国封建社会的御史监察制度发展成熟到了一定程度。四是“分

〔1〕《唐律疏议·职制律》。
〔2〕《四库全书总目》卷八二《史部·政书类二·唐律疏议提要》。
〔3〕《资治通鉴·唐纪二十七·玄宗开元五年九月》。

察分巡”。唐朝监察权在中宗后分成左御史监察中央称“分察”、右御史监察地方称“分巡”。唐代以“道”为监察区，每道派监察御史一人，也称巡按使、观察使、按察使等。后来，这些监察御史在地方上停驻下来，全权处理监察区内的事务，演变成了“节度使”，集指挥军事、管理财政、任免官吏大权于一身。而且，唐代边陲要塞的节度使多选派武人充任，逐渐酿成了“安史之乱”那样的祸患。

“安史之乱”给大唐王朝以重创，成为其走向衰亡的转折点。从制度建设上看，有三个重要变化影响远大。一是，“安史之乱”后，学术机构“翰林院”成为宫禁“内制”决策机构，足以与“外制”的三省六部分庭抗礼，标志着皇宫权力加强，也形成了此后的内外党争。二是宦官组成的枢密使权力不断加大，成为又一“内相”，侵夺了各省部的管理职能，宦官专权由此发端。三是地方上州县两级行政区划之上，增加藩镇统管民政、财政和军政大权，最终酿成唐末严重的藩镇割据，直接形成五代十国的局面。朝官之争、宦官专权、藩镇割据，三大腐败症候导致唐王朝走向灭亡。

（五）宋元时朝

行伍出身的赵匡胤建立北宋王朝，采取了重文抑武的“文治”国策。“五代以还，不崇门阀，谱牒之学，遂绝不传”[1]，士族门阀地主衰退，科举出身的士大夫阶层在政治上越来越显赫，宋代成为一个“文质彬彬”的朝代。宋代“为与士大夫治天下，非与

〔1〕 胡应麟:《少室山房笔丛》卷三十九《庚部》。

百姓治天下也”〔1〕，于是，士大夫制约皇权、皇权挟制士大夫，成为宋代廉政制度建设的一个显著特征。

有宋一代，皇权受士大夫的约束是显而易见的。皇帝的制敕须经中书省宰相的副署，并由中书省发出。宰相甚至可以干预后宫事务，包括皇后、太后、储君以及宦官治事，宰相均可干预。“祖宗之法严，宰相之权重，貂珰有怀奸慝，旋踵屏除，君臣相与防微杜渐之虑深矣。”〔2〕这样的“文治”意义重大，皇权得到有力的监控，而且官吏队伍保持了应有的生机。史称：“宋有天下三百载，视汉唐疆域之广不及，而人才之盛过之。”〔3〕有宋一朝的君主，对读书仕进者给予了尊重和奖掖，激发了天下士子积极参与政治，成为抵制腐败的重要力量。北宋末年拥护抗战、反对投降的斗争，南宋后期对丁大全、史弥远、贾似道等擅权的斗争，都是由士人直接发起和领导的。

但是，士大夫“道不同不相为谋”的习性，使宋朝充满党争。党争炽烈，甚至置国家安危于不顾。“元祐、绍圣，一反一覆，而卒为夷狄侵侮之资，尚何望其振中国以威夷狄哉！”〔4〕南宋却又矫枉过正地汲取了党争误国的教训，打压士大夫，士大夫在廉政中的作用逐渐削弱，致使腐败权臣横行当道。

在权力约束方面，皇权还是占上风的。宋太宗坦言：“国家若无外忧，必有内患。外忧不过边事，皆可预防。惟奸邪无状，若为内患，深可惧也。帝王用心，常须谨此。”〔5〕宋代中央官制强

〔1〕《续资治通鉴长编·神宗熙宁四年三月戊子》。

〔2〕《宋史·宦者列传序》。

〔3〕《范文正公集·补编》卷四《重建文正书院记》。

〔4〕《陈亮集·上孝宗皇帝第一书》。

〔5〕《续资治通鉴长编·太宗淳化二年八月丁亥》。

化分权制衡，原来三省中尚书省、门下省弱化，独有中书省留在皇宫，称政事堂，取旨掌政，枢密院掌军，三司（户部司、盐铁司、度支司）掌财。枢密院在唐代为宦官机构，至五代为武臣执掌，宋代成为专管军政的独立机构。三司沿唐末五代之制，“通管盐铁、度支、户部，号曰计省，位亚执政，目为计相。”〔1〕中书省只管民政，所谓“佐天子，总百官，平庶政，事无不统”〔2〕。中书省、枢密院、三司这三者鼎足而立，彼此不相知，实际上集权于皇帝一身。后来，军政之权渐渐为文职兼任，终成文弱南宋一朝。

在监察体制上，宋代继承了唐代的三院御史之设，又将门下等省的谏诤之权别立为谏院。此前，御史主弹劾，言谏主讽诤，到宋代御史台又可以参与言事谏诤，形成台谏合一，从而对行政可以全程监督和批评，成为很大的制约力量，以至于出现了“宰相但奉行台谏风旨而已”〔3〕的局面。

宋代管理体制还有一个鲜明特点：不断增设新的机构，代行或分解已有机构的职权。例如，京朝官的任命不由吏部，另设差遣院。后又另设审官院专管京朝官考核、设考课院主管幕职州县官的管理。这样一来，“三省六曹二十四司，类以他官主判，虽有正官，非别敕不治本司事，事之所寄，十亡二三”，“居其官不知其职者，十常八九”〔4〕，中书、门下、尚书三省职能渐渐弱化，至南宋三省合一，六部监司也时有省并。宋代整个官制把制约和

〔1〕《宋史·职官志二》。
〔2〕《宋史·职官志一》。
〔3〕《苏轼文集》卷二十五《奏议·上神宗皇帝书》。
〔4〕《宋史·职官志一序》。

控制放在了首位，廉政意义当然突出，但是不利的结果是机构叠床架屋，管理职能被置于其后，而且官员莫不以保持气节操守为首要，治国才干和效能却有些缺失。

宋代对科举制度作出发展。唐代科目繁多，宋代变成进士一途，且三年一考成为定制，成为稳定的取士制度。为科举选官更加公平，宋代施行了几项配套制度。一是“锁厅试”。即“见任官应进士举，谓之锁厅。虽中选，止令迁官，而不赐科第；不中者，则停见任。”〔1〕借此，限制现任官与寒俊之士竞进。二是“禁公荐”。唐代有公卷，即考生把代表作预投，供录用时参考；行卷则是考生求得名人或高官推荐的卷子。宋代采取封弥、誊录之法，“一切以程文为去留”〔2〕，彻底清除了取士之中的荐举因素，有效防止了因缘挟私。另一方面，社会各阶层仰望科举制，“圣朝广开科举之门，俾人人皆有觊觎之心，不忍自弃于盗贼奸宄”〔3〕。而且，宋朝状元选择寒门子弟授予，抑制豪门实力，加速了贵族政治、武人政治退出历史舞台的进程。三是“覆考试”。初考之后，增加殿试，以皇帝权威监督和防范考官作弊，保证举人服膺，杜绝恩出私门。另一方面，宋代君臣彰扬文教，尊崇士人，调动了读书人参政的积极性，发挥了科举选官的积极作用。例如，文天祥“年二十举进士，对策集英殿。时理宗在位久，政理浸怠，天祥以法天不息为对，其言万余，不为稿，一挥而成。帝亲拔为第一。考官王应麟奏曰：‘是卷古谊若龟鉴，忠肝如铁

〔1〕叶梦得撰：《石林燕语》。
〔2〕陆游：《老学庵笔记》。
〔3〕王林撰：《燕翼诒谋录》。

石，臣敢为得人贺。'"[1] 科举选官推动了宋朝官吏队伍建设和士人群体成长，可谓"三百余年元臣硕辅、鸿博之儒、清强之吏，皆自此出，得人为最盛焉。"[2]

在官员管理制度方面，宋代有两项制度具有较大的廉政意义。一是官职差遣分离。宋代任官制度有官、职、差遣三个体系。官原本属于职事官系统。至宋，官称与实际职务逐渐脱离，仅用于表示官位、俸禄高低，故又称寄禄官。唐末五代以来，因事而设、事后即撤的使职差遣，在北宋成为由固定官员担任的实际职务，简称职。职又分馆职和贴职。馆职指官员所任职务。他官兼馆职，称贴职，一般为文官荣誉头衔。官表示地位，职指示职务，差遣是担当的工作。官职差遣，使官员待遇、职务、荣誉分离，利于通过擢拔勤政廉政的年轻官员担当重要而崇高的职务，也利于地位高、资历深的年长官员通过廉洁奉公继续保持较高的地位和荣誉。二是推行高俸养廉。"惟其给赐优裕，故入仕者不复以身家为虑，各自勉其治行。观于真、仁、英诸朝，名臣辈出，吏治循良，及有事之秋，犹多慷慨报国，绍兴之支撑半壁，德祐之毕命疆埸，历代以来，捐躯殉国者，惟宋末独多，虽无救于败亡，要不可谓非养士之报也。"[3]

相比之下，辽金元的廉政制度明显不及两宋，呈现游牧民族制度建设的粗放状态。在中央官制方面，辽并三省六部职权集中到枢密院。金撤中书、门下两省，只留有尚书省总理朝政。元则以中书省为政务中枢，尽管枢密掌军戎、御史台掌纠察，但是，

---

〔1〕《宋史·文天祥传》。
〔2〕《宋史·选举志一》。
〔3〕《廿二史劄记·宋制禄之厚》。

后两者受制于皇帝和中书省，几近虚设。在官员选用方面，辽金元沿用了科举制，但多粗疏缺憾。例如，元朝选官看重宿卫和吏员，其宰相多属于此两项出身。宿卫是赳赳武夫，吏员老奸巨猾，这样的人操持了权柄，其结果可想而知："台阁之位，率取敏锐材干、练达时事者居之。其效官举职，治繁理剧，固不乏人；而格君经世，蹈道迪德者，盖未多见也。"[1] 正如史家所言："宋亡于儒，元亡于吏。"

（六）明清时朝

明朝建立后，朱元璋强化皇权，把专制体制推向极致。其重要的表现是废除中书省和丞相制，以皇帝直接统领六部。朱元璋解释其中理由："自古三公论道，六卿分职……自秦始置丞相，不旋踵而亡。汉唐宋因之，虽有贤相，然其间所用者多有小人，专权乱政。我朝罢丞相，设五府、六部、都察院、通政司、大理寺等衙门，分理天下庶务，彼此颉颃，不敢相压，事皆朝廷总之，所以稳当。"[2] 宰相，丞相，是泛指的最高级别的行政长官，所谓"上佐天子理阴阳、顺四时，下育万物之宜，外镇抚四夷诸侯，内亲附百姓，使卿大夫各得任其职焉。"[3] 宰相居于一人之下、万人之上，对皇权起着制约甚至抗衡作用。

实职宰相废除，"内阁"大学士助理庶务，内阁制应运而生。内阁大学士官阶五品，是皇帝的顾问和参谋，有时也"传旨当笔"，很难制约皇权，皇权空前强化。皇帝如果无心朝政，权力就

〔1〕 王结：《文忠集》卷四《书松厅事稿略》。
〔2〕《明太祖实录》卷二百三十九《洪武二十八年六月己丑》。
〔3〕《史记·陈丞相世家》。

落在了宦官手中。所以，明朝政纲腐败突出的表现就是内阁与宦官的勾结或争斗。史称："有明之无善治，自高皇帝罢丞相始也。"[1] 清朝先是沿袭内阁大学士之设，后又以军机处取而代之，二者都是闲曹参谋，对"乾纲独断"起烘托作用。晚清新政，仿照日本近代政治体制设内阁总理大臣，是为君主立宪制的行政长官，与古代宰相非能同日而语。

在明朝官制中，五府管军政，六部司行政。与六部行政的"寺监"相对，设"六科"专司政务的审核、言谏、监督和官吏考察，长官为给事中。前代所设中央监察机构御史台改为都察院，长官为都御史。地方上又划分出十三道，分设监察御史巡按州县，专事官吏的考察、举劾。清因明制，仍设都察院，下设十五道。通政使司是明清时收受、检查内外奏章和臣民申诉文书的中央机构，其职能就是开天下言路，长官为通政使。大理寺所掌为"审谳平反刑狱之政令"，长官为大理寺卿。六部尚书加都御史、通政使司、大理寺卿称为九卿，后三者掌管监察。另外还有学术机构翰林院、太子辅导机构詹事府，"清议"批评政务。因此，明清具有监察职责的机构有翰詹科道以及通政使司、大理寺，可谓规模大、地位高、职能强。但是，他们都是针对监察百官、加强皇权而设立的。在地方上，明朝废除元朝的各"行中书省"，设立十三个承宣布政司管理民政（提刑按察使司管刑狱、都指挥使司管军政）。清朝地方管理机构恢复为"省"，上面又把巡视性质的巡抚和总督固定为地方行政官。这都是为了加强对地方管理的防范而加大中央集权。

---

〔1〕《明夷待访录·置相》。

为了严密监控官员，明朝先是设立了锦衣卫，专门承受皇帝旨意，超越司法程序，专司处理针对不法官吏的“诏狱”案件。明成祖又增设东厂，以太监提督，专管“缉访谋逆妖言大奸恶等”[1]。明宪宗再设西厂，刺探官民阴私。厂卫本为监督不法官吏而设，起初也在惩治腐败方面效用显著。但是，它逐渐为权宦把持，超越司法不接受监督制约，不仅造成不少冤狱，而且自身迅速腐败，清代将之废除了。

为了通达下情和舆论，明代创立了密疏言事制度。密疏言事是臣民上呈给皇帝的一种特殊上行文书，直达御前开拆，皇帝亲批而不需内阁票拟，其间不假他人之手而高度保密，是皇帝掌握信息、监控官吏、推行廉政的重要手段。清承明制，建立了密折奏事制度。

为了保障皇权独断，又防止大权旁落宫禁，明朝加强了内阁、清朝增强了军机处等参谋机构建设。清朝还增加了皇帝读书听讲、增强修养的制度，又特别严格了皇帝勤于视朝和躬亲批阅奏章的规范。这些举措主要在于加强皇权，也有一定的廉政建设意义。

为了加强中央对地方的监控，明清强化了自汉武帝创设刺史形成的中央巡按制度。明代巡按御史衔命巡察州县，代天子巡狩，举凡吏政、刑名、钱谷、治安、档案、学校、农桑水利、风俗民隐，无所不察，小事当即处理，事大者奏请皇帝裁决，或候差满回京汇报工作时交中央有关部门处理。巡按的主要任务是考察地方官吏是否有违法失职情节，因此有利于地方廉政建设和加强中央权威。在执行巡视监察地方的过程中，产生了巡抚、提督、总

---

〔1〕《明史·刑法志三》。

督等官职，渐渐由临时性变为常任。例如，清代总督就成了统辖一省或数省的最高军政长官。全国常设的有直隶、两江、闽浙、湖广、陕甘、两广、四川、云贵等八大总督，总督均加兼部院衔，为正二品或从一品，“掌总治军民，统辖文武，考核官吏，修饬封疆”。〔1〕这实际上增加了行政层次，也加强了中央对地方的监控力度。

吸取元朝选官制度的教训，明清两代对吏员入仕大加限制：明朝时几乎不能够做到州县正官，清朝时只能担任低级杂职官。他们的升迁受到了限制，沉在社会基层弄权为患，成为一大社会毒瘤。明清两代草创时期都允许荐举仕进，但是，至中期都大大加以限制。明朝中期后，有荐举“籍记举主，后有犯赃，必明正举主之罪”〔2〕的规定。清朝对荐举者，也规定“称职，量效之大小，举主同其赏；不称职，量罪之大小，举主同其罚”〔3〕。明代存在捐官制度，但是严格予以限制。清初也允许捐官，至乾隆年间受到严格限制，但终未取消，结果至晚清成为政治腐败的一大根源。

明清两朝最主要的取士制度是科举制。明清科举制的特点是：考试程式越来越规范，走向僵化；考试纪律越来越严格，防止舞弊费尽心机；考试内容越来越限定，几近文化专制。科举取士的廉政意义逐渐消退，“士子以四书五经为干禄之具，而不知其为修己治人之方；其所为文，悉是剿说之余，而不足为躬行心得之

---

〔1〕《皇朝通典·职官十一》。

〔2〕《续文献通考·选举三》。

〔3〕《清史稿·范文程传》。

验。”[1] 至晚清，科举取士严重束缚了读书人的思想和整个民族的视野，成了削弱民族创新力和官员活力的重要原因。

（七）晚清之际

阿克顿勋爵曾说：“权力导致腐败，绝对权力导致绝对腐败。”[2] 明清的廉政制度建设总的特点是，防范腐败逐渐演变成防范臣民失控和谋求专制。皇权极尽专制，必然走向绝对腐败。干腐枝枯，这也说明中国古代以专制皇权为核心的廉政制度建设走到了尽头。

一个国家的廉政制度分为几个层次：一是基本政治制度，一是选官任官制度，一是监察监督制度，一是相关配套制度。至于晚清，根本层面的政治制度是封建专制制度，因为它的反民主反人民性质，决定了它已经毫无进步意义；选官任官制度是科举取士制度，因为它的考试内容局限于经学，因而落伍于近代潮流；监察监督制度是皇权专制制度的一部分，因为受制于和服务于专制而使其廉政意义大打折扣；相关配套制度同理需要革命性变革。于是，中国廉政制度建设需要另辟蹊径，实现范式革命。

相应的历史事实是，1840 年后，中国进入半殖民地半封建社会。清政权的软弱无能和腐朽没落逐渐为社会各阶层所认识，社会革新的浪潮一浪高过一浪。

以林则徐等为代表的地主阶级开明派，呼吁“睁眼看世界”，主张“更法”，把中国制度变革的方向引向了学习西方。但是，他们没有先进的思想资源作支撑，也就无法提出进步的制度建设

---

〔1〕 齐召南：《进呈经史说》，《皇朝经世文编》卷十《治体》。

〔2〕 ［英］阿克顿：《自由与权力》，侯健、范亚峰译，商务印书馆 2001 年版，第 342 页。

主张。

以太平天国为代表的农民革命力量，力图推翻清王朝的统治，建立平均主义的农民政权。但是，由于农民阶级到了近代已经不属于先进的领导阶级，它的政权终于没有站住脚跟。洪仁玕的《资政新篇》，是中国第一个力图发展资本主义的纲领，在刷新政治方面提出移风易俗、加强法制建设、察失用人乃至简化文风等举措，可惜还没有来得及施行，太平天国就失败了。

以曾国藩、左宗棠、张之洞为代表的地主阶级洋务派，举起自强求富的旗帜，力图推动中国走上发展资本主义经济军事的道路。但是，他们为传统文化所拘囿，固守“中学为体，西学为用”，故而迈不出政治革新的步子。

以康有为、梁启超为代表的资产阶级维新派，勇敢地揭举了戊戌变法运动，试图建立君主立宪制度。但是，由于维新势力的单薄和保守势力的强大，变法最终就连“开制度局”这样的一小步政治改革也没有被接受，仅仅以促进了科举制度废除的微弱进步而仓皇终结。

以孙中山为代表的资产阶级革命派，在实践经验中认识到，中国人民的苦难根源于一点，“那就是普遍的又是有系统的贪污”[1]，也就是政治腐败，而救治腐败只有政治的、社会的革命一途。只有武装革命推翻清王朝的专制统治，才能结束中国腐败落后的局面。于是，以资产阶级政党为领导，以“民族、民权、民生”为号召，发动了资产阶级民主革命。

孙中山图谋建立一种具有彻底廉政意义的新制度，具体的就

〔1〕《孙中山全集》第一卷，第89页。

是“权能分治”、“五权分立”的政治体制。孙中山把国家的政治权力分为“政权”（或者“民权”）和“治权”两部分。他说：“政是众人之事，集合众人之事的大力量，便叫做政权；政权就可以说是民权。治是管理众人之事，集合管理众人之事的大力量，便叫做治权；治权就可以说是政府权。所以政治之中，包含有两个力量：一个是政权，一个是治权。这两个力量，一个是管理政府的力量，一个是政府自身的力量。”〔1〕政权，即民权，在孙中山思想中包括国民有选举、罢免官吏之权，有创制、复决法案之权这样四种权力。同样，孙中山把“治权”，即“能”，分成五个部分，即立法权、行政权、司法权、监察权和考试权，分别由立法院、行政院、司法院、监察院和考试院五个机关来行使。有了这种政权和治权，就能够“造成万能政府，为人民谋幸福”，“便可以破天荒在地球上造成一个新世界”〔2〕。

“权能分治”体现着资产阶级的民主精神，它坚持了人民主权原则。这是此前立宪派、改良派所不具备的新思想。它主张政府权力来自民众授予，民众通过宪法，把各种治权分别授予不同的国家机关行使；民众则保留“民权”，通过国民大会的形式来控制和指挥“治权”的行使，由此促使这些行使治权的主体兢兢业业为民众服务，做好民众的公仆。这就从根本上否定了在中国绵延几千年的皇权、官僚思想，为资产阶级革命派指明了政治方向。民权政府的“五权分立”，是从欧美国家的“三权分立”演化而来的，孙中山认为：“将国外的规制和本国原有的规制，融合起来，较为完善。”“中国古时举行考试和监察的独立制度，也有很

〔1〕《孙中山全集》第九卷，第345页。
〔2〕同上书，第355页。

好的成绩，像满清的御史，唐朝的谏议大夫，都是很好的监察制度。举行这种制度的大权就是监察权。监察权就是弹劾权。”[1]至于考试制度、选拔人才，他认为更具有中国特色。这种制度最为公允，无论贫民贵族，一经考试合格，即可入仕为官。因此，孙中山融合中西政治思想文化，创立了中国式的资产阶级革命政治理想和政治体制，并且把建设廉洁政治的举措推向中国近代的最高峰。

1911年，辛亥革命结束了封建专制制度，资产阶级民主共和国性质的廉政制度亟待构建，中国廉政制度建设进入近代化阶段。

（八）几点认识

政治制度是对公共权力的配置关系、运作方式的具体规范。廉洁从政是公共权力的基本要求，廉政制度建设是政治制度的基础工程。中国历史绵延几千年，廉政制度起着重要的保障作用，形成了突出的特色。

一是官僚政治系统对皇权系统的制约，延缓王朝的衰亡。中国传统社会并非死水一潭，它充满着种种紧张和冲突，其中如君主与官僚制度之间的紧张与冲突。[2]专制主义与官僚政治始终是贯穿中国古代政治制度的两条主线，它们共同构成了帝国的制度结构，其中皇权专制主义居于核心和主导地位。但是，皇权不能无限制扩张，它还要尊重一个相对独立的治理系统——官僚政治系统。官僚政治系统的首脑就是宰相。宰相可以是一个人，但在

---

〔1〕《孙中山全集》第九卷，第353页。

〔2〕［美］列文森著，郑大华、任菁译：《儒教中国及其现代命运》，中国社会科学出版社2005年版，“代译序”第8页。

古代中国一般不是一个人，而是最高行政长官集体。例如，秦朝宰相就包括丞相、御史大夫，唐朝宰相包括三省长官，实际上是一个政治委员会。在皇帝之外形成一个根据皇帝意志建立但又独立于皇帝的政府机构来实施对全国的统治，目的在于防止皇权泛滥和腐败，这归根结底又符合皇帝的利益。

理论上一致的一面，在实际上却有时形成冲突的一面。“宰相之职佐天子，总百官，平庶政，事无不统”[1]。相权辅佐、制约皇权，如果皇帝感到的却有一种掣肘和僭越的威胁，皇权就对相权进行削弱与剥夺。中国古代皇权总体上是上升、相权逐渐地下降。明朝宰相的废除，使专制主义政治空前强化。“这种把一切权力都揽在皇帝个人手中的高度集权的状况，是在明朝以前没有过的。所以，封建专制主义经过一千几百年的发展，到了朱元璋的时候，形成了一个历史上从来没有过的高度中央集权制的政治系统。”[2]

基于上述情况，中国古代腐败的发生，首先从皇权系统发生。皇帝的昏庸、宦官擅权、外戚专政、奸臣当道，都是皇权的腐败堕落或内臣的狐假虎威，基本上构成了历代王朝灭亡的内因。

二是选举考官制度确保王朝政权具有一定的公平性，利于廉政建设。选官制度，“这是讲中国政治制度上一个最主要的大题目”[3]。中国古代依次有三个主要的选官制度：察举制、九品中正制、科举制。这三项制度，都为了从社会基层选拔才俊，为统治集团注入新生力量。选举的标准，第一是“德”，第二是

---

〔1〕《宋史·职官志一》。

〔2〕吴晗：《明史简述》，中华书局1980年版，第21—22页。

〔3〕钱穆：《中国历代政治得失》，第11页。

“才”，共同的举措是不同程度的考试。察举重在推荐，但是只有经过“策问”才能使用。汉武帝办太学，与选官制度相结合，“那些郡国孝廉，又多半是由太学毕业生补吏出身的”[1]。魏晋以降察举制逐渐被九品中正制取代，但是，被征举的也要经过一定考试。西晋形成了秀才对策而孝廉试经的格局。秀才主要是对策时文辞的优美，孝廉则在于经学的深湛。到南北朝时，考试日益成为决定被举者得官与否的中心环节。科举制更是将考试选拔官吏确定为国家大法。“科举制度显然在开放政权，这始是科举制度之内在意义与精神生命。”[2] 考试开放政权，及时把优秀分子吸收到政权内部，不断充实政权的生命力。

另一方面，考试取士对于录用官员自然有一种廉政意义。一要珍惜读书奋斗的结局，“现在所考试求取者则须专心为公家服务”[3]；一要珍惜清廉进取的名声。唐朝宰相刘晏曾比较以科举出身为主的“士”和非科举出身的“吏”的德行，他说：“士陷赃贿则沦弃于时，名重于利，故士多清修；吏虽廉洁，终无显荣，利重于名，故吏多贪污。”[4]宋代王曾也比较流内官（科举入仕者）和流外官的区别说：“士人入流，必顾廉耻；若流外，则畏谨者鲜。”[5] 清人也说：“自念读书考试历数十年之辛苦，偶得一官，一旦因贪去职，则所得不若所失之大，即不肖偶蒙贪念，亦有所顾忌而不敢为。”[6] 可见，两千多年考试取士的办法，成为

---

〔1〕 钱穆：《中国历代政治得失》，第 14 页。
〔2〕 同上书，第 51 页。
〔3〕 同上书，第 49—50 页。
〔4〕《文献通考·选举八》。
〔5〕《续资治通鉴长编》卷一百四《天圣四年春正月己亥》。
〔6〕 周恒祺：《请整饬吏治疏》，《同治中兴京外奏议约编》卷二。

确保中国古代廉政建设的一个独特的重要因素。

三是监察系统的监督检查，在一定程度上防治了古代政治的腐败。中国形成了一套完备而又严密的监察制度，在一定意义上改善了吏治。历代封建统治者为了充分发挥监察机关对百官的威慑制约作用，赋予了监察官广泛而充分的权力：第一，弹劾权。御史监察官员“受公卿奏事，举劾按章”[1]，甚至可以“风闻论事”[2]，“掌纠察官邪，肃正纲纪”[3]。监察官的弹劾对象可以说是除皇帝之外的文武百官。第二，谏诤权。古代谏官有权参与讨论军国大事，“不矜宠利，不惮诛责，一为天下昌言，以寤主上；起民之病，治国之疵，蹇蹇一心，如对策时”[4]。凡遇朝廷决策，谏官有权与闻政事，并可对政策得失直接发表意见。第三，司法权。自御史之设即有司法监察权，到南朝陈时，御史中丞也参与司法审判。唐时，刑部、大理寺和御史台三者共同审理案件，称“三司推事”。到清时，除沿用“三司”制外，如遇重大案件，则实行九卿会审制，即刑部、大理寺、都察院会同吏、户、礼、兵、工部和通政司的官员共同审理。可以说古代御史既是监察官又是司法官。第四，审计权。监察官员对国家财政预算编制与执行实行审核，稽查财政上的不法行为。唐宋之时，“岁行所部，检察储积，稽考帐籍”[5]。明清时，官府收支账目和会计报告，都要送呈都察院检查。此外，监察官还有便宜处置权，如明清御史发现六品以下贪酷显著者即便拿问。还有监试权、监军权、调查权，

〔1〕《汉书·百官公卿表上》。
〔2〕《文献通考·职官七》。
〔3〕洪迈：《容斋四笔·台谏分职》。
〔4〕王安石：《上田正言书一》。
〔5〕《宋史·职官志七》。

等等，都为了有效防范、制止官吏违法乱纪行为的发生，加强了封建统治与国家管理，也历来受到统治者的重视。元世祖忽必烈曾说："中书朕左手，枢密朕右手，御史台是朕医两手的。"〔1〕

然而，作为体制内架构，监察职能的发挥受整个管理体系左右，一旦王朝腐败透顶或出现统治危机，监察官就难以发挥正常作用，甚至会催化吏治的腐败。如：东汉外戚、宦官专权之时，监察机关冷漠旁观甚至助纣为虐。明代宦官刘瑾专权，操纵东厂、西厂、锦衣卫，增设大内行厂，厂、卫乌合，大兴特务恐怖之治，陷害异己，残害忠良，把社会搞得乌烟瘴气。这些都说明封建专制政治之下纠腐反贪极具局限性且极易异化。

总的看来，中国古代廉政制度建设有明显的缺陷：一是被动性，二是边缘化，三是难贯彻。

中国古代政治制度演绎的传统逻辑是，"一个制度出了毛病，再订一个制度来防制它"。结果制度越来越多，不仅造成前后矛盾、执行困难，失去效率与效力，而且，更严重的是病上加病，最后病入膏肓。这一现象，为史学家钱穆所揭示，有的称之为"钱穆制度陷阱"。

以监察制度为例，虽然齐相管仲在两千七百年前就说过，监察制度的设立对于君主统治具有主动性，"一曰长目，二曰飞耳，三曰树明。"〔2〕 但是，这也正说明中国古代监察制度建设是为了强化皇权，而不是彰显老百姓的意志，不是保护和伸张公共权力。中国古代廉政制度，本身就是在这样一种矛盾丫口上生长出的枝条，它是在强化皇权的驱动下产生并发展的。中国古代的政治制

---

〔1〕《草木子·杂制篇》。

〔2〕《管子·九守》。

度结构，既是古代监察制度系统日益壮大的土壤，也是造成这些廉政制度异化的陷阱。中国古代传统政治制度，导致皇权至高无上，官僚集团权力难以约束。所谓的权力制约和监督往往是软弱的，有时甚至是徒劳无效的。在中国古代社会中，付诸政治能力的只有一个主体，这就是皇权指挥下的官僚集团。这个集团不能够从根本上用制度加以制约。因此，如果官僚集团中个别成员腐败，那么从维护其集团利益出发还可以去处治；如果整个集团普遍腐败，则社会上就没有什么力量可以控制它。故而，历朝历代殚精竭虑严防腐败，朝代之初也几乎都能严刑峻法惩治腐败，但是，随后就是于事无补、制度废弛。为了亡羊补牢，又改旧制、兴新法，最终还是“生法者，君也；守法者，臣也；治于法者，民也”[1]，纵欲无度的君主国戚达官贵人照旧可以乘借制度的空隙而终究为所欲为。这种循环往复腐败横行的根源，就是中国古代的权力结构具有滋生腐败的必然性：一是皇权专制对腐败的影响；二是权臣专权对腐败的影响；三是普遍的专权造成普遍的腐败。

王亚南先生在《中国官僚政治研究》一书中说：“历史家昌言中国一部二十四史是相斫史，但从另一个视野去看，则又实是一部贪污史。”原因是：“一个为官僚把持操纵的社会，本来没有什么法度可言，要说有，不外是有关人民对于他们的义务的规定，或有关他们自己相互之间的权利的规定罢了。”[2]

1897 年，孙中山在一次演讲中指出，“中国所有一切的灾难

〔1〕《管子·任法》。
〔2〕《中国官僚政治研究》，第 94、95 页。

只有一个原因，那就是普遍的又是有系统的贪污。"〔1〕“这样就证明了，用输入物质文明的方法不能改良中国，只有用根绝官吏贪污的办法才行。"〔2〕因此，中国的前途“只有革命”。

三、中国古代的廉政人物

中国古代历史绵延数千载，王朝循环兴替，政治清明是根基，廉政人物起着重要的支柱作用。廉政人物的政治行为效应，直接决定着朝代命运浮沉和治乱格局；廉政人物的思想作风、道德品质，凝聚为宝贵的廉政文化遗产，代代相传，化作一股蓬勃朝气、昂扬锐气、浩然正气，亘古长存。

“以铜为鉴，可正衣冠；以古为鉴，可知兴替；以人为鉴，可明得失。"〔3〕中国古代廉政建设，济济多士。我们跨越历史星空，萃取廉政人物所共有的行为和品质特征，在今天仍有积极的借鉴意义。

（一）修身立德

中国古代德治气息浓郁充沛，“天下者，非一人之天下，惟有道者居之"〔4〕，“为政以德，譬如北辰，居其所而众星共（拱）之。"〔5〕廉政人物首先讲究修德立身。为政者修德立身，不仅是要加强个人道德修养，最重要的是提高政治道德修养，主要包括

〔1〕《孙中山全集》第一卷，第89页。
〔2〕同上书，第105页。
〔3〕《新唐书·魏徵传》。
〔4〕《六韬·武韬·顺启》。
〔5〕《论语·为政》。

恤民、爱国、忠君、孝悌、尚贤。

舜是传说中的五帝之一，是中国古代道德楷模，史载“天下明德皆自虞帝始”。舜居家以德，宽厚孝悌，以德报怨，敬愚父，恭悍母，友顽弟，饬妻妾，首倡人伦道德之风。舜为人以德，踏实谦让，助人为乐。“舜耕历山，历山之人皆让畔；渔雷泽，雷泽上人皆让居；陶河滨，河滨器皆不苦窳。一年而所居成聚，二年成邑，三年成都。”舜为政以德，谋四岳，举八恺，用八元，惩四凶，远佞人，“七政以齐”，“远近众功咸兴”，“蛮夷率服”。〔1〕“舜勤民事而野死”〔2〕，“以君人之大德，为帝王之称首”〔3〕。

召公奭是西周四朝元老，辅佐文武成康四王，是崇德恤民的典范。召公巡治民间，每在甘棠树下处理政务，“自侯伯至庶人各得其所，无失职者”。“召公卒，而民人思召公之政，怀棠树不敢伐，歌咏之，作《甘棠》之诗”〔4〕，留下“甘棠遗爱”的美谈。

屈原以爱国忠君为志，以致力民生为业，以洁身自好为德。位居楚国大夫，屈原主张“美政”，谏言彰明法度、举贤任能。但是，楚王不听，不思振作，放逐屈原。公元前278年，秦军攻占楚都，屈原投汨罗江殉国明节。曾有渔父问被逐的屈原“何故至于斯?”屈原答：“举世皆浊我独清，众人皆醉我独醒，是以见放。”渔父又问：“何故深思高举，自令放为?”屈原回答：“安能以身之察察，受物之汶汶者乎？宁赴湘流，葬于江鱼之腹中，安能以皓皓之白，而蒙世俗之尘埃乎!”〔5〕屈原志高气正，留下

---

〔1〕《史记·五帝本纪》。
〔2〕《国语·鲁语上》。
〔3〕温子昇：《舜庙碑》，《汉魏六朝百三家》本之《温侍读集》。
〔4〕《史记·召公世家》。
〔5〕屈原：《渔父》。

“长太息以掩涕兮，哀民生之多艰”，“路曼曼其修远兮，吾将上下而求索”[1] 等警言。

唐朝颜真卿德能兼优，四次被任命为监察御史，又迁殿中侍御史，代宗时官至吏部尚书、太子太师。他侍奉父母以孝顺闻名，治民也突出孝道。辖区内有一老妇死了二十九年仍殡放在寺院，颜真卿剥夺她两个儿子三十年平民资格，使“天下耸动”[2]。安禄山反叛，颜真卿与从兄杲卿起兵平叛，并以十岁儿子随军作人质，国尔忘家。他辅佐肃宗，秉持礼仪典章法度，“绳治如平日”[3]，建议肃宗修改“嗣皇帝”之称以尊重上皇玄宗，“帝以为达识”[4]，尊称“鲁公”。最后遭奸相卢杞、叛将李希烈陷杀，“毅然之气，折而不沮，可谓忠矣”[5]。

岳飞是南宋名将，毕生尽忠报国，身具多种优秀品德。爱民安民，治军严格，“冻死不拆屋，饿死不卤（掳）掠”，“卒有取民麻一缕以束刍者，立斩以徇”。爱兵如子，恩慈呵护，生病者“躬为调药”，远征者慰问其家，死难者抚育其孤，“凡有颁犒，均给军吏”。虚怀若谷，推功就过，时有“撼山易，撼岳家军难”之誉，岳飞却说：“将士效力，飞何功之有！”好贤礼士，“恂恂如书生”。事亲至孝，家无姬侍，生活朴素，每调军食，则皱着眉头说：“东南民力，耗敝极矣。”岳飞“忠愤激烈，议论持正”，与腐败投降的秦桧集团进行了不妥协的斗争，留下了许多垂世名言：治国“文臣不爱钱，武臣不惜死，天下太平矣”。治军“仁，

---

〔1〕 屈原：《离骚》。
〔2〕《旧唐书·颜真卿传》。
〔3〕〔4〕〔5〕《新唐书·颜真卿传》。

信，智，勇，严，阙一不可”[1]。

修身立德，是中国古代的治理根本。古代官员入仕为宦的路径大致为格物、致知、诚意、正心、修身、齐家、治国、平天下[2]。到南宋时期，修德被理学强调成每个人处世立业的出发点和归宿点。“自天子以至于庶人，壹是皆以修身为本。”[3] 它的积极的一面是强化了官员的道德自律，消极的一面则伴生出空谈心性、不务实践的倾向。近人魏源曾经一针见血地指出：“学术之非，至于灭种，此吾所以不能不太息痛恨于宋人也。”[4]

（二）明法审令

“法律政令者，吏民规矩绳墨也。”[5] “君臣上下贵贱皆从法，此谓为大治。”[6] 称职的管理者要把法律政令贯彻到包括自己在内的民众之中，实现统治意志。明法审令、公正廉明、无私无畏、惩恶扬善，是廉政人物的职守。

皋陶是中国历史上第一位大法官，首创法刑狱，规范职事、秩序、伦理、赏罚，“惟明克允”[7]，生动诠释了中国原始的法制精神。

商鞅依法治国，功效卓著，为秦统一中国打下了基础。商鞅

---

〔1〕《宋史·岳飞传》。

〔2〕《礼记·大学》。

〔3〕《大学章句》，见朱熹《四书章句集注》，上海古籍出版社、安徽教育出版社 2001 年版，第 5 页。

〔4〕 王栻主编:《严复集》第四册《〈原富〉按语九五》，中华书局 1986 年版，第 905—906 页。

〔5〕《管子·七臣七主》。

〔6〕《管子·任法》。

〔7〕《尚书·舜典》。

提出“当时而立法，因事而制礼”[1]。他立木为信，执法如山，令行禁止，尤其不阿权贵。时太子犯法，商鞅以“法之不行，自上犯之”[2] 为诫，“刑其傅公子虔，黥其师公孙贾”。后公子虔又犯法，商鞅施以割鼻之刑。

徐有功是唐高宗和武周时期的审案官，慨然护法，廉洁清正，磊落光明。酷吏奸臣频予弹劾，他三次被控死罪，两次被罢官，但酷吏奸臣终究找不出他贪赃徇私的证据。酷吏皇甫文备曾经陷害过徐有功，后来皇甫文备被人控告，徐有功仍公正审理，使其免刑。有的人问他为何不伺机复仇，他说不能以公法泄私愤。[3]

宋朝包拯既有执法如山的刚毅，更有拒腐防变的廉洁。他巧断牛舌案是明法审令的生动案例。有人牛舌被割掉，跑来报案。包拯告诉那人回家把牛杀了去卖。很快有人来投诉私杀牛者，包拯反问投诉人为何割了人家的牛舌而又来告状？那盗贼惊服归案，承认泄愤割舌的罪过。[4] 包拯性格耿直，也以忠恕待人，清廉简朴，持家甚严。“虽贵，衣服、器用、饮食如布衣时。”留有“后世子孙仕宦，有犯赃者，不得放归本家，死不得葬大茔中。不从吾志，非吾子若孙也”[5] 的家训和“廉者，民之表也；贪者，民之贼也”[6] 的箴言。

海瑞在世，明王朝处在由盛及衰时期，危机四伏，他欲挽狂澜于既倒。他诊治时弊，买好了棺材谏止迷信道教、大兴土木。他严肃法纪，力倡恢复明太祖时“枉法赃八十贯绞”等重典治吏。

---

〔1〕《商君书·更法》。
〔2〕《史记·商鞅列传》。
〔3〕《新唐书·徐有功传》。
〔4〕〔5〕《宋史·包拯传》。
〔6〕包拯：《孝肃奏议集》卷三《乞不用赃吏》，《四库全书》本。

他节俭垂范，“葛帏敝籝，有寒士所不堪者”[1]。纵观海瑞为官，历经嘉靖、隆庆、万历三朝，多次犯颜直谏，针砭时弊，得到百姓广泛拥护，却遭到朝官百般阻隔弹劾，最终还能够得到皇帝召用。恰如嘉靖所言：“此人可方比干，第朕非纣耳。”[2]

为了维护家国天下，有些最高统治者明法审令是坚决的。清史记载，雍正十二年，“三月丁丑，工部尚书范时绎免。戊戌，河南学政俞鸿图以婪赃处斩，其父侍郎俞兆晟褫职。尹继善奏剿平普思叛苗，招抚投诚人众。得旨：‘凡事懈于垂成，忽于既定。勉之。’”[3] 范时绎是世代贵胄，且是雍正即位前的亲信，但是，他结交地方劣绅奸宄，公务懈惰，收受贿赂。俞兆晟、俞鸿图是父子，学政俞鸿图在科举考试中纳贿行私，遂以问斩。[4] 尹继善时任广西总督，平定边关叛乱。一月中处理完三件大事，下旨警告执法要坚定，一以贯之，足见雍正振作法纪用心良苦。

但是，在古代中国伦理化的、人治的社会里，往往难以真正实现明法审令，不可避免地存在对贵族的包庇、对纲常的顾忌。即使最严厉的执法者，也不乏宽贷的情况。“礼不下庶人，刑不上大夫”[5]，是周秦千年以来不变的潜规则。皇权偏袒贵族，成为常理。范时绎早该数罪并罚“论斩”，雍正以“范氏为大僚”，“勋臣后裔”，“特宥之”。[6] 而像海瑞这样的清官廉吏，也只好倾向于用法令自由裁量权保护弱者：“凡讼之可疑者，与其屈兄，宁屈其弟；与其屈叔伯，宁屈其侄；与其屈贫民，宁屈富

---

[1][2]《明史·海瑞传》。

[3]《清史稿·世宗本纪九》。

[4]《清史稿·王士俊传》。

[5]《礼记·曲礼上》。

[6]《清史稿·范文程传附范时绎》。

民；与其屈愚直，宁屈刁顽。事在争产业，与其屈小民，宁屈乡宦，以救弊也；事在争言貌，与其屈乡宦，宁屈小民，以存体也。"[1]

（三）尚学崇教

轩辕黄帝成为中华民族的领袖，开始时就做了两件事：一是"习用干戈"，二是"修德振兵"。[2] 亦即修业进德。所谓"君子学以聚之，问以辨之，宽以居之，仁以行之"[3]。

自古及今，"自天子至于庶人，未有不须学而成者"[4]。中国古代统治者尚学崇教，寄望官吏能够严格自律，社会形成廉洁之风。儒学推行仁政、教化、德政，汉武帝"罢黜百家，独尊儒术"，唐玄宗封孔子为"文宣王"，宋仁宗封孔子为"衍圣公"，都是为了张扬尚学崇教、敦化治理的传统。

战国时期的齐桓公设立稷下学宫，召集天下学者，"号曰列大夫"，"咸作书刺世"[5]。淳于髡谏威王戒"长夜之饮"，振作朝政；王斗曾直面批评宣王"好马"、"好狗"、"好酒"、"好色"，独不"好士"，促其"举士五人任官，齐国大治"[6]；孟子与齐宣王探讨治国和统一天下之道，批评霸术、提倡仁政。诸如此类的谏言活动，促进了齐国的廉政建设。

西汉时期董仲舒向汉武帝建言，匡扶吏治必须兴学崇教，擢

---

〔1〕 转引自黄仁宇著《万历十五年》，三联书店 1997 年版，第 139 页。
〔2〕《史记·五帝本纪》。
〔3〕《易·乾·文言》。
〔4〕《唐会要》卷三十五《学校》。
〔5〕《风俗通义·穷通》。
〔6〕《战国策·齐策三、四》。

拔饱学盛德之士，否则“累日以取贵，积久以致官，是以廉耻贸乱，贤不肖混淆，未得其真”。[1] 汉武帝听取了董仲舒的劝说，在长安设立了国家最高学府“太学”，以五经博士为教授，置博士弟子五十人，为国家培养廉洁贤能的后备官员。

西晋时车胤出身没落大族，极爱学习，恭勤不倦，留有“囊萤夜读”的佳话，官至礼部尚书。他学以佐政，养成秉持正义、为官正派、不屈权贵的廉正品格，在与当时骄矜放荡的世族斗争中慨然殉职。

尚学崇教被隋文帝开创的国子监学与科举取士体制化，奠定了中国古代文化精英政治，在一定意义上保障了政治清明廉洁之风的张扬。史家曾经将士官与吏员作廉政对比：“士陷赃贿则沦弃于时，名重于利，故士多清修；吏虽廉洁，终无显荣，利重于名，故吏多贪污。”[2]

张载是理学的创始人之一，入仕后以“敦本善俗”为先，推行德政，重视移风易俗。张载一生，两被召晋，三历外仕，官至同知太常（礼部副职），始终保持学人本色，以学为志，著书立说，终身清贫，乐在其中，不沾尘埃。殁后贫无以殓，门生买棺成殓。张载“与诸生讲学，每告以知礼成性、变化气质之道，学必如圣人而后已”[3]。张载留有“为天地立志，为生民立道，为去圣继绝学，为万世开太平”[4] 和“民吾同胞，物吾与也”[5] 等名言，为后世传诵。

---

〔1〕《汉书·董仲舒传》。
〔2〕《文献通考·选举八》。
〔3〕《宋史·张载传》。
〔4〕《张载集》，第320页。
〔5〕同上书，第62页。

康熙是中国历史上最为嗜书好学的帝王之一。他在出巡途中，或居行宫，谈经论道，赋诗著文，花甲之年仍手不释卷。康熙崇尚儒学，尤其是程朱理学，认为“殊觉义理无穷，乐此不疲”[1]。他明确宣布清廷要将治统与道统合一，以儒家学说为治国之本，对于吏治清化起到决定性作用。

但是，清初统治者为了实行思想统治，大兴文字狱，酿成了文化恐怖。许多士人逐渐埋头故纸堆，不再过问政治，廉政建设失去了重要的文化支撑。鉴于此，晚清时期，龚自珍、魏源、康有为、梁启超、严复、章太炎等知识分子，对清政府文化政策的愚昧保守和高压，对学风的空乏玄虚、逃避现实，对科举制度的僵化和反科学，对中国传统文化的陈腐和反民主，进行了多角度、多侧面、多层次的批判，直启文化革新和新文化运动，也开启了中国政治文明建设的新篇。

（四）尽职敬业

明晰责权利，增强责任意识，尽职尽责，爱岗敬业，忠于职守，是现代廉政建设的基本要求。与之相通，在中国古代讲究“中和位育”[2]。中国古代廉政人物表现出很强的敬业精神、职责意识。

大禹治水，竭心尽力。以身作则，“声为律，身为度，称以出；亹亹穆穆，为纲为纪”；专心公职，三十岁未娶，新婚第四天就去复职，居外十三年，后三过家门而不入；德业俱隆，“天下大

〔1〕《康熙起居注》第1册，第80页。
〔2〕《礼记·中庸》。

应"[1]，遂继承舜位。

比干死争，以身殉职。比干任少师（丞相），时纣王暴虐荒淫，横征暴敛，比干慨叹："主暴不谏，非忠也；畏死不言，非勇也；过则谏，不用则死，忠之至也。君有过而不以死争，则百姓何辜？"[2] 于是三次强谏，纣王竟将其刳腹而不听。

苏武牧羊，荡气回肠。苏武是汉武帝派往匈奴的持旄使者，因部下与匈奴臣子串通密谋作案，受牵连被拘。苏武始终保持汉室气节，严正拒绝高官厚禄劝降。囚禁在地窖中，以雪解渴，以旄毛充饥。流放牧羊，与世隔绝，尝尽艰辛，仍不屈其志节。在匈奴被囚十九年后，终于回到汉朝，苏武仍然手持汉朝节旄。

诸葛亮"鞠躬尽瘁、死而后已"，是封建臣僚的榜样。作为蜀国丞相，他对刘氏主公忠心耿耿。白帝城托孤后，诸葛亮更是诚惶诚恐，兢兢业业，南征北伐，积劳成疾，至死不渝。诸葛亮告诫后人，鞭辟入里："淫慢则不能励精，险躁则不能治性。年与时驰，意与日去，遂成枯落，多不接世，悲守穷庐，将复何及！"[3]

南朝梁开国皇帝武帝萧衍早期堪称尽职尽责。他每天四五更天起床，批阅公文奏章，冬天有时冻裂了双手。"虽万机多务，犹卷不辍手，燃烛侧光，常至戊夜"[4]。他垂范节俭，菜羹粝饭，"一冠三载，一被二年"[5]，性不饮酒，后宫严肃。他礼贤下士，从谏如流，门前设立谤木、肺石两函，收集官员和百姓意见，闻过则改。史称"历观古昔帝王人君，恭俭庄敬，艺能博学，罕或

[1]《史记·夏本纪》。
[2] 蔡振绅辑：《德育课本》初集卷三《二十四忠·比干死争》，民国时期刻本。
[3]《诸葛亮集·诫子书》，第28页。
[4][5]《梁书·武帝本纪下》。

有焉"[1]，"梁氏享国五十年，天下且小康焉"[2]。然而，他迷信佛法，晚年溺于慈爱，疏于明察，"牧守多浸渔百姓，使者干扰郡县"，专听生奸，独任成乱，落得"自我得之，自我失之"[3]的下场。魏徵曾批评梁武帝问题出在"非弘道以利物，惟饰智以惊愚"[4]。忠于职守，勤奋敬业，不能够完全出于个性喜好，而要专心职务，努力做到执政为民。

明宣宗时的苏州太守况钟是一位亲民为政的清官。况钟任苏州知府，着力减轻百姓赋税徭役，打击豪强污吏勾结，劝善惩恶，雷厉风行，赢得了百姓爱戴。况钟母亲去世守丧、担任苏州知府满三年、任满升迁，几次援制离任，百姓都极力挽留，最后明英宗下诏升况钟享正三品俸禄，连任苏州知府，直至卒于任上。当时民歌歌颂他道："况太守，民父母。众怀思，因去后。愿复来，养田叟。"[5]

林则徐是晚清敬业官员的光辉典范。林则徐进士入仕后，先后经历了二十多个职务贬降升迁，始终以"苟利国家生死以，岂因祸福避趋之"自励，大公无私，勤奋谨慎，亲民爱民。他是虎门销烟的英雄，是近代中国睁眼看世界的先驱，是"壁立千尺，无欲则刚"的清官。

《说文解字》里说："尽心曰忠。"朱熹也说："尽己之谓忠。"[6] 曾国藩为官讲究"忠勤"，他总结自己的从政经历，教训

---

[1] 《梁书·武帝本纪下》。
[2] 王夫之:《读通鉴论》卷十七《梁武帝一》，中华书局1975年版，第477页。
[3] 《梁书·高祖三王传》。
[4] 《梁书·敬帝本纪》。
[5] 《况太守集》卷一，江苏人民出版社1983年版，第35页。
[6] 《论语集注》卷一。

后人称："以人事与天争衡，莫大乎忠勤二字。乱世多尚巧伪，惟忠者可以革其习；末俗多趋偷惰，惟勤者可以遏其流。忠不必有过人之才智，尽吾心而已矣；勤不必有过人之精神，竭吾力而已矣。能剖心肝以奉至尊，忠至而智亦生焉；能苦筋骸以捍大患，勤至而勇亦出焉。"[1] 在中国古代，尽职敬业，忠勤智勇，都是为了竭诚忠君，说到底是为了维护封建统治。

孙中山有言："我们做一件事，总要始终不渝，做到成功，如果做不成功，就是把性命去牺牲亦所不惜，这便是忠。""我们在民国之内，照道理上说，还是要尽忠，不忠于君，要忠于国，要忠于民，要为四万万人去效忠。"[2] 尽职敬业，忠于职守，在近代开始发生质的进步。

（五）诚实守信

忠挚诚信，心存正道，不违正直，光明磊落，是做人的要求，更是为官的基本要求。不弄权，不文过，不欺民，不自欺，是廉政人物一种共有的品质。

失去诚信，众叛亲离。周幽王宠爱褒姒，但是褒姒很少欢笑。周幽王竟然使出"烽火戏诸侯"的奇计，与褒姒同游骊山，燃起烽火，擂鼓报警。诸侯闻警来救，至时才发现是个儿戏。褒姒启唇而笑，但周王室从此失信于诸侯。公元前 771 年，犬戎侵兵真至，幽王再燃烽火，诸侯没有勤王，结果幽王被杀，褒姒被掳。

重然诺守信用讲人品，是古代廉政人物的一项持身之本。秦末，楚人季布侠义好助，只要允诺的事情，无论有多大困难，

---

〔1〕《曾国藩全集》第 14 册，第 392 页。
〔2〕《孙中山全集》第九卷，第 244 页。

都设法办到，受到社会赞誉，“得黄金百（斤），不如得季布一诺”[1] 成为人格品牌。楚汉相争时，季布是项羽的部下，曾几次献策，使刘邦的军队吃了败仗。刘邦当了皇帝后，下令缉拿季布。往日敬慕季布的人都在暗中竭力相助，终于打动了刘邦，使他不仅撤销了通缉令，还封季布做了郎中，后来提升季布为河东太守。

诚实守信、实事求是、调查研究，是廉洁官吏为政的一种好作风。西汉赵广汉曾任京辅都尉、颍川郡守、京兆尹等职务。为了整治豪族横行的颍川郡，汉宣帝擢拔赵广汉前去担任太守。赵广汉到任后，首先进行缜密的调查研究，发现豪族大姓通婚交结，士族联袂胡作非为，恶霸腐朽势力聚集作乱，官员卑躬塞责附炎。在获得具实罪证后，赵广汉果断诛杀首恶，震慑全郡。同时设置竹筒举报，受理官吏结交地痞劣迹，一经核实，依法治罪，从内部分化瓦解了强宗大族，致使奸党散落，社会风气大为好转。

东晋陶侃初为县吏，后为郡守，官至大司马。他从政勤勉恭谨，作风扎实，明察秋毫，史称“性纤密好问”，“发奸擿伏如神”。陶侃任职武昌时，曾令诸军营植柳，有一都尉偷来官柳种自己门外。陶侃巡视时突然问他：“这些是武昌西门前柳，你为何把它们挪到这里种？”都尉大为惊骇，具实招认谢罪[2]。

陶澍政治生涯处于清朝嘉庆、道光年间，历任安徽巡抚、江苏巡抚、两江总督，为官“即实象以求实理”，“丝毫不容假借”[3]。陶澍主持海运，“宵旦讨论，寝食筹度，征之属吏，质之

---

〔1〕《史记·季布栾布列传》。
〔2〕《晋书·陶侃传》。
〔3〕《陶澍集》下册，岳麓书社 1998 年版，第 62 页。

滨洋人士，諏之海客畸民，众难解驳，愈推愈审，万举万全。”〔1〕治理吴淞江时，“其阅工也，屏舆从，徒步视察，不受属吏欺，风霜劳涔弗恤”〔2〕。道光皇帝称其“端直宅心”〔3〕，“实心任事，不避嫌怨”〔4〕。

“诚，五常之本，百行之源也。”〔5〕“诚者，天之道也；思诚者，人之道也。”〔6〕“道也者，不可须臾离也；可离，非道也。是故君子戒慎乎其所不睹，恐惧乎其所不闻，莫见乎隐，莫显乎微，故君子慎其独也。”〔7〕康熙皇帝写《庭训格言》，第一条就是讲诚信，特别强调的是慎独：“《大学》、《中庸》俱以慎独为训，是为圣贤第一要节。后人广其说曰‘暗室不欺’。所谓暗室有二义焉：一在私居独处之时，一在心曲隐微之地。夫私居独处则人不及见，心曲隐微则人不及知。惟君子谓此时指视必严也。”〔8〕晚清重臣曾国藩留有慎独、主敬、求仁、习劳“日课四条”，首要的是慎独。

诚实守信，慎独自重，是拒腐防变的“防火墙”。东汉名臣杨震赴任东莱太守，途径昌邑县。昌邑县令王密曾经得到过杨震的举荐，夜深人静时，王密“怀金十斤以遗震”。杨震拒而不受。王密说：“暮夜无知者。”杨震斥责道：“天知，神知，我知，子知，何谓无知！”王密听后十分羞愧。杨震也因此被人称为“四知先

〔1〕《魏源集》上册，中华书局1983年版，第418页。
〔2〕王步瀛：《开吴松江纪事》，《资江陶氏七续族谱》卷八，民国二十九年刻本。
〔3〕《御制祭文》，《陶文毅公全集》卷首，清道光二十年刻本。
〔4〕《清史稿·陶澍传》。
〔5〕周敦颐：《周子通书》卷七《诚下》，商务印书馆万有文库本，第123页。
〔6〕《孟子·离娄上》。
〔7〕《礼记·中庸》。
〔8〕康熙：《庭训格言》，《四库全书》本。

生”。有人劝他为子孙“开产业”，他说：“使后世称为清白吏子孙，以此遗之，不亦厚乎！”[1] 诚不妄为，信无虚伪，反腐倡廉当从自身做起。

（六）自持知止

兢兢业业，谦逊自守，抵御诱惑，清静淡泊，守持正固，保持自己的清廉节操和高洁品德，不贪财，不好色，不居功，不享乐，是中国古代廉政人物的一大共性。

老子是中国古代哲学先贤，他虽然只做过“守藏室之官”，却著有充满辩证法和政治智慧的《道德经》，留有“上善若水”，“去甚，去奢，去泰”，“知足不辱，知止不殆”，“慎终如始”等二十多条廉政格言，给廉政建设以充分启迪。

陕西汉中张良庙有一副对联，上联是“掷秦一椎”，下联是“辞汉万户”，横批是“知止”。这副对联可谓是西汉重臣张良一生的写照。张良早年反秦，在博浪沙用大椎伏击秦始皇未中，逃亡到下邳隐藏起来。一位老者看张良是可造之才，有心授以兵书。为了考验他，就故意把鞋扔到桥下，让张良三次给他捡回。张良强忍怒气替老者把鞋子捡回穿好后，又三次赴约桥头，终得兵书，学成了著名的谋略家。张良是抗秦元老，又以“运筹策帷幄中，决胜千里外”为刘邦建汉立下汗马功劳。但是他不伐其功，不矜其能，面对刘邦“自择齐三万户”的奖赏，辞而不受，仅求封始与刘邦相遇的留地（今江苏沛县），“臣愿封留足矣，不敢当三万户”[2]，故张良又称为留侯。

---

〔1〕《后汉书·杨震传》。
〔2〕《史记·留侯世家》。

金日磾本来是匈奴贵族，十四岁时被霍去病俘获，后来做朝内官，成为汉武帝的亲近侍臣。他的大儿子与宫女嬉戏，被他亲手杀死。皇上要迎娶他的女儿到后宫，被他婉拒。汉武帝托孤霍光，霍光推让给金日磾。金日磾说自己是一个外国人，如果当了此桩大任，匈奴国就会看轻了汉人，以为汉朝没有人了，故坚持做了霍光的副手。霍光一族，几度擅权，最后宗族遭诛夷。而金日磾“以笃敬寤主，忠信自著，勒功上将，传国后嗣，世名忠孝，七世内侍，何其盛也！”〔1〕

卢怀慎在唐玄宗时担任宰相，曾与姚崇同事，自认为才能不如姚崇，事务都推让给姚崇做主，时人讥为“伴食宰相”。又兼任吏部尚书，因疾病恳请退休。去世前留下遗言推荐宋璟等。他对前来探望的宋璟、卢从愿说：“主上急于求得天下大治，然而在位年久，对勤勉稍有些厌倦，恐怕要有险恶之人乘机而入了。你们要记住这些话！”〔2〕

廉希宪是元代政治家，官至平章政事，始终恭谨自律。一次生病要用砂糖治疗，权奸阿合马送来二斤，被他拒绝说：“使此物果能活人，吾终不以奸人所与求活也。”〔3〕他镇守荆南，大量启用前宋官吏，却拒收他们的谢礼，说：“汝等身仍故官，或不次迁擢，当念圣恩，尽力报效。今所馈者，若皆己物，我取之为非义；一或系官，事同盗窃。若敛于民，不为无罪。宜戒慎之！”〔4〕

夏原吉为明朝名臣。明成祖北伐鞑靼，郑和下西洋，均由夏

〔1〕《汉书·霍光金日磾传》。
〔2〕《新唐书·卢怀慎传》。
〔3〕《元史·廉希宪传》。
〔4〕《续资治通鉴·宋纪一百八十一·帝㬎德祐元年》。

原吉筹措钱粮。朱棣第三次亲征漠北，国库空虚，夏原吉力陈国家财政已难以承受，惹怒朱棣，系之大狱。抄家时，家中除布衣、陶器等日常用品外，别无长物。夏原吉“有雅量，人莫能测其际”，“尤持大体，有古大臣风烈”。从善如流，推功就过，宽以待人，严于律己，从洪武到宣德，连仕五朝。《明史》评价夏原吉“通达政体，谙练章程，称股肱之任。……使吏治修明，民风和乐，成绩懋著，蔚为宗臣。树人之效，远矣哉。”〔1〕

张伯行为官康熙、雍正两朝，官至吏部尚书，一生恪守“官无大小，在得民心”。他曾在寓所张贴《禁止馈送檄》，说道：“一丝一粒，我之名节；一厘一毫，民之脂膏。宽一分，民受赐不止一分；取一文，我为人不值一文。谁云交际之常，廉耻实伤？倘非不义之财，此物何来？”〔2〕成为历史佳话。

鸦片战争和太平天国运动之后，“中兴派”崛起，这些朝中重臣和封疆大吏不乏既能干又守正之辈。曾国藩“以忠诚倡天下”，“中兴以来，一人而已”〔3〕。左宗棠澄叙官方，以廉为本。张之洞跻身清流，以清肃官场为职志，在弥留之际仍敦念“朝廷方宵旰忧勤，预备立宪，但能自强不息，终可转危为安”〔4〕。

但是，清王朝并没有在这些治世能臣手中起死回生，分析其中原因可知，封建社会后期廉政人物长于私德，却少于公德培养和训练，政治文明难以与时俱进到民主化，晚清廉政建设需要从文化到制度进行深刻的大变革。

---

〔1〕《明史·夏原吉传》。

〔2〕陈康祺：《郎潜纪闻二笔》卷一，中华书局1984年版，第336页。

〔3〕《清史稿·曾国藩传》。

〔4〕苑书义等主编：《张之洞全集》卷七十《奏议七十·遗折》，河北人民出版社1998年版，第1825页。

（七）乐道安贫

廉政人物追求政治清明，以海内宴清为志向。坚守信仰或理想，即使处于贫困恶劣环境，他们也矢志不移。

战国时期晏婴为齐相，效法管仲，接连辅佐灵公、庄公、景公，“以节俭力行重于齐”。“食不重肉，妾不衣帛”；尊君重道，主持正义；危言危行，谦虚谨慎；有道在位，无道退隐，“以此三世显名于诸侯”〔1〕。晏婴规劝齐景公一定要上善若水，推行廉政，“其行水也。美哉水乎清清，其浊无不雩途，其清无不洒除，是以长久也。”〔2〕

南北朝时期的刘裕出身东晋下级军官，拔起于行伍之间，通过平定孙恩、桓玄之乱，成为东晋最后一位权臣，并最终代晋立宋。刘裕从掌权到做皇帝，近二十年间致力于整治腐败已久的社会政治，进一步打击腐朽士族势力。刘裕位极皇帝，生活却极为简朴。史书称他“清简寡欲，严整有法度，未尝视珠玉舆马之饰，后庭无纨绮丝竹之音”，“内外奉禁，莫不节俭”。人颂其俭素之德，刘裕答曰：“田舍公得此，以为过矣。”〔3〕

房玄龄出身廉正世家。父房彦谦一生经历了东魏、北齐、北周和隋四个王朝，始终为官清廉，所得俸禄大多用于周济他人。他曾说：“人皆因禄富，我独以官贫。所遗子孙，在于清白耳。”〔4〕 房玄龄跟随李世民十年征战，二十余载稳任首宰，终生

---

〔1〕《史记·管晏列传》。
〔2〕《晏子春秋·内篇问（下）》。
〔3〕《宋书·武帝本纪下》。
〔4〕《隋书·房彦谦传》。

清白。史家评论道："玄龄佐太宗定天下，及终相位，凡三十二年，天下号为贤相；然无迹可寻，德亦至矣。"[1]

姚崇历任武周到玄宗四朝宰相，选贤任能、奖励清廉、精简机构、裁减冗员、惩治贪官，著有为官"五诫"（《执秤诫》、《弹琴诫》、《执镜诫》、《辞金诫》、《冰壶诫》），提出"凡所从政，当须正己。诫往修来，慎终如始。"[2] 玄宗即位之初，姚崇上《十事要说》，整治时弊，被称为"救时宰相"。其后，继任者宋璟等萧规曹随、"守法持正"[3]，造就了"开元盛世"。

范仲淹早年清苦，发奋读书，割粥划齑，二十七岁中进士入仕，做官公正、执政为民，"为政尚忠厚，所至有恩"[4]，修"范公堤"，却西夏兵，推行"庆历新政"，革除腐败，振作朝政，留下"先天下之忧而忧，后天下之乐而乐"的名句。王夫之评论说："（范公）以天下为己任，其志也。任之力，则忧之亟。故人之贞邪，法之疏密，穷檐之疾苦，寒士之升沉，风俗之醇薄，一系于其心。"[5]

欧阳修进士入仕，官至兵部尚书、太子少师，道德博闻，廉方公正，颇多建树。在中央和地方任职期间，主张除积弊、行宽简、务农节用，与范仲淹、韩琦、富弼等推行庆历新政。晚年辞职闲居，自号"六一居士"："吾家藏书一万卷，集录三代以来金石遗文一千卷，有琴一张，有棋一局，而常置酒一壶。……以吾

〔1〕《资治通鉴·唐纪十五·太宗贞观二十二年》。
〔2〕《全唐文》卷二百六。
〔3〕《资治通鉴·唐纪二十七·玄宗开元四年》。
〔4〕《宋史·范仲淹传》。
〔5〕王夫之：《宋论》卷四《仁宗九》，中华书局1964年版，第95页。

一翁，老于此五物之间，是岂不为‘六一’乎?”[1] 在其笔记中，欧阳修提出：“廉耻，士君子之大节”[2]，激励后来士大夫廉隅自持。

耶律楚材是元初重臣，致力于推动蒙古贵族以儒学治国。他谏言禁止地方贵族擅自征战杀掠，使蒙古宿老贪暴之风颇为收敛。蒙军不断占领中原地区，他上书《便宜十八事》，建议强化法制准绳，其中七条涉及廉政。他力谏恢复科举制度，开科取士以补充官员。他主张轻徭薄赋，反对横征暴敛。他亲睦宗族，却公私分明，严格限制他们做官。他生活简朴，每每念及征战时期的凶险艰辛，忆苦思甜，“执菜根、蘸油盐、饭脱粟（糙米）”[3]，甘之若饴。耶律楚材品位高雅，品质高洁，史载他“博极群书，旁通天文、地理、律历、术数及释老、医卜之说，下笔为文，若宿构者。”有人谎说他在相位日久，已经把天下贡赋一多半私纳其家。等到他辞世后，朝廷派人到他家里查看，“唯琴阮十余及古今书画、金石、遗文数千卷。”[4]

清初励精图治，带动廉洁政风。于成龙出仕二十余年，三次被举“卓异”，上任从未携带过家属。临终屋内竹箱中仅有一件绨袍，床头仅有几个装盐、装豆豉作料的器皿。康熙帝钦定其“天下廉吏第一”[5]。

孔子说：“饭疏食饮水，曲肱而枕之，乐亦在其中矣。不义而

---

〔1〕 欧阳修：《六一居士传》。

〔2〕《欧阳修集》卷一三〇《笔说·廉耻说》，《四库全书》本。

〔3〕 耶律楚材：《湛然居士文集·序三》，《丛书集成》本。

〔4〕《元史·耶律楚材传》。

〔5〕《清史稿·于成龙传》。

富且贵，于我如浮云。"[1] 廉政人物对“道济天下”的笃信，“以天下为己任”的社会责任感，使得他们从功名利禄的贪欲中超脱出来，不会迷失人生方向而堕落，“非淡泊无以明志，非宁静无以致远”，守护心灵深处的高雅，义无反顾地反对贪腐，永不懈怠。

（八）勇略敢当

反腐倡廉是政治斗争，具有长期性、艰巨性和复杂性。廉政人物勇于和善于同腐朽现象作坚决斗争，坚持正确的立场和原则，不回避、不妥协、不退让，有勇有谋，坚决果敢，不怕挫折，不惧舍身。

冯劫曾任秦始皇时期的御史大夫，后来升至大将军，位比丞相。时历经数代战乱，社会创痛巨深，民心思定日久。秦二世胡亥即位，倒行逆施，屯戍边地，兴作土木，横征暴敛，民不堪重负，陈胜吴广揭竿而起。冯劫犯颜进谏，力主停止续建阿房宫，减省戍役，与民休养生息。秦二世不听，反将他囚禁。冯劫认为“将相不辱”[2]，自杀而死，翌年秦亡。

东汉董宣为官不畏强暴，勇于惩治不法豪族。他任洛阳令时，光武帝刘秀的姐姐湖阳公主有一奴仆仗势为虐杀人。董宣拦截湖阳公主的车，迫使此奴下车而将之击杀。湖阳公主向刘秀哭诉，刘秀勒令董宣向公主叩头谢罪，董宣拒不低头，赢得“强项令”之称，京师权贵再也不敢违法乱纪。

魏晋以降，宗族豪强士族门阀把持政柄，成为腐朽黑暗的特

〔1〕《论语·述而》。
〔2〕《史记·秦始皇本纪》。

权阶层，曹操却敢于挑战特权和门第。曹操是汉献帝的岳父，但从未以此炫耀。孔融是孔子世家子弟、文化名流、地方要员，以北海相身份投靠他，后却极力标榜尽忠汉室、反对改革，被曹操毫不客气地诛杀。煮酒论英雄时，曹操对袁绍、袁术、刘表之类出身名门望族的州牧，统统予以否定，倒把平民出身的刘备抬得很高。曹操不屑招纳名门子弟，发布《求贤令》、《举士令》、《选举令》、《求逸才令》，强调不讲出身、成分、资历、名望，一律“唯才是举”，锋芒直逼特权阶层。曹操发布《抑兼并令》、《禁比周令》（《整齐风俗令》），向社会恶俗恶势力叫板，英气勃勃。曹操力挫群雄，广延名士，以自壮大，然“犹畏名义而自抑也”[1]，只自况于周文王，可称既富有政治策略，又是一位务实的政治家。

历史地看，武则天是与保守的门阀贵族集团进行不懈斗争的政治家。武则天被太宗选为才人，太宗死后入感业寺为尼。高宗重新召其入宫，立为昭仪，三十二岁立为皇后，六十七岁称帝。由于身份特殊，武则天踏入政界，遭到李唐宗室、元老大臣及关陇士族的激烈反对。武则天采取酷吏政治打击和排斥异己，贬杀褚遂良、长孙无忌等反对派，镇压徐敬业以及琅琊王、越王的讨伐，使用铜匦直送告密揭发，利用索元礼、来俊臣、周兴等酷吏，向李唐宗室和大老中不附己者大开杀戒，为取唐立周扫清道路。另一方面，武则天宽待延揽，识人善任，擢拔贤俊，刷新政治。她首倡“自举”，规定九品以上官员可以自荐升官或入仕。她首设“殿试”，亲自加试选拔贡生。还增设“武举”，开通武生进身之路。她要求地方各州选送举人先于贡物，一改贡物为先的旧例，

---

〔1〕《资治通鉴·汉纪六十·献帝建安二十四年》。

致使朝廷上下人才济济。武则天打击了腐旧势力，培养了新生力量，一直保持政局平稳，促进了经济文化发展。晚年毛泽东曾称赞武则天“有容人之量，又有识人之智，还有用人之术”[1]。

武则天的宰相狄仁杰，几经宦海浮沉，始终保持体恤百姓、善断案狱、不畏权势、秉公任直的为政作风，多次直谏戒奢简政、慎权慎行，被倚为“唐室砥柱”。狄仁杰疾恶如仇、思贤若渴，向武则天推荐了张柬之、姚崇、桓彦范、敬晖等一批优秀人才，委以重任，兴举政风，刚正清扬。当时有人夸赞他：“天下桃李，悉在公门矣。”狄仁杰回答说：“荐贤为国，非为私也。”[2]

王安石少有“矫世变俗”之志，进士入仕后在地方和中央任职，深感朝廷“积贫”、“积弱”，倡导大力革新。神宗召王安石“越次入对”，主持变法，位居宰相，全面整顿积弊时局。反对派对其“天命不足畏，祖宗不足法，人言不足恤”[3] 的气势和主张深感恐惧和恼怒，群起而攻之，逼迫王安石罢相归隐。王安石仍不改其志，在廉政建设方面提出，养廉之道，教之以道，饶之以财，约之以礼，裁之以法，[4] 对于全面扭转政治颓势起到了积极作用。列宁称他是“中国11世纪时的改革家”。[5]

文天祥二十一岁中状元，时朝廷奸臣当道，蒙古大军压境，文天祥“忠君爱国之心，坚如铁石”，主张改革政治、扩充兵力、抗元救国，并与贾似道等奸佞进行了坚韧的斗争。1275年，元军

〔1〕郭金荣：《走进毛泽东的最后岁月》，中共党史出版社2009年版，第84—85页。

〔2〕《资治通鉴·唐纪二十三·则天后久视元年》。

〔3〕《宋史·王安石传》。

〔4〕王安石：《上仁宗皇帝言事书》，《临川先生文集》卷三十九，中华书局1959年版，第412页。

〔5〕《列宁全集》第10卷，人民出版社1960年版，第152页。

逼近，文天祥奉诏起兵勤王。翌年，文天祥为右丞相兼枢密使，苦撑残局，对元军进行了顽强抵抗。1278 年年底被俘，写下了“人生自古谁无死，留取丹心照汗青”的诗句。在押大都三年，受尽酷刑不屈服，许以宰相不投降，最后就义，衣底留下“孔曰成仁，孟曰取义。惟其义尽，所以仁至。读圣贤书，所学何事？而今而后，庶几无愧”的绝唱。史家为此有言：“宋三百余年，取士之科，莫盛于进士，进士莫盛于伦魁。自天祥死，世之好为高论者，谓科目不足以得伟人，岂其然乎！”[1]

鲁迅先生曾经说过：“我们从古以来，就有埋头苦干的人，有拚命硬干的人，有为民请命的人，有舍身求法的人，……虽是等于为帝王将相作家谱的所谓‘正史’，也往往掩不住他们的光耀，这就是中国的脊梁。”[2]廉政人物，堪称中国古代社会的脊梁。

中国古代何以涌现如此众多光耀千古的廉政人物呢？经过分析，我们认为主要有以下四个方面原因。

（一）中国古代拥有德治教化的优良传统

《易》云：自强不息，厚德载物。三皇五帝以德治理天下，夏桀、商纣因腐败丧天下。西周深刻认识到“皇天无亲，惟德是辅”[3]，于是大兴德治，辅以礼乐治国。周公辅政，“道之以德，齐之以礼”，开创了德治治理模式。管子相齐，贯彻“民惟邦本，

---

〔1〕《宋史·文天祥传》。

〔2〕《鲁迅全集》第六卷，人民文学出版社 2005 年版，第 122 页。

〔3〕《尚书·蔡仲之命》。

本固邦宁”[1] 方针，使得“民归之如流水”[2]。由余规劝秦穆公“上含淳德以遇其下，下怀忠信以事其上，一国之政犹一身之治”[3]。董仲舒谏言汉武帝“国之所以为国者德也”，“是故为人君者，固守其德以附其民”[4]。这些德治思想几经强化，深入到统治者的意识之中，并为儒学入仕制度所巩固，代代相袭。至最后一个王朝清代，顺治帝入驻北京（时称燕京），首先有步骤、大力度地推行汉化政策，兴起拨转乾坤的仁义之政，把德治传统继承了下来。第一，尊孔崇儒，“以孔子六十五代孙允植袭封衍圣公，其五经博士等官袭封如故”。第二，肃清政治，下诏书大赦，唯有“官吏贪贿枉法，剥削小民，犯在五月朔（按指进京）以后，不在此例”。第三，减轻赋税徭役。第四，招贤纳士，明令“故明建言罢谪诸臣及山林隐逸怀才抱德堪为世用者，抚按荐举，来京擢用”；文武制科，恢复科举。第五，抚恤老弱，下令“鳏寡孤独、废疾不能自存者，官与给养”，“前明宗室首倡投诚者，仍予禄养”[5]。

中国古代德治不绝如缕，得益于教化盛行。一为官教。例如，周公旦辅佐周成王，言传身教。“一沐三捉发，一饭三吐哺”[6]，礼贤下士，兢兢业业，著成《多士》、《毋逸》、《立政》等文诰，灌输廉政勤政思想。其中《毋逸》写道，王公之室离开创业阶段越久，子孙们就识不得先辈们打天下的艰辛困苦，越容易变得骄

---

〔1〕《尚书·五子之歌》。
〔2〕《管子·霸形》。
〔3〕《史记·秦本纪》。
〔4〕《春秋繁露·保位权》。
〔5〕《清史稿·世祖本纪一》。
〔6〕《史记·鲁周公世家》。

奢荒淫，也就坐不住天下，终至国灭家破人亡，规勉成王一定引以为戒。二为家教。凡是廉洁官吏，多有严格的家教熏陶。在陕西长安境内有一“廉亭”，纪念的是西汉的张汤。张汤在监察执法业内雷厉风行，又以廉洁著称。他先后办理陈皇后巫蛊案、淮南王等谋反案，深得汉武帝信任，升为御史大夫，位列三公，后来因遭构陷自尽。“汤死，家产直不过五百金，皆所得奉赐，无他业。昆弟诸子欲厚葬汤，汤母曰：‘汤为天子大臣，被污恶言而死，何厚葬乎！’载以牛车，有棺无椁。天子闻之，曰：‘非此母不能生此子。’”[1]

（二）中国古人注意总结历史经验教训

历史籍典“记事载言，劝善惩恶”，是鲜活的价值趋向教育。回首和反思历史，“不出户庭，而穷览千载。见贤而思齐，见不贤而内自省”[2]。

黑格尔曾说过：“中国‘历史作家’的层出不穷、继续不断，实在是任何民族都比不上的。”[3] 中国古代史官，“在齐太史简，在晋董狐笔”[4]，在政治体制中具有监督作用。例如，宋太祖在后花园玩打鸟，臣子紧急求见言事。他觉得扫兴，臣子争辩说：“我认为这些事情比打鸟更紧急。”赵匡胤大怒，顺手抄起旁边摆的斧子，用斧子柄打那臣子的嘴，打掉了两颗牙齿。那臣子把牙齿捡起来，放在怀里。赵匡胤骂他说：“你拿着牙齿是想状告我

〔1〕《史记·酷吏传》。
〔2〕刘知幾：《史通·史官建置》。
〔3〕黑格尔：《历史哲学》，王造时译，商务印书馆1963年版，第161页。
〔4〕文天祥：《正气歌》。

吗?”那人回答说:“臣不是要告状,但是负责记载历史的官员会把这件事情写进史书。”宋太祖忽然醒悟,转而连忙赏赐那臣子。[1] 这样的故事说明皇帝警醒历史,史官也对权力具有监督、制约作用。

历史对过往的人物和事件进行是非判断的,具有生动的现实警示作用。“二十五史”中《循吏传》、《酷吏传》、《佞幸传》《奸臣传》、《忠义传》、《列女传》、《孝义传》等分传,这种评断是在坚持道德原则下进行的,对社会历史的健康发展起着某种积极导航作用。历史就是“龟鉴”。《诗经》说夏亡殷鉴,孔子编《春秋》、司马光编《资治通鉴》、苏天爵撰《治世龟鉴》,都是突出历史的经验教训,重复地强化着廉洁执政的行为规则。面对历史,凡是有历史意识的人,都不会苟且自己的行为,而是认真地对待自己的人生。屈原自警“修名之不立”,在离国求荣与守道自终二者之间,毫不犹豫地选择了死亡;文天祥在死亡面前高歌“人生自古谁无死,留取丹心照汗青”,同样选择了历史中的声誉重于苟活。而只有那些丧失了历史意识的人、漠视历史存在的人,才难以正确把握自己的行为,最终在利益的诱惑下、在私利欲望的驱动下腐败堕落,成为历史反面教员。

(三)明君治理对廉政建设有一定积极作用

中国古代系专制政体,最高统治者的贤愚善恶左右着政局。汉朝是吏治较好的时期,这与几代贤明君主励精图治不无关系。西汉初立,与民休养生息,倡导勤谨廉洁之风。汉文帝振作朝纲,

---

〔1〕 事见司马光《涑水记闻》明抄本卷一。

废诽谤妖言之罪，鼓励臣下大胆进谏，畅言政治得失；移风易俗，废除“秘祝”之官，下诏“百官之非，宜由朕躬”[1]，平息民怨，兴德造福；躬身节俭，“即位二十三年，宫室苑囿车骑服御无所增益。……身衣弋绨，所幸慎夫人衣不曳地，帷帐无文绣，以示敦朴，为天下先。治霸陵，皆瓦器，不得以金银铜锡为饰，因其山，不起坟。”[2] 文帝兴起清明政治，开辟了“文景之治”，赢得了普遍尊重和赞誉。西汉末年赤眉军起义攻占长安，皇陵均被破坏，唯有汉文帝的霸陵完好无损。

一流的政治家廉明善治，必经艰苦卓绝的历练，识得民本政治的重要。汉武帝巫蛊之祸案发后，卫子夫和戾太子刘据相继自杀，其直系中唯有刘据之孙刘病已（即位后改名刘询）得到廷尉监丙吉保护，在襁褓中收系郡邸狱幸存。武帝大赦后，刘病已游走民间，深切体会了百姓疾苦，也获得了辨别忠奸、察查吏治的政治经验，十八岁“通经术，有美材，行安而节和”[3]，且“操行节俭，慈仁爱人”[4]。汉昭帝死后，光禄大夫、给事中丙吉和大司马、大将军霍光迎刘病已至宫中，拥立为汉宣帝。汉宣帝发愤图强，惩治腐败，抚恤流民，抑制兼并，发展经济，整理经典，安定边疆，造就治世。汉宣帝认为，“吏不廉平则治道衰”，故尤其致力于整顿吏治。一是举措选官。“诏内郡国举文学高第”，“令三辅、太常、内郡国举贤良方正”，“令郡国举贤良方正可亲民者”，诏“举廉吏，诚欲得其真也”。二是考绩官僚。“五日一

[1]《史记·孝文帝本纪》。
[2]《汉书·文帝纪》。
[3]《汉书·魏相丙吉传》。
[4]《汉书·宣帝纪》。

听事。自丞相以下各奉职奏事，敷奏其言，考试功能。”〔1〕三是严明奖惩。政绩显著者，加俸禄晋职。郡守刺史优异者，晋填朝廷公卿大臣缺位。四是增加俸禄，称“奉禄薄，欲其毋侵渔百姓，难矣”〔2〕。五是剪除腐朽，例如，果断清除了专权而腐朽的霍氏集团。史称：“是时黜陟有序，众职修理，公卿多称其位，海内兴于礼让”，“是故汉世良吏，于是为盛，称中兴焉”〔3〕。

明朝是治理腐败较为坚决的朝代。在元末农民起义的基础上创立政权的朱元璋，出身贫僧，从社会最底层打下天下，深知民间疾苦和官场顽疾，切实体会到“民者，国之本也”〔4〕，对贪官污吏不识民艰、苛剥虐害、丧失仁心，可谓深恶痛绝。他对大臣说：“又尝思昔在民间时，见州县官吏多不恤民，往往贪财好色，饮酒废事，凡民疾苦，视之漠然，心实怒之。”〔5〕因此，朱元璋采取一系列举措，严整吏治，倡廉惩腐。一是推行重典治吏，“故今严法禁，但遇官吏贪污蠹害吾民者，罪之不恕。”〔6〕规定官员凡贪污六十两银子以上者，“枭首示众，仍剥皮实草”〔7〕。在《大明律》之外，另颁专门惩治官吏犯罪的刑事特别法《大诰》，以当时官民犯罪的典型案例为比，治贪官污吏以严刑峻法。《大诰》刊行，朱元璋明令：“一切官民诸色人等，户户有此一本，若犯笞杖徒流罪名，每减一等，无者每加一等。所在臣民，熟观为戒。”〔8〕因此，“一时守令畏法，洁己爱民，以当上指，吏治焕然

〔1〕《资治通鉴·汉纪十六·宣帝地节二年》。
〔2〕《汉书·宣帝纪》。
〔3〕《汉书·循吏传》。
〔4〕《明太祖实录》卷二五六，明抄本。
〔5〕〔6〕《明太祖实录》卷三九，明抄本。
〔7〕《廿二史劄记·重惩贪吏》。
〔8〕《大诰·颁行大诰》，明洪武内府刻本。

丕变矣。下逮仁、宣，抚循休息，民人安乐，吏治澄清者百余年”[1]。二是改革机制，加强皇权，监察百官。1380 年，朱元璋罢相胡惟庸，革除中书省，职权分归六部，废宰相制度。废除了元朝的御史台，改设都察院，“专纠劾百官，辩明冤枉，提督各道，为天子耳目风纪之司”[2]，品秩与六部相齐，左右都御史与六部尚书合称“七卿”。三是率先垂范，大兴勤政节俭之风。史载朱元璋“勤于听断，四鼓而兴，未明而朝，日昃始罢。稍闲，辄与诸儒讲论经史，晡时复听政，至昏乃还宫，隆寒甚暑，未尝少变。体或不豫，亦强出视朝。凡有陈论者，无问卑贱，皆引见。四夷有小警，则终夕不寐，深思弭患之宜。节于自奉，食不用乐，罢四方异味之贡，非宴群臣，不特设盛馔，功业益崇，愈尚俭朴。”[3] 四是任用贤能，借以劝廉，至详至渥，旌其治行。济宁知府方克勤、监察御史陶垕仲、平阳县令张础、建阳县令郭伯泰、兴化县丞周舟都得到提拔重用和表彰。遇有廉官良吏被辖民挽留者，予以晋秩留任。所以，明初“崇尚循良，小廉大法，几有两汉之遗风，且驾唐、宋而上哉。”[4]

（四）中国古代文官制度和监察制度具有制约作用

中国古代政治清明与否与选官制度有着极为紧密的联系。先秦时期的世卿世禄，西汉的任子、察举、征辟，魏晋南北朝时期的九品中正制等选官制度，维护贵族世袭特权，“上品无寒

---

[1] 《明史·循吏传》。
[2] 《明史·职官志二》。
[3] 解缙：《天潢玉牒》，明嘉靖三十二年刻本。
[4] 《廿二史劄记·明初吏治》。

门，下品无势族”[1]，使得中国古代贪污腐败现象延及社会生活的各个方面。而科举制度的建立与完善，较为彻底地消除了选官任官方面的世袭特权，对古代社会的廉政建设起到很大的保障作用。

隋文帝首创科举取士可谓中国古代廉政建设史上划时代之举。科举取士目的是从民间提拔人才，冲击腐朽的门阀政治，以整顿刷新吏制。广而大之，相对于世袭、举荐等制度，在封建社会里，科举取士无疑是一种公平、公开及公正的选官渠道，中国古代借此走上了文化精英主义的道路。科举择官既得重用又受尊重、礼遇优恤，“进士之科，往往皆为将相，皆极通显”[2]，社会上有焚香礼进士之语。“故入仕者不复以身家为虑，各自勉其治行”，“名臣辈出，吏治循良，及有事之秋，犹多慷慨报国。”[3]

在制度上促进廉政建设的还有古代行政监察制度。它发乎秦汉，迄至明清。监察官在官制中相对独立，“内承本朝之风化，外佐丞相统理天下”[4]，依法遵令行使建言政事、纠弹官吏、监督司法、巡查政务、审计财务、考核人事等多项职权。尤其是被派往地方“代天子巡狩”的御史，具有一职多能的监察权限，可以参与审核大案或疑案、受理申诉和控告、巡视刑狱、审录囚徒等等，以至御史既是监察官，又是“天子之法官”。各级监察官员有效地遏制了特权者的恣意行为，预防和惩治了权贵官僚的贪婪恣肆，牵制和削弱了地方势力的坐大与分裂，为维护封建社会的

〔1〕《晋书·刘毅传》。
〔2〕《文献通考·选举五·举士》。
〔3〕《廿二史劄记·宋制禄之厚》。
〔4〕《汉书·薛宣传》。

稳定，保障统一多民族国家的巩固和发展，起到了重要的历史作用。孙中山先生就曾对中国古代监察制度作了充分的肯定，认为是一种很好的制度，“不独行之官吏，即君上有过，犯颜谏诤，亦不容丝毫假借”〔1〕，“是自由与政府间底一种最良善之调和法”〔2〕。

当然，中国古代的监察与专制、集权是紧密联系的，反而缺乏与民主理念上的关联，所以无法达到那种对于国家最高权力进行约束的水平，不可能形成近代以来权力分立的政治体制。而专制制度具有天生缺陷，终不能保障廉洁到永久。清朝康雍乾空前盛世豢养出中国古代首屈一指的大贪官和珅，仅一例足以说明君主专制制度在预防和惩治腐败方面的功能缺失。在秦之前，世卿世禄制度将社会政治权益集中于少数世袭贵族集团，其自身腐败和滋生腐败是显而易见的。春秋战国兴起官僚政治，官僚政治建构了皇帝、官僚和民众三个政治层级。“（一）所尽的责任，减至最小限度。（二）所得的利益，扩充至最大限度。……所以怠惰和贪污，乃是官僚阶级的本性。”〔3〕又因为民众没有民主权利，国家政治命运便寄托在皇帝一人身上。但是，正如龚自珍总结的那样，开国君主往往有称霸天下、匡济国民的气概和能力，其子孙们却逐渐文弱，逐渐愚钝，仅仅依靠“礼义廉耻之士”治理天下。这样的“礼义廉耻之士”有时能征得，有时就未必征得。另一方面，那些力强、志武、敏慧之君，以其强烈的权力意志号令天下，未尝不与“礼义廉耻之士”针锋相对，于是就不惜牺牲他们的

〔1〕《孙中山全集》第三卷，第346页。
〔2〕《孙中山全集》第五卷，第493页。
〔3〕《吕思勉讲中国政治》，第211页。

“礼义廉耻”，贯彻自己的意志，畅快自己的情绪，所谓“一人为刚，万夫为柔”[1]。封建君主制度滋生的或忠良贤士难求、或忠奸善恶不辨，自然会产生出篡权弄权之辈，不是这些腐败分子身败名裂，就是江山易姓破碎。[2] 这说明，廉政建设必须革除专制制度。晚清之后，中国廉政建设和先进的中国人奋斗的努力方向，朝向了民主与科学，就成了顺理成章的事情。

---

〔1〕〔2〕《龚自珍全集》，第一辑《古史钩沉论一》，第20页。

第一章 先秦时期廉政制度

先秦时期上自三皇五帝，下至春秋战国，这是中国社会思想文化、政治制度形成的重要历史时期，也是中国古代文化大碰撞、大创新的时代。在经历了从原始氏族部落时代到奴隶制社会，从奴隶主贵族分封制到封建君主专制的漫长历史演变之后，先秦时期成就了它在中国文化史中极为重要的历史地位。可以毫不夸张地说，先秦时期持续而丰富的政治实践，不仅形成了中国古代社会几种有代表性的政治模式，而且包含和孕育了中国古代许多政治智慧的萌芽。自秦代起，中国开始了长达两千多年的封建君主专制时期，并在政治制度上逐渐形成了一套完备的廉政监察体制。这对封建王朝政治统治的存续和发展起到了至关重要的作用。综观中国古代廉政制度的构成，我们会发现，其中许多对中国古代政治有着深刻影响的制度，都是在先秦时期形成并发展起来的，比如御史制度、谏官制度、监察制度、巡守制度、上计考课制度等。因此，认真研究先秦时期的政治制度与廉政实践，无论是对中国古代政治经验的探讨，还是对中国当代政治制度的建设，都有着深远的意义。

早在原始部落时代，对社会管理者的监督与制约机制就已经出现了。这种监督以原始的政治民主制为基础，同时也辅以一定的惩罚性措施。氏族部落成员既可以通过民主选举的手段推举出部落首领，也可以通过舆论监督和某些部落习俗来制约部落首领的行为；而部落首领也会通过巡守等方式对其下属进行考核监督。对那些不服监管的部落首领，往往会依据部落习俗予以流放，或施以其他相应的刑罚。如据《尚书·舜典》记载，舜就曾把共工和驩兜流放到幽州和崇山，把鲧流放到羽山。在夏商时代，随着以私有制为基础的“家天下”政治局面的形成，古代中国步入了奴隶制社会，奴隶主贵族实行了以宗法制为基础的分封制。作为诸侯之首的天子分封出众多诸侯国，并对这些诸侯国享有统治与监督权。天子接受诸侯的朝觐和贡赋，同时也通过巡守、刑罚等措施来保障各诸侯和官吏的廉洁与忠诚。但在夏商两代，所谓天子、君主的权力和地位并不像后世那样集中和巩固。他们一方面实现了“家天下”，变“百姓”之国为“一姓”所有；另一方面他们也要受到来自诸侯以及国人的监督，国人舆论、国人暴动与诸侯反叛是对君主权力的重要制约乃至威胁。同时，夏商时代是神权与政治相结合的神权政治时代，因此神权在国家政治中处在重要的地位。对于世俗政权来说，神的意旨是政治、经济、军事等一系列政策能否实施的重要依据。因此，那些代表“神意”的卜史巫祝之官往往能够左右君王行事，在一定程度上起到了制约监督和限制君权的作用，从而使统治阶级内部的权力与利益分配达到一种相对的平衡。这也在客观上减少了权力的滥用和腐败的产生，维持了社会政治的稳定与发展。

相比之下，周代政治则更为复杂。一是因为西周时期，中国的分封制又一次经历了历史性蜕变；二是因为春秋时期周王室权力衰微，因而出现了中国历史上长达数百年的列国时代。西周是中国古代政治文化与政治智慧空前发展和爆发的时代，是中国古代政治的重要的新起点。西周初年，武王与周公的两次大规模分封，第一次使分封制获得了实质性意义，即通过大量分封同姓诸侯，同时又通过确立嫡长子继承制，西周统治者进一步明确了天子与诸侯的关系，使天子“非复诸侯之长而为诸侯之君”，从而深化了天子与诸侯的君臣、尊卑关系。另外，周礼的制定也更加强化了西周统治阶级内部的等级秩序。这样，一个等级分明的贵族政体逐渐形成。在官吏的任命与管理方面，西周实行“世卿世禄制”。在对官吏与各诸侯的监督管理方面，周天子既通过巡守和诸侯的朝觐、述职等方式来对其实施考核与监管，又创造性地实行了监国制度，派使臣对各诸侯国进行长期的监督。而在朝廷的官僚机构中，周天子则任命诸如大宰、小宰等一些具有监察职能的官吏，对百官加以监管。此外，西周还通过鼓励贵族与国人谏政来制衡天子的决策行为，以达到廉洁高效实施统治的目的。总之，西周时期的廉政制度是多方面的，它体现出先秦时期贵族分封制政治制度发展已比较完备。

春秋时期，周礼崩坏，诸侯争霸。旧有的经济与政治制度逐渐瓦解，新的经济模式与政治体制在四分五裂的政治局面中开始形成。至战国时期，国家授田制和个体小农经济已经基本得到确立，代表新兴地主阶级利益的封建君主专制及新的官僚体制得到长足的发展。各国新兴诸侯为了巩固自己的统治，进行了一系列深入的政治改革。在官僚体制方面，普遍采用了“见功而兴赏，因能而授官”的原则，不计出身，招徕四方贤能。所谓“臣之禄，君实有之。义则进，否则奉身而退”[1]。这样，一套建立在“主卖官爵，臣卖智力”[2]基础上的官僚制度逐渐建立起来。随着官僚体系的不断扩大，对整个官僚体系的监督便成为迫切的需要，从而促成了春秋战国时期廉政制度的新变化。这一时期，由于官吏必须“食有劳而禄有功”，因此国君每年要通过“上计”制度来考核官吏的政绩，以明确赏罚，同时还强化了御史监察百官言行的职能。此外，为了实现对国君行为的有效制约，一些诸侯国开始设置专职的谏官，负责向国君提出批评意见，纠正国君的过失。这些廉政措施的实行，促进了春秋战国时期政治制度的发展，适应了诸侯争霸的需要，为先秦时期出现社会经济与文化的繁荣提供了重要保障，同时也为秦统一以后中国社会历史的发展积累了宝贵的政治经验。

第一节　原始氏族部落时代廉政制度的萌芽

大约从一百万年前到公元前21世纪，是我国历史上的原始社会时期，其间经历了原始群、母系氏族公社和父系氏族公社的阶段性发展。原始社会由一些自然的氏族部落组成，那时尚未产生私有制，没有阶级分化，也未产生国家以及相应的官僚体系，整个社会处在一种相对单纯的道德风尚中。如《礼记·礼运》描述私有制产生之前原始社会淳朴的生活图景说：

---

〔1〕《左传·襄公二十六年》，《春秋左传集解》，上海人民出版社1977年8月第1版（下同）。
〔2〕《韩非子》卷第十四《外储说右下》。

大道之行也，天下为公。选贤与能，讲信修睦，故人不独亲其亲，不独子其子，使老有所终，壮有所用，幼有所长，矜寡孤独废疾者皆有所养。男有分，女有归。货，恶其弃于地也，不必藏于己；力，恶其不出于身也，不必为己。是故谋闭而不兴，盗窃乱贼而不作，故外户而不闭。是谓大同。

这段记载虽未必确切，但大致反映了当时的社会风貌。在那个漫长的历史时期，氏族部落的政治生活以一种原始民主制为基础，氏族部落成员拥有平等的权利，他们通过氏族议事会来选举或罢黜首领，管理和组织自己的生活。部落首领更多地靠自己的威望与能力获得支持，他没有特权也无须运用强制手段，即所谓“刑政不用而治，甲兵不起而王”〔1〕。这大体上是原始社会权力关系的共同特征。恩格斯在谈到易洛魁人的氏族时也说：“酋长在氏族内部的权力，是父亲般的、纯粹道义性质的；他手里没有强制的手段。”〔2〕

在原始社会晚期，出现了以父系家长制为基础的父系氏族部落和部落联盟。这时原始氏族部落的民主制与平等精神开始遭到破坏，部落首领通常由最富有和最有权势的家族之长来担任。但是，原始的民主传统仍然具有较强的约束力，首领仍然通过部落或部落联盟议事会的选举产生并要接受相应的监督。事实上，在原始氏族部落时代，有着一套选拔任用和监督考核社会管理者的特殊机制，并通过这套机制来制约他们的行为，确保他们对公共

〔1〕《商君书》卷四《画策》。
〔2〕《马克思恩格斯选集》第四卷，人民出版社 1995 年版，第 84 页。

事务的管理做到廉洁高效。从今天的眼光来看，这些制约机制在形式上显得较为简单和松散，却是中国古代最早的廉政实践活动。从现存有限的历史文献中，我们能够依稀捕捉到先人们这些活动的概貌。

一、部落首领的选举

在原始民主制的政治前提下，氏族部落首领是通过氏族议事会选举产生的，其标准则是“选贤举能”。氏族议事会是氏族部落的“最高权力机关”，在这里，部族的所有成年男女都享有平等的表决权，以保障推举出的首领能够真正代表全体部落成员的利益。对于部落联盟而言，联盟的首领则由部落联盟议事会选举产生，部落联盟议事会由各个氏族部落的首领组成，以民主大会的形式共同决定联盟的各种重大事务。正如后世的官吏选拔一样，原始部落和部落联盟首领的选举无疑是其政治生活的重要内容。因此，这种选举往往是非常谨慎严格的，也体现出一定的程序。

尧、舜、禹时期处于我国原始社会末期的部落联盟时代。据史料记载，尧禅位于舜、舜禅位于禹时，都经过了其他部族首领即“四岳”的讨论。《尚书·尧典上》说：

> 帝曰：“咨！四岳：朕在位七十载，汝能庸命，巽朕位?”岳曰：“否德忝帝位。”曰：“明明扬侧陋。”师锡帝曰：“有鳏在下，曰虞舜。”帝曰：“俞，予闻。如何?”岳曰：“瞽子。父顽，母嚚，象傲；克谐以孝烝烝，乂不格奸。”帝曰：“我其试哉！女于时，观厥刑于二女。”釐降二女于妫汭，嫔

于虞。

这是说尧召集部落联盟会议讨论继承人问题的事。尧说:“唉!四方诸侯之长,我在位七十年了,你们谁能顺应天命,取代我的帝位呢?”四方诸侯之长说:“我们德行鄙陋,没有资格取代帝位。”尧说:“可以荐举明察贤良的人,也可以荐举地位卑微的人嘛。”于是众人向尧建议说:“民间有一个穷困的人,叫虞舜。”尧说:“是啊!我也听说过。这个人究竟怎么样?”四方诸侯之长回答说:“他是乐官瞽叟的儿子。其父愚顽,其母奸诈,而其弟象则很傲慢,但舜却能与他们和谐相处,以孝行美德感化他们,不流于邪恶。”尧说:“那我就考验考验他吧!把我的两个女儿嫁给他,从女儿那里来考察他的德行。”于是尧下令两个女儿来到妫水之湾,嫁给了虞舜。《史记·五帝本纪》中也有类似的记载,此不赘述。

由此可知,舜作为尧的继任者是通过各部落的讨论推举出来的。不仅如此,尧帝还对舜进行了严格的考验,他让舜“慎徽五典,五典克从。纳于百揆,百揆时叙。宾于四门,四门穆穆。纳于大麓,烈风雷雨弗迷”。帝曰:“格!汝舜。询事考言,乃言底可绩,三载。汝陟帝位。”[1]帝尧让舜慎重地完善五典,即父义、母慈、兄友、弟恭、子孝五种美德,于是人们都能顺从这五种美德。然后又让舜总理一切事务,舜把各种事务都处理得井井有条。随后又让舜迎接四方来朝的宾客,宾客们对舜都肃然起敬。又让舜担任守山林的官,舜即使在暴风雷雨的天气也不迷失方向。于

〔1〕《尚书》卷第三《舜典》。

是，尧帝说，“来吧！舜哪，我同你谋划政事，又考察你的言行，你的建议想法总能成功实现，已经三年了。现在你应该登上帝位了。”

尧帝在众首领推举了舜之后，又对他进行了三年的观察考验，才把帝位正式传给了舜。可见，原始部落首领的人选往往要经过一个复杂而谨慎的过程才能最终确定。而在选择首领的整个过程中，个人的贤德与能力始终被作为最重要的标准。舜正是因为这两方面的突出表现而继帝位的。禹之代舜，也是如此。《尚书·大禹谟》载：

> 帝曰：“来，禹！降水儆予，成允成功，惟汝贤。克勤于邦，克俭于家，不自满假，惟汝贤。汝惟不矜，天下莫与汝争能。汝惟不伐，天下莫与汝争功。予懋乃德，嘉乃丕绩，天之历数在汝躬，汝终陟元后。”

舜帝说：“来吧，禹。洪水警告我，你履行承诺，成功治理了大水。这是你的贤能。你能为国家大事不辞劳苦，居家生活也能做到俭朴，不自满不浮夸，这也是你的贤能。你不炫耀自己的才能，因此天下没有谁与你争能。你不炫耀自己的功劳，因此天下没有谁与你争功。我赞美你的大德和功绩，帝王继承的次序应在你的身上，你终将登上大君之位。”上述记载说明，禹的德行与能力得到了舜了赞赏，于是舜才把帝位传给了他。而禹能够得到重用并成为帝位继承人，也是经过各部落首领的讨论与推荐的。《尚书·舜典》有云：

帝曰："咨，四岳！有能奋庸熙帝之载，使宅百揆，亮采惠畴？"佥曰："伯禹作司空。"帝曰："俞，咨！禹，汝平水土，惟时懋哉！"禹拜稽首，让于稷、契暨皋陶。帝曰："俞，汝往哉。"

这里记载的是舜帝在部落联盟会议上与各部落首领讨论推举能臣的事。舜帝问："四方诸侯之君长啊，有谁能奋发努力，使尧帝的事业发扬光大，作为百揆之官辅佐政事呢？"都说："伯禹现在作司空（成绩显著）。"舜帝说："好哇，禹，你曾平定水土，现在你做百揆之官要更加勉励自己呀！"禹跪拜叩头，要让给稷、契和皋陶。舜帝说："好啦，还是你去吧。"此外，《尚书·大禹谟》也有舜要将帝位让于禹，而禹则推荐皋陶的记载。这些都说明，原始部落首领的选举是在民主讨论的基础上进行的，即使是在原始社会晚期，私有制开始出现，个别部族首领开始谋求私利的情况下，这种民主制也仍然主导着氏族部落的政治生活。从上述诸多文献记载来看，任用贤德且有能力的人作为社会的管理者，这是自古以来我国政治活动中的一个重要传统。

二、部落首领的制约与监督

原始氏族部落的成员既可以通过氏族议事会选举出合格的首领，也可以通过议事会对首领进行制约、监督以及罢免，最大限度地保障了包括部落首领在内的社会管理者的廉洁奉公。在原始社会晚期的部落联盟时代，联盟议事会和联盟首领经常对各部落首领进行监督与考核，逐渐形成了一些习惯性机制。此时，法治的萌芽也开始出现，并成为制约部落首领们的重要手段。总体来看，原始氏族部落时代对部落首领的制约、监督与考核主要有这样几种方式：

（一）习俗的制约

在原始社会，氏族部落中的有些权力机制是通过一定的习俗来发挥作用的，因此，某些习俗能够对那些表现不好的部落首领起到惩罚的作用。《史记》中记载：

> 昔帝鸿氏有不才子，掩义隐贼，好行凶慝，天下谓之浑沌。少皞氏有不才子，毁信恶忠，崇饰恶言，天下谓之穷奇。颛顼氏有不才子，不可教训，不知话言，天下谓之梼杌。此三族世忧之。至于尧，尧未能去。缙云氏有不才子，贪于饮食，冒于货贿，天下谓之饕餮。天下恶之，比之三凶。舜宾于四门，乃流四凶族，迁于四裔，以御魑魅，于是四门辟，言毋凶人也。[1]

这段记载是说，先前黄帝有不肖子，不仁不义，好行凶作恶，天下人称之为“浑沌”。少皞有不肖子，破坏诚信，打击忠良，强词夺理，粉饰恶迹，天下人称之为“穷奇”。颛顼帝有不肖子，不听教训，不可理喻，被天下人称为“梼杌”。这三个部族成为历代祸患。到了帝尧统治时期，也未能将这三大凶族除掉。炎帝的苗裔缙云氏也有不肖子，贪吃贪财，天下人称之为“饕餮”。浑沌、

〔1〕《史记》卷一《五帝本纪》。

穷奇、梼杌、饕餮合称为“四凶”，天下人无比憎恶它们。而舜在奉尧之命“宾于四门”时，将这四个部族流放到距王城四千里之外的蛮荒之地，以儆效尤，防止再有邪谄的人出现。经过舜的这次严厉整顿，天下归于安宁，没有了凶邪之人。

由此可见，在原始时代的部落中同样会产生一些恶势力，有些甚至会是部落首领。他们贪婪无信、乱施暴行，严重威胁氏族的集体利益。而这些势力必然也会受到制约和惩罚，最严重的就是逐出本族，而这正是依据一种传统习俗实施的一种严厉的惩罚措施。在社会生产力相当低下的原始社会，一个人不可能独立生存，当一个人被逐出氏族部落群体时，几乎就等于判了他的死刑。这种制裁部落首领的习俗在氏族社会时代一直沿用，对维护氏族部落的有序统治起到了一定的作用。

（二）舆论的监督

在原始氏族部落时代，已经出现了以言谏纳言为主的舆论监督。舆论监督权属于全体氏族成员，是氏族成员为维护集体的利益而行使民主权利的一种重要形式。据《管子》记载：

> 黄帝立明台之议者，上观于贤也；尧有衢室之问者，下听于人也；舜有告善之旌，而主不蔽也；禹立谏鼓于朝，而备讯唉；汤有总街之庭，以观人诽也；武王有灵台之复，而贤者进也。[1]

---

〔1〕《管子·桓公问》。

这段话是说，黄帝建立明台议政的制度，是为了自上而下观察贤臣的意见；尧设置衢室咨询的制度，是为了自下而上地听取百姓的意见；舜设立在旌旗下进谏的制度，是为了君主不受蒙蔽；禹在朝廷上设置谏鼓，是准备听取意见；商汤在街巷中心设庭，是为了便于听取百姓的意见，明查百姓非议的情况；周武王设置灵台报告的制度，是为了使贤者得到进用。魏文帝曹丕也曾说道："轩辕有明台之议，放勋有衢室之问，皆所以广询于下也。"〔1〕即黄帝有明台听取政事，唐尧有衢室征询民意，这都是用来广泛征求下面的意见的。

类似的文献记载还有，"尧有欲谏之鼓，舜有诽谤之木"〔2〕，说的是尧舜采取设谏鼓和"诽谤之木"的措施，来听取击鼓人的意见，或把自己的过失书写在表木之上。按照晋葛洪《抱朴子·博喻》中的解释，就是"诽谤之木设，则有过必知；敢谏之鼓悬，则直言必献"。

为了更确切及时地了解下情，舜还曾专门设置过"纳言"之官。《尚书·舜典》云："帝曰：'龙，朕堲谗说殄行，震惊朕师。命汝作纳言，夙夜出纳朕命，惟允！'"帝说："龙，我憎恶谗佞的言论和贪残的行为，因为它们惊动我的众臣，使之疑惑。我命你做纳言之官，不论早晚，传达我的命令，转达下面的意见，必须真实！"另据《史记·五帝本纪》记载："舜曰：'龙，朕畏忌谗说殄伪，振惊朕众，命汝为纳言，夙夜出入朕命，惟信。'"《正义》孔安国云："纳言，喉舌之官也。听下言纳于上，受上言宣于下，必信也。"可见，"纳言"就是采纳民众讽谏之言的官，

〔1〕《三国志》卷二《魏书二·文帝纪》。
〔2〕《吕氏春秋·自知》，《吕氏春秋集释》中华书局2009年9月版（下同）。

他负责出纳帝命，是部落首领为纠正自己言论错误或排除他人谗言而设置的专司监督之权的公职人员，也可以说是我国古代最早的谏官。

禹同样制定了纳谏制度，据载：“禹之治天下也，以五声听，门悬钟鼓铎磬而置鞀，以得四海之士，为铭于簨簴曰：‘教寡人以道者击鼓，教寡人以义者击钟，教寡人以事者振铎，语寡人以忧者击磬，语寡人以狱讼者挥鞀。’此之谓五声。”〔1〕可见，禹将前代首领所采用的纳谏制度进一步细化和扩大化了，通过“以五声听”的方式，丰富了臣民进谏的内容。

上述材料中提到的“明台”、“衢室”，都是首领采纳民意的场所。而“诽谤之木”，纳谏之鼓、钟等的设置，也是为了鼓励民众批评首领的过失，而使其改正错误。也就是说，部落首领们能够主动征询众臣和百姓的意见，勇于纳谏，同时接受舆论的监督，并且这种监督形式在原始社会末期已经成为一种制度性举措。

（三）刑法的惩罚

在中国原始社会晚期，已经出现了法治的萌芽。文献记载舜帝曾制定过法典：

象以典刑，流宥五刑，鞭作官刑，扑作教刑，金作赎刑。眚灾肆赦，怙终贼刑。钦哉，钦哉，惟刑之恤哉！〔2〕

舜在器物上刻出五种常用的刑罚，用流放的办法宽恕犯了五刑（墨、劓、剕、宫、大辟）的罪人，用鞭打的方式惩罚犯了罪

〔1〕《〈鬻子〉〈公孙龙子〉〈鬼谷子〉〈子华子〉》（影明正统道藏本），上海古籍出版社1990年9月第1版，第13—14页。

〔2〕《尚书》卷第三《舜典》。

的官吏，用以檟（jiǎ）木荆条制成的刑具笞打不勤于学业的人，用罚赎金的方式惩罚并非出于恶意而犯罪的人。如果是过失犯了罪，就赦免；如果坚持作恶不思悔改，就施以刑罚。在制定了这些法典后，舜对一些不法的部落首领进行了惩治，“流共工于幽洲，放驩兜于崇山，窜三苗于三危，殛鲧于羽山，四罪而天下咸服”〔1〕。即把共工流放到幽洲，把驩兜流放到崇山，把三苗驱逐到三危，把鲧流放到羽山。四个罪人都得到惩处之后，天下人都心悦诚服。而关于这一点，《史记》中有更详细的记载：“讙（驩）兜进言共工，尧曰不可而试之工师，共工果淫辟。四岳举鲧治鸿水，尧以为不可，岳强请试之，试之而无功，故百姓不便。三苗在江淮、荆州数为乱。于是舜归而言于帝，请流共工于幽陵，以变北狄；放驩兜于崇山，以变南蛮；迁三苗于三危，以变西戎；殛鲧于羽山，以变东夷：四罪而天下咸服。”〔2〕

相传早在黄帝时代，蚩尤就对罪犯施用过多种肉刑，如割鼻、割耳、断足、阉割、刺面等。至舜帝时，蚩尤所施用的肉刑被认为是舍仁德而任诛杀的行为，实际上是不教而诛，这是对老百姓的恶毒残害。于是舜帝便颁布新的法典，以“象刑”取代“肉刑”，改变了以往刑罚的那种残忍做法。

所谓“象刑”，就是指象征性的惩罚。例如：本当受宫刑的罪人，只要两只脚穿上不相配的鞋子就算受刑了；本当砍头的罪人，只要穿上没有领子的上衣就算受刑了；而本当受墨刑的罪人，只要在头上蒙一块黑布就算受刑了。这说明舜所制定的刑法在量刑上是极为宽松和慎重的。而在这些刑法当中，已经出现了专门针

〔1〕《尚书》卷第三《舜典》。
〔2〕《史记》卷一《五帝本纪》。

对官吏的惩罚措施——“鞭作官刑”，即当官的犯罪，就以鞭打作为惩罚。这似乎是中国历史上最早的关于以法的形式约束官吏的文献记载。

三、部落首领的巡守与考核

在原始社会对于部落首领的制约与监督机制中，还有一种重要而影响深远的方式，那就是巡守。巡守是指部落首领定期到各氏族部落进行巡访视察，了解社会和人民生活状况。这是部落联盟的首领亲自督察下属，进行监督、检查和激励，从而保障政治廉明的重要手段，因此我们对之加以单独讨论。巡守制度是在舜的时候创立的。据《尚书·舜典》记载：

> 岁二月，东巡守，至于岱宗，柴。望秩于山川，肆觐东后。协时月正日，同律度量衡。修五礼、五玉、三帛、二生、一死，贽。如五器，卒乃复。五月南巡守，至于南岳，如岱礼。八月西巡守，至于西岳，如初。十有一月朔巡守，至于北岳，如西礼。归，格于艺祖，用特。五载一巡守，群后四朝。敷奏以言，明试以功，车服以庸。

在继承帝位的这年二月，舜到东方巡视，到达泰山后，焚柴祭祀了泰山。而对于其他山川，也都按地位尊卑依次祭祀，随后接受了东方诸侯的朝觐。划定春夏秋冬四时的月份，确定天数，统一音律、度、量、衡。制定了朝聘的礼节，并规定把五种圭玉、三种丝绸、活的羊羔、大雁和死山鸡等作为诸侯朝见时所要交纳的贡物，而五种圭玉，在朝觐后仍然归还给诸侯。五月，舜到南方巡视，到达南岳衡山后，所行的礼节同在泰山时一样。八月，到西方巡视，到达西岳华山，十一月到北方巡视，到达北岳恒山，所行的礼节都像祭祀泰山、衡山一样。归来后到尧的太庙祭祀，以一头牛作为祭品。此后，每五年一巡守，诸侯则在四岳朝觐，全面地报告自己的政绩，然后依不同政绩赏赐车马衣物作为酬劳。

《史记》中也记载了舜在摄政后巡守天下的情况：

> 于是帝尧老，命舜摄行天子之政，以观天命。舜乃在璇玑玉衡，以齐七政。遂类于上帝，禋于六宗，望于山川，辩于群神。揖五瑞，择吉月日，见四岳诸牧，班瑞。岁二月，东巡狩，至于岱宗，祡，望秩于山川。遂见东方君长，合时月正日，同律度量衡，修五礼五玉三帛二生一死为挚，如五器，卒乃复。五月，南巡狩；八月，西巡狩；十一月，北巡狩：皆如初。归，至于祖祢庙，用特牛礼。五岁一巡狩，群后四朝。遍告以言，明试以功，车服以庸。[1]

通过这些文献记载可知，舜在巡守期间，各部落首领都会向他汇报本部落的情况和自己的职守状况。而最高首领们则根据他们看到听到的情况、掌握的资料来对各部落首领论功行赏，而对于有过失的则会给予严厉惩处。如前文所述，帝尧流放共工、鲧等有罪之人，正是在舜代之巡守归来，听取舜的意见后作出的决定。可见，巡守制度对下级部落首领和部落事务管理人员具有很

〔1〕《史记》卷一《五帝本纪》。

大的监督和威慑作用。同时，巡守也是地方部落首领朝觐联盟首领的时机，即所谓“群后四朝”。郑玄解释说：“巡守之年，诸侯见于方岳之下；其间四年，四方诸侯分来朝于京师，岁遍是也。”由此观之，巡守与朝觐是一个制度的两个方面，前者是监督，后者是服从。正是这种巡守、朝觐以及部落首领对联盟首领的纳贡制度，构成了各氏族部落与部落联盟首领之间的政治关系。巡守制度被我国历代王朝所沿用，成为我国古代廉政制度中的一种重要形式。

此外，通过联盟首领在巡守时对地方首领的论功行赏、论过施罚，不难看出，巡守同时也是对地方诸侯和部落首领的一种政绩考核。事实上，在舜统治的时期，已经制定了专门的考绩制度。《尚书·舜典》记载舜在设百官之后，对他们说：“咨！汝二十有二人，钦哉！惟时亮天功。三载考绩，三考，黜陟幽明，庶绩咸熙。”《史记·五帝本纪》也有“三岁一考功，三考绌陟，远近众功咸兴”的记载。这就是说，每隔三年就要考核一次官员的政绩，考察三次后，昏庸的官员要罢免，贤明的官员要提拔。于是，许多工作都兴盛起来了。可见这种政绩考核制度能较为有效地达到促进廉政的效果。

第二节　夏商两代的廉政制度

《礼记·礼运》曾描述中国古代“小康”社会的情形说：

今大道既隐，天下为家。各亲其亲，各子其子。货力为己。大人世及以为礼，城郭沟池以为固，礼义以为纪；以正君臣，以笃父子，以睦兄弟，以和夫妇，以设制度，以立田里，以贤勇知，以功为己。故谋用是作，而兵由此起。禹、汤、文、武、成王、周公由此其选也。此六君子者，未有不谨于礼者也，以著其义，以考其信，著有过，刑仁讲让，示民有常。如有不由此者，在执者去，众以为殃。是谓小康。

由“大同”转变成“小康”社会，即由“天下为公”转变到“天下为家”，是中国古代社会政治体制的一次根本性转变。这一转变是建立在私有制产生的基础上的。从此，原始社会晚期发展起来的个别强大的氏族部落开始独自掌权，王位的继承由“禅让制”转变为“世袭制”，从而开启了中国古代“家天下”的政治局面。

夏代正是在这样的历史前提下建立起来的，它是中国第一个王朝国家，标志着中国社会完成了从氏族部落向王国的转变。在一系列社会变化之中，一些旧的习俗和制度消失了，也有一些新的制度措施得以建立。从政治体制来看，夏代是一种以分封制为基础的等级君主制国家，即所谓“天子建国，诸侯立家，卿置侧室，大夫有贰宗，士有隶子弟，庶人工商各有分亲，皆有等衰”〔1〕。但由于其脱胎于原始社会，所以仍然留有原始氏族部落时期的某些特征，在社会生活中发挥作用的既有习俗，又有官制。然而，此时君主已然以国为家，凌驾于诸侯之上，君主在政治生活中已经能够起到决断作用。

从现有历史文献记载来看，商代政治状况略同于夏代，即孔

〔1〕《左传·桓公二年》。

子所谓"殷因于夏礼"〔1〕。在夏商时期，诸侯与天子之间并不存在君臣关系，因为那时"天子、诸侯君臣之分未定也"，天子之尊，非为"诸侯之君"，而是"诸侯之长"〔2〕。也就是说，夏商之际的天子虽位居诸侯之上，但主要是大小之分，而无严格的君臣尊卑。这是因为，夏商时代的分封制并非真分封，依梁启超所见，"夏殷以前所谓诸侯，皆邃古自然发生之部落，非天子所能建之、能废之"〔3〕。夏商国家的建立以原来各部落的自然同盟为基础，而非主要由天子册封，因此，天子对各诸侯王的制约并不能做到十分严格，诸侯们在各自的领地享有一国之尊而无须遵守过多的礼制。在这样的现实政治条件下，夏商两代的廉政情况形成了自己的特点，即产生了制约君主权力的思想和制度，而并非像后世所实行的以官吏臣僚为制约对象的廉政制度。

一、君权制约

夏商两代，由于"家国"现象的出现，君王的权力日益膨胀而专断，至王朝末期，分别出现夏桀和商纣的为所欲为，专断无道。然而，这并不能说明两代对君王的权力无所约束。夏代刚刚走出原始时代，建立了第一个王朝国家，因此，仍然保留着原始社会民主制的遗风，也沿袭了一些原始部落时代的习俗。君王往往并不能任意行事，在政务决策中要召集重臣共同议事，接受劝谏，在犯错误后还可能要受到严厉的惩罚。比如，夏代曾出现将

〔1〕《论语·为政》。
〔2〕王国维：《观堂集林》，中华书局1959年6月版（下同），第466—467页。
〔3〕梁启超：《先秦政治思想史》，天津古籍出版社2004年5月版（下同），第49页

王驱逐出国的事件。《尚书》记载了所谓“太康失国”的事件说：

> 太康尸位，以逸豫灭厥德，黎民咸贰。乃盘游无度，畋于有洛之表，十旬弗反。有穷后羿因民弗忍，距于河，厥弟五人御其母以从，徯于洛之汭。五子咸怨，述大禹之戒以作歌。[1]

夏启的儿子太康继位后，沉湎于游乐田猎，不理政事，不顾人民的疾苦，丧失了作为君王的品德，于是黎民百姓都怀有二心。太康竟然没有节制，在洛水之南打猎，一连百天不回。由于人们不能忍受太康的行为，有穷国君羿就在黄河北岸抵御驱逐太康，使之不能回国……驱逐和流放部落首领是原始社会惩罚不称职首领的一种手段，太康的遭遇正是夏代沿袭了这种手段的结果。事实上，不仅夏商两代，到了周朝依然存在着流放君王的现象，比如周厉王便受到了“流于彘”的惩罚。

夏商两代以及周代，神权在国家政治生活中处在至关重要的地位。如商代统治者“率民以事神，先鬼而后礼”[2]。因此，对于世俗政权来说，神的意旨是政治、经济、军事等一系列政策能否实施的重要依据。世俗的君王在行使权力时必须充分考虑到“神意”；而所谓“神意”是由一些特定的官员掌握的，这就是卜史巫祝之官。这样，君王实际上并不能为所欲为，他往往需要占卜问卦，听取神职人员的意见。这在一定程度上起到了制约和监督君王权力的作用。《尚书·洪范》有这样的记载：

---

〔1〕《尚书》卷第七《五子之歌》。
〔2〕《礼记》卷五十一《表记》。

汝则有大疑，谋及乃心，谋及卿士，谋及庶人，谋及卜筮。汝则从，龟从，筮从，卿士从，庶民从，是之谓大同，身其康强，子孙其逢，吉。汝则从，龟从，筮从，卿士逆，庶民逆，吉。卿士从，龟从，筮从，汝则逆，庶民逆，吉。庶民从，龟从，筮从，汝则逆，卿士逆，吉。汝则从，龟从，筮逆，卿士逆，庶民逆，作内吉，作外凶。龟、筮共违于人，用静吉，用作凶。

这是关于君王在决策过程中遇到困难如何解决的记录。大致意思是说，国君你若有重大疑难，先要自己考虑，再与卿士商量，再与庶民商量，最后进行卜筮。而在对几种意见的比较与询问过程中，总有几种情况下国君必须放弃自己的意见，或采纳卿士的意见，或听从神意的指示。这虽然是关于周代政事的记载，但如前文所述，夏商周三代神权在政治生活中都具有举足轻重的地位，因此，这大体也可以反映出夏商两代神权在制约君王权力时所发挥的作用。

此外，夏商两代的统治者也非常注重听取民意，接受舆论的监督。这无形中形成了一种自下而上的权力制约机制。前文我们提到，夏王朝的开创者禹曾“听五声”以治天下，从而奠定了夏代重视舆论监督的制度基础。在夏代，“每岁孟春，遒人以木铎徇于路，官师相规，工执艺事以谏。其或不恭，邦有常刑”〔1〕。即每年初春，遒人之官就摇着铃子在路上巡行，征求民意。众官之

〔1〕《尚书》卷第七《胤征》。

间也相互规劝对方的过失，百工也可以根据自己的工作向上提出意见。如果官员有不忠于职守的，国家将对之施以刑罚。通过这样一种制度的实施，使舆论的制约力量上及君王，下及百官。

二、王命即法

夏商时代毕竟又是王权不断加强的时代，“家天下”的制度处于日益完善的过程之中。“溥天之下，莫非王土；率土之滨，莫非王臣。”随着官僚体系的逐渐建立，作为“诸侯之长”的君王必须管理好朝廷内外的百官，以确保“家国”的繁荣稳定。而此时，强大的王权在中国历史上第一次开始展示出它的力量。对于群臣来说，王命即法。

夏启曾这样申斥其卿士，“用命，赏于祖；弗用命，戮于社。予则孥戮汝”〔1〕。其意为服从命令的人，我就在先祖的神位前赏赐你们；不服从命令的人，我就在社神的神位前惩罚你们。我或者把你们降为奴隶，或者杀掉你们。商代的盘庚迁都遭到了大臣们的反对，盘庚在晓之以理之后便警告他们说：

> 凡尔众，其惟致告。自今至于后日，各恭尔事，齐乃位，度乃口！罚及尔身，弗可悔。〔2〕

盘庚说：“你们这些人，请仔细想想我说的这番话。从今以后，每个人都要勤于职守，做好你们分内的事，迅速布置好自己

---

〔1〕《尚书》卷第七《甘誓》。
〔2〕《尚书》卷第九《盘庚上》。

的工作，闭上你们的嘴，不要乱讲话。否则，一旦有过失而受到惩罚，那时就悔之晚矣。”为了促成迁都，盘庚以近乎命令的口吻向群臣申明赏罚。由此可见，身为一国之君的王比原始氏族部落时期的首领有了更大的权力，甚至能以一身之力来钳制众臣，因而对于臣下官吏而言，王本身就是对他们行为的一种有力制约。

在用人上，掌握最高权力的君王能否分辨贤愚，对吏治清明与否也起到至关重要的作用。如商王盘庚强调说：“朕不肩好货，敢恭生生。鞠人谋人之保居，叙钦。”〔1〕即：“我不会任用贪财的人，只举用帮助民众谋生的人。对于那些能养育民众并使之安居乐业的人，我按次序礼节敬重他们。”

夏商时期，巡守仍然是君王监督、考核地方诸侯的重要手段。文献记载，夏时诸侯号称万国，至商而有三千，至周而有八百。因此，历代君王都将亲临各诸侯国巡视作为展示天威王权的基本制度。《礼记·王制》有云：“天子五年一巡守。”由于夏商时期中国古代社会处于各项制度的初创时期，并且在“家天下”的政治前提下，在约束、处罚下属的过程中，许多时候，君王的意志发挥着重要作用。应当说“王命即法”的现象是贯穿了整个中国古代社会的一种政治与法制现象。这种现象虽然往往导致君王的暴虐与滥杀，但在某些开明君主统治的时期，对监督、惩治不法官吏，保障政治的清明，还是起到了相当重要的作用。

---

〔1〕《尚书》卷第九《盘庚下》。

三、以刑治官

在夏代，官员若触犯了刑律，将会依法受到惩处。《左传·昭公六年》有“夏有乱政而作《禹刑》”的记载。禹刑是夏代法律的总称，而在夏代的法律中，已经不乏针对官吏的刑罚。“《夏书》曰：‘昏、墨、贼、杀。’皋陶之刑也。”[1]其中所谓“墨”就是指官吏贪污受贿，是当杀之罪。春秋时期鲁国大夫叔向就按这一夏代刑罚处治了贪官羊舌鲋。给他定的罪名是“贪以败官”，即贪污腐败有辱职责，于是将其处斩并当街示众。

在夏代法典中，还有这样一条律令：“先时者杀无赦，不及时者杀无赦。”[2]是说官吏们必须按历法的规定，按四时之序来行事，即要求各级官吏严格执行夏王制定的法令和制度，履行自己的职责，否则就杀无赦。对此，荀子评论说：“人习其事而固，人之百事，如耳目鼻口之不可以相借官也。故职分而民不探，次定而序不乱，兼听齐明而百事不留。如是，则臣下百吏至于庶人，莫不修己而后敢安止，诚能而后敢受职；百姓易俗，小人变心，奸怪之属莫不反悫。夫是之谓政教之极。”[3]就是说，君王治理国家政事，要“明分职，序事业”，使各个位置职责明确，秩序井然。这样，每个人各司其职，各行其是，有序而不乱，就可以达到国家政治的最高境界。而如果有官吏不按时序做事，破坏了制度，就要给予严惩，即所谓“先时者杀无赦，不及时者杀无赦”。

〔1〕《左传·昭公十四年》。
〔2〕《尚书》卷第七《胤征》。
〔3〕《荀子》卷第八《君道》。

例如，在太康的弟弟仲康在位时，主管天地四时历数的羲氏与和氏终日纵酒享乐，玩忽职守，扰乱了天地时序，触犯了先王的这条诛杀之令。于是，仲康就派胤侯去征讨羲、和。关于这条律令的执行，《国语·鲁语》也有记载："昔禹致群神于会稽之山，防风氏后至，禹杀而戮之。"有一次夏禹在会稽山会盟各部落首领，防风氏违命没能及时赶到，于是禹就杀之而陈其尸。

商汤灭夏之后，也建立了自己的刑罚制度。《左传·昭公六年》亦有"商有乱政而作《汤刑》"的记载。作为商代的开创者，汤是一位励精图治的君王。他曾对诸侯群臣说："毋不有功于民，勤力乃事。予乃大罚殛女，毋予怨。"[1]意思是说，诸侯群臣不要无故劳役于民，而要忠于职守，勤政爱民。否则，我要重重地处罚你们，你们可不要怨恨我。这也可以视作一条用以惩处恶吏的法规。商汤还制定了专门针对官吏的官刑。据《尚书·伊训》记载：

> 先王肇修人纪……敷求哲人，俾辅于尔后嗣，制官刑，儆于有位。曰："敢有恒舞于宫，酣歌于室，时谓巫风；敢有殉于货色，恒于游畋，时谓淫风；敢有侮圣言，逆忠直，远耆德，比顽童，时谓乱风。惟兹三风十愆，卿士有一于身，家必丧；邦君有一于身，国必亡。臣下不匡，其刑墨，具训于蒙士。"[2]

大意是说，汤广泛寻求有才能的人，让他们辅佐后代，并制

---

〔1〕《史记》卷三《殷本纪》。
〔2〕《尚书》卷第八《伊训》。

定惩治官吏的刑法，以警诫百官。汤说，胆敢经常在宫室中唱歌跳舞、饮酒作乐的，是巫风盛行。胆敢贪图财色，迷恋打猎游玩的，是淫邪之风。有人胆敢有辱圣言，行不忠直，疏远德高望重的人，亲近愚顽幼稚的人，这是扰乱风俗常理。以上这些风气，卿士如果沾染上其中之一，一定会丧失其食邑。诸侯如果沾染其中之一，其国必然灭亡。身为人臣的，如果不匡正国君的错误，就将被施以墨刑。要用这些法规教育你们的下属。这段记载，详细阐明了官刑所禁止的内容，即三种不正之风和十种罪过，并指明了三风十愆的危害性。

关于商代制定官刑之事，《墨子》有如下记载：

> 先王之书，汤之《官刑》有之，曰："其恒舞于宫，是谓巫风。其刑，君子出丝二卫，小人否，似二伯黄径。"〔1〕

意思是说，先王汤所作的《官刑》有记载："常在宫中跳舞，这叫做巫风。对于这种行为的惩罚是：君子出两束丝，小人则加倍。"这里我们了解到了对于"三风"之一的惩罚措施。《尚书》与《墨子》相互印证，说明商代就已经有约束官吏的"官刑"。制定官刑的目的在于"儆于有位"，即警示那些有职位的人，其中包括卿士、邦君等。如果他们违反"官刑"的相关规定就要受到惩罚。

此外，夏商两代的统治者亦十分注重"修德"与"任贤"，以不断巩固统治秩序。尤其是在商代，统治者有鉴于夏代"不务

〔1〕《墨子》卷之八《非乐上》。

德”而亡的教训，特别注重自身行为的检省和约束。《史记》载，商汤因修德而使“诸侯皆归汤，汤遂率兵以伐夏桀”〔1〕。在商汤之孙太甲统治时，曾因“乱德”而被伊尹幽禁，三年后悔过，遂“修德，诸侯咸归殷，百姓以宁”〔2〕，从而使商代统治得以复兴稳固。任用贤人也是商代统治的一个重要特点。商王往往不拘一格选用人才，使商代出现不少能臣贤相，如伊尹、伊陟、傅说等，他们的政治才能为商代统治秩序的改善与延续起到了积极的作用。

第三节 西周时期的廉政制度

自西周开始，中国的政治制度又发生了一次根本性的变革。周王朝自武王伐纣立国之后，尽管在文化与政治制度上承袭着前朝的重要传统，但其基本政治制度却与前代发生了根本性的变化。关于这一点，梁启超认为：“后儒多言封建为唐虞以来所有，其实非也。”“真封建自周公始。”〔3〕这里所谓“封建”，不同于通常所理解的“封建社会”的“封建”，而是就其本意“封邦建国”而言，也就是“分封”。在梁启超看来，西周在中国政治制度史上创建了真正的分封制度，这就是西周政治制度的重大变革所在。周代以武力得天下，在封先王之后、承认旧有诸侯国的同时，更是“封建亲戚，以蕃屏周”〔4〕，大量分封同姓子弟为诸侯王，使之杂处于旧有诸侯国之间，起到分化又同化它们的作用。这种以宗法

〔1〕《史记》卷二《夏本纪》。
〔2〕《史记》卷三《殷本纪》。
〔3〕《先秦政治思想史》，第50页。
〔4〕《左传·僖公二十四年》。

制为基础的分封，也使天子与国君之间的关系发生了重大变化，“由是天子之尊，非复诸侯之长而为诸侯之君”，“盖天子、诸侯君臣之分始定于此”〔1〕。以宗法制为基础的分封制不仅促进了天子与诸侯君臣、尊卑关系的形成，也促成了有周一代“礼制”的建立。这样，周天子就与诸侯国君有了更紧密有序的联系，从而能够更好地制约他们的权力。上述种种都表明，周代在政治体制上发生的转变较之前代是本质性的。王国维说：“殷、周间之大变革，自其表言之，不过一姓一家之兴亡与都邑之移转；自其里言之，则旧制度废而新制度兴、旧文化废而新文化兴。”〔2〕

分封制和宗法礼制政治制度的形成，使西周的政治统治秩序更为严整，包括君臣关系在内的统治阶级内部权力关系得到进一步明确化。在宗法观念与带有“法律”效力的“礼”的制约下，统治者的政治权力也得到更加制度化的约束，从而促进了西周的廉政思想与廉政制度的丰富与深化。

一、监国制度

监国制度是与分封制密切相连的。武王灭商，西周建国，自此开始了周初第一次大分封。在武王分封的诸侯中，虽然也有同姓子弟，有帮助其伐纣立国的功臣，但其中大量的还是旧部落、旧政治集团及殷商之后。如封唐尧的后代于蓟，封虞舜的后代于陈，封夏禹的后代于杞，同时封商纣的儿子武庚于殷。由此可见，周初的政治局面实质上是极为复杂而严峻的，从武王的分封中可

〔1〕《观堂集林》，第467页。
〔2〕同上书，第453页。

以看出周初为了稳定政治局势而向旧有政治势力的妥协。然而，武王对殷商旧部并不放心。由于受封的各个诸侯国在政治、经济和军事上具有相对的独立性，因此，为了加强对各路诸侯的监管，确保他们对周王室的忠诚以及整个王朝的政治稳定，武王向一些诸侯国派遣监国使臣，对其动向加以监督和控制。

但事实上，这种监国最初并非以所有诸侯为目标，而只是针对殷商遗民。西周初期，武王虽然在军事上击败了纣王，灭掉殷商，但商朝统治集团的残余势力还非常强大。为了巩固政治局势，武王对殷商遗民采取了安抚政策，将殷纣之子武庚封于殷商旧都，但又“恐其有贼心”，于是封自己的弟弟管叔、蔡叔和霍叔（三人因封地而得名）于殷都附近，以监视武庚的行为，即所谓“武王克殷，乃立王子禄父，俾守商祀。建管叔于东，建蔡叔、霍叔于殷，俾监殷臣”[1]。《史记》中也有相关的记载：

> 武王追思先圣王，乃褒封神农之后于焦，黄帝之后于祝，帝尧之后于蓟，帝舜之后于陈，大禹之后于杞。于是封功臣谋士，而师尚父为首封。封尚父于营丘，曰齐。封弟周公旦于曲阜，曰鲁。封召公奭于燕。封弟叔鲜于管，弟叔度于蔡。馀各以次受封。[2]

> 武王已克殷纣，平天下，封功臣昆弟。于是封叔鲜于管，封叔度于蔡：二人相纣子武庚禄父，治殷遗民。封叔旦于鲁

---

〔1〕《逸周书·作雒》。
〔2〕《史记》卷四《周本纪》。

而相周，为周公。封叔振铎于曹，封叔武于成，封叔处于霍。〔1〕

尽管这些记载之间略有出入，但已可见武王的确将管叔、蔡叔、霍叔安置在殷旧都附近，以监其国。但西周的监国制度很快有了新的变化。武王死后，由于其子成王年幼，周公开始辅政，这就引起了同为武王之弟的管叔、蔡叔的疑忌。于是，商纣之子武庚乘机叛周。周公出兵平叛，经过三年苦战，才平定这次叛乱。之后，周公“吊二叔之不咸”，意识到周初分封存在的局限，于是再次实施大分封，真正实现了“封建亲戚，以蕃屏周”。据文献记载：

（周公）兼制天下，立七十一国，姬姓独居五十三人，而天下不称偏焉。〔2〕

周公大量分封周室同姓子弟、功臣，并将原属武庚的封地和殷遗民一分为二：一部分封给纣兄微子启，他在灭商后投降周，也未卷入叛乱；另一部分封给成王的叔父康叔。这样，旧有的政治势力就更加分散与弱小，加之同姓子弟诸侯日益强大，就避免了类似于管叔及蔡叔的事情的发生，起到了稳定政局的作用。但是随着诸侯国的增加，周天子对各诸侯的监督控制也成为一个更棘手的问题，尤其是在分封制导致的地方割据性越来越明显，诸侯国与中央的离心力越来越强的时候。于是，周天子开始向各诸侯国派遣监国使臣。

〔1〕《史记》卷三十五《管蔡世家》。
〔2〕《荀子》卷第四《儒效》。

《礼记·王制》说："天子使其大夫为三监，监于方伯之国，国三人。"即是说，天子派大夫去监察方国，每国派三个大夫。西周青铜器《仲几父簋》也有"仲几父使几于诸侯诸监"的话，有学者据此认为："这是西周时代诸侯诸监并存的记载。过去我们只知道周初为监视朝歌殷王武庚才设置三监，而不知诸监的设置，乃西周普遍存在的定制。"〔1〕由此看来，自周初到周公再次实行大分封之后，这种派大夫对称臣纳贡的异姓诸侯以及同姓诸侯进行监督的监国制度，已然成为一种普遍的措施。

那些受派遣负责监国的使臣通常并不具有贵族出身，地位相对低下，他们在各诸侯国专司监督之职，与中央有更为紧密的联系。同时，由于所派监国者并不受封地，也不掌握军队，因而也更便于周天子对之加以控制，以防其腐败和图谋不轨。春秋时管仲就曾提到齐国"有天子之二守国、高在"〔2〕。

通过实施监国制度，周天子进一步加强了对地方诸侯的监控。由于诸侯国有相对独立的处理自己国内事务的权力，这种监国制度对诸侯的具体执政情况并不进行干预。但监国制度的实施对诸侯的执政行为能够产生较大的影响与制约，促其勤政爱民，忠于王室，从而有利于各诸侯国以及整个西周王朝的政治安定。更重要的是，西周的监国制度为以后秦汉时期的监察御史和刺史制度的实行奠定了基础，推动了中国古代廉政制度的发展与完善。

〔1〕徐中舒：《西周史论述》（上），《四川大学学报》1979年第3期。
〔2〕《左传·僖公十二年》。

二、言谏制度

西周时期虽然在中国政治制度史上第一次明确了君臣关系，确立了天子的“君命无二”、“万民所望”的地位，但与此同时，对于天子的制约机制也在探索中发展。这种制约在很大程度上来自周天子对于社会舆论的重视。一方面，周天子注重听取来自统治集团内部的不同意见；另一方面，周天子及其统治集团也非常关心来自民间的声音，并设立专职官员负责采集国人意见，了解民情民意。这样就形成了一种朝野上下勇于谏政的机制，对西周社会政治的廉洁清明起到良好的促进作用。

（一）贵族谏政

在西周以宗法制为前提的政治制度下，一些作为宗法长老的朝臣与贵族往往拥有较大的权力，这对天子的统治既是一种辅助，也是一种监督力量。宗法长老可以向天子提出自己的政见，最终由君主作出决策，以减少决策上的失误并防止权力的滥用，或者直接规谏天子的错误，促其改正。这可以视为一种“贵族谏政”的制度。

西周时期，所谓“师保辅政”就是这种贵族谏政的典型。《史记·周本纪》记载：

> 武王即位，太公望为师，周公旦为辅，召公、毕公之徒左右王，师修文王绪业。

《尚书大传》亦云：

古者天子，必有四邻，前曰疑，后曰丞，左曰辅，右曰弼。

关于“师保辅政”的目的，《吕氏春秋·自知》说：“人主欲自知，则必直士，故天子立辅弼，设师保，所以举过也。”贾谊《新书·保傅》更有“洁廉而切直、匡过而谏邪者，谓之弼；弼者，拂天子之过者也；常立于右，是召公也”的记载。

可见，贵族谏政的一个重要目的是“举天子之过”、“匡过而谏邪”，即指出天子的错误并助其改正。召公就曾担当过这样的职责。

在西周政权的建立和存续过程中，召公（周文王的儿子，武王的弟弟）曾立下过赫赫功绩，他将夏殷两代的灭亡作为前车之鉴，提出要确保周朝江山万代延续，就必须实施敬德保民的政策。史载武王建立西周以后，有西方小国向他进贡大犬，作为太保的召公担心武王玩物丧志，于是就劝谏道：

明王慎德，四夷咸宾。无有远迩，毕献方物，惟服食器用。……玩人丧德，玩物丧志。志以道宁，言以道接。不作无益害有益，功乃成；不贵异物贱用物，民乃足。犬马非其土性不畜，珍禽奇兽不育于国，不宝远物，则远人格；所宝惟贤，则迩人安。[1]

---

〔1〕《尚书》卷第十三《旅獒》。

召公劝谏的大意是，圣明的君主只要敬重德行，四周的国家就会前来归顺。无论远近，他们都给您贡献财物，但是这只是些可供衣食器用的东西。一个贤明的君主不应该过于看重这些，不能玩物丧志，而要注重培养自己德行。轻慢人会丧失德行，贪恋物会丧失抱负。一个圣明的君主不应该以无益之事妨害有益之事，不因奇珍异物而轻视日常用品，这样事业才能成功，百姓才能富足。圣明的君主不应把远方的物产视为宝物，而只应把贤能的人视为宝物，这样远近的人才能臣服。听了召公的谏言，周武王于是更加注意自己的德行，专心理政，使周朝的国家发展蒸蒸日上。

但西周时期，天子与臣公的权力划分毕竟已经是制度性的和法律性的，天子作为一切权力的核心，对于贵族的谏言，可能采纳也可能会置之不理，甚或会以严厉的手段惩罚讽谏者。《国语·周语》便记载了周厉王止谤一事："厉王虐，国人谤王。召公告曰：'民不堪命矣！'王怒，得卫巫，使监谤者。以告，则杀之。国人莫敢言，道路以目。"对于周厉王妄图弭谤（阻止、消除批评）的行为，召公告诫他"防民之口，甚于防川"，然而暴虐的周厉王对于召公劝谏不以为然，终至"三年乃流王于彘"。

（二）国人谏政

由于认识到"人无于水监，当于民监"〔1〕的道理，提倡"怀保小民，惠鲜鳏寡"〔2〕的思想，西周统治者在接受来自贵族谏议的同时，也非常重视民间舆论的监督，接受"国人谤政"。西周时

〔1〕《尚书》卷第十四《酒诰》。
〔2〕《尚书》卷第十六《无逸》。

期，国人以诗歌创作和传诵来表达对现实社会与政治的意见的做法十分盛行。于是周天子专门设置了采诗官：

孟春之月，群居者将散，行人振木铎徇于路，以采诗，献之大师，比其音律，以闻于天子。故曰王者不窥牖户而知天下。[1]

所谓“行人”就是指采诗官，他负责从民间采集歌谣，献给太师，然后由太师把这些歌谣整理成歌曲，让乐工们在朝中演唱，以闻达天子。《汉书·艺文志》也说：

诵其言谓之诗，咏其声谓之歌。故古有采诗之官，王者所以观风俗，知得失，自考正也。

可见，古者天子“命史采民诗谣”，其目的是“以观其风”。这些歌谣中有很多是对贪官污吏的丑恶行为与暴政的鞭挞。通过这些来自民间的声音，天子就更加了解民情国情，了解王朝施政的得与失，于是也就有了更多的治理朝政、整顿吏治的可靠依据。因此，这种“采民诗谣以观其风”的制度，是西周时期重要的廉政措施。

此外，西周还设有调查民意的询问官，如小司寇等职。国家每遇有重大事务需要决策时，都要由询问官征求国人意见，然后向天子报告。《周礼·秋官·小司寇》有这样的记载：

---

〔1〕《汉书》卷二十四上《食货志》。

> 小司寇之职，掌外朝之政，以致万民而询焉。一曰询国危，二曰询国迁，三曰询立君。其位：王南乡，三公及州长、百姓北面，群臣西面，群吏东面，小司寇摈以叙进而问焉，以众辅志而弊谋。

即小司寇的职责是掌管有关外朝的事务，召集民众而征询他们的意见。当国家有危难的时候、国家要迁都的时候以及国家需要选立嗣君的时候，都要这样设外朝来征询民众的意见。在外朝时，王面南而立，三公和州长、百姓面北而立，群臣则面西而立，群吏面东而立。小司寇请他们依次进前接受王的征询，用众人的意见、智慧辅助王作谋划决断。

从小司寇所负责的外朝事务来看，西周时“邦之大事”是要征求包括大臣、一般官员与国人在内的全体民众的意见的，国人也由此获得了参政议政的机会。而小司寇这一官职在征求民意的过程中起到了积极的作用。

据《国语·周语上》载：

> 故天子听政，使公卿至于列士献诗，瞽献曲，史献书，师箴，瞍赋，矇诵，百工谏，庶人传语，近臣尽规，亲戚补察，瞽、史教诲，耆、艾修之，而后王斟酌焉，是以事行而不悖。

即天子处理政事时，让公卿以至各级官吏进献民间歌谣，让乐师进献乐曲，让史官进献史籍，让太师进献劝谏的箴言，让盲人赋诵讽谏的诗篇，让百工进谏意见，让平民百姓也能够进言。天子的近臣要尽其规劝的职责，王室成员要补察天子的疏漏，乐师和史官要以乐曲、史籍之言教诲天子，让老臣将这些意见加以归纳整理，然后，由天子斟酌处理。这样，国家的政事就能顺利实施而不出现谬误。

我们可以由此看出，广泛听取社会各阶层的意见是西周政治的一个重要特点。上述采诗官和民意官的设置，可以说是一种自上而下的制度性措施。这些制度也可以调动一般国人自下而上地积极参与国事，对君主的行为进行有效的监督，从而形成国家治理中举国上下的良性互动，同时有利于国家政治的廉洁高效。

三、监官制度

在西周贵族政体下，主要的社会管理职位都由贵族来控制，贵族们依照血统出身世袭官位，父死子继，代代相传。这就是所谓“世卿世禄”。不过，西周统治者也会任用一些平民出身的官吏，并且对他们的选拔和任命有着明确的制度规定。《礼记·王制》有云：“凡官民材，必先论之；论辨，然后使之；任事，然后爵之；位定，然后禄之。”这里规定：凡在平民中选拔有才能的人为官，一定要先对他的德行才能进行考察；考察讨论清楚了，然后试用；如果试用证明此人能胜任工作，就授予一定的爵位；然后根据爵位给予一定的俸禄。这说明西周王朝对平民官吏的选用是十分谨慎的。这样，西周就形成了以贵族为主体的官僚体系。为了防止官僚体系的腐败，西周王朝开始设置一些具有监察职能的官员，赋予其考核官吏执行国家政策、法令情况的责任和依照官吏政绩而给予奖罚的权力。这是一种“以官治官”的廉政措施。

这些具有监察职能的官员有匡人、御史、大宰、小宰和宰夫等。

据《周礼》记载：“匡人掌达法则，匡邦国而观其慝，使无敢反侧，以听王命。”〔1〕匡人负责宣达八法、八则，以匡正诸侯国，观察其是否有为奸作恶的，使其不敢违背法度，而听从天子的命令。

御史一职在西周时负有重要职责，即“御史掌邦国、都鄙及万民之治令，以赞冢宰，凡治者受法令焉。掌赞书。凡数从政者”〔2〕。可见，此时的御史是冢宰的辅官，掌管有关各诸侯国、采邑和民众治理方面的文书。有负责记事，掌管文书、档案的职责。关于周代御史，《历代职官表·都察院上》说：

> 周官御史次于内史、外史之后，盖本史官之属……然考其所掌，如赞冢宰以出治令，则凡政令之偏私阙失，皆得而补察之。故外内百官悉当受成法于御史，实后世司宪之职所由出。

由此观之，西周御史虽然是冢宰的附属官，却负有纠察百官之责。

关于大宰的职掌，《周礼》这样描述：

> 大宰之职，掌建邦之六典，以佐王治邦国。一曰治典，

〔1〕《周礼·夏官·匡人》。
〔2〕《周礼·春官·御史》。

以经邦国，以治官府，以纪万民。二曰教典，以安邦国，以教官府，以扰万民。三曰礼典，以和邦国，以统百官，以谐万民。四曰政典，以平邦国，以正百官，以均万民。五曰刑典，以诘邦国，以刑百官，以纠万民。六曰事典，以富邦国，以任百官，以生万民。以八法治官府。一曰官属，以举邦治。二曰官职，以辨邦治。三曰官联，以会官治。四曰官常，以听官治。五曰官成，以经邦治。六曰官法，以正邦治。七曰官刑，以纠邦治。八曰官计，以弊邦治。以八则治都鄙。一曰祭祀，以驭其神。二曰法则，以驭其官。三曰废置，以驭其吏。四曰禄位，以驭其士。……岁终，则令百官府各正其治，受其会，听其致事，而诏王废置。三岁，则大计群吏之治而诛赏之。〔1〕

大宰，居于中央六官之首，职责是掌邦之六典、以八法治官府、以八则治都鄙，辅佐王治理国家。而大宰的这些职责，显然对官府和官吏具有极强的监督制约力。大宰不仅可以依据治典和教典来治理官府、教育管理官府的官吏，还可以依据政典、官法来端正百官的政风，同时还有权依据刑典、官刑来处罚违法的官吏。从以上记载来看，大宰的每项职责几乎都与官府官吏管理相关。每年岁末，大宰要召集各部门官员，听取他们的工作汇报，接受他们的会计总账，协助天子决定官吏的罢黜和升迁。每三年，大宰还要对群吏的政绩进行一次全面考核，进而依据官吏的表现，由天子进行赏赐或诛伐。可见，大宰对官吏负有较大的纠禁之责。

〔1〕《周礼·天官·大宰》。

他可以代表天子发号施令，是周天子身边的助手，因此往往由师保兼任。

小宰是大宰的副职，小宰的职责同样与对官吏的监督考核有着密切联系。《周礼》说：

> 小宰之职，掌建邦之宫刑，以治王宫之政令，凡宫之纠禁。掌邦之六典、八法、八则之贰，以逆邦国、都鄙、官府之治。执邦之九贡九赋九式之贰，以均财节邦用。以官府之六叙正群吏：一曰以叙正其位，二曰以叙进其治，三曰以叙作其事，四曰以叙制其食，五曰以叙受其会，六曰以叙听其情。……以听官府之六计，弊群吏之治：一曰廉善，二曰廉能，三曰廉敬，四曰廉正，五曰廉法，六曰廉辨。……月终，则以官府之叙，受群吏之要，赞冢宰受岁会。岁终，则令群吏致事。正岁，帅治官之属，而观治象之法，徇以木铎，曰："不用法者，国有常刑。"乃退，以宫刑。宪禁于王宫。令于百官府曰："各修乃职，考乃法，待乃事，以听王命。其有不共，则国有大刑。"〔1〕

小宰的职责是"掌建邦之宫刑"。杜子春曰："宫，皆当为官。"郑玄注曰："宫刑，在王宫中者之刑。"可见，"宫刑"即官刑，是针对在王宫中办公的官吏及有关人员而设之刑。因此，小宰的主要职责是掌管建立有关王宫中官吏的刑法，施行王宫中的政令，纠察一切违背王宫禁令之人。他要"以官府之六叙，正群

〔1〕《周礼·天官·小宰》。

吏”、“以听官府之六计，弊群吏之治”，既要规范官吏们的尊卑次序，又要按照规定的标准来评判官吏。每到月终与年终都要帮助大宰了解官吏的工作情况。正月，要率领属官观看国家治典，边走边摇动木铃，说：“不遵循法令的，国家自有刑法。”之后公布有关王宫中的刑法，纠察违反禁令的人，并要向官吏训话，以国家的刑法警诫官吏要尽忠职守，廉洁奉公。尤其值得指出的是，小宰考核官吏所依据的一个重要标准是“廉”，即西周“官府之六计”——廉善、廉能、廉敬、廉正、廉法、廉辨。廉善是指既廉洁又善于做好工作，能获得公众好评；廉能是指廉洁而又能推行政令，较好地贯彻各项法规；廉敬是指廉洁而又绝不懈怠，勤勉努力；廉正是指廉洁而又做事公正；廉法是指说法而又能严格守法、执法；廉辨则是指廉洁而又能明辨是非。由此可见，西周时期考察大小官吏的政绩皆以廉为本。这也表明，西周时期关于廉政的认识与制度措施已经较为完备细致，把官吏的道德人格和施政能力等都作为是否廉政的标准。

宰夫则具有依法考核官吏政绩、稽查各级官府的财务收支状况的职能，同时，还可以依法惩治官吏的不法行为。关于宰夫，《周礼》有这样的记载：

> 宰夫之职，掌治朝之法，以正王及三公、六卿、大夫、群吏之位，掌其禁令。叙群吏之治，以待宾客之令，诸臣之复，万民之逆。掌百官府之征令，辨其八职。一曰正，掌官法以治要。二曰师，掌官成以治凡。三曰司，掌官法以治目。四曰旅，掌官常以治数。五曰府，掌官契以治藏。六曰史，掌官书以赞治。七曰胥，掌官叙以治叙。八曰徒，掌官令以

征令。掌治法以考百官府、群都、县、鄙之治，乘其财用之出入。凡失财用物、辟名者，以官刑诏冢宰而诛之。其足用、长财、善物者，赏之。……岁终则令群吏正岁会，月终则令正月要，旬终则令正日成，而以考其治。治不以时举者，以告而诛之。正岁，则以法警戒群吏，令修宫中之职事，书其能者与其良者，而以告于上。

显然，作为“掌治朝之法”的官员，宰夫负责匡正王及三公、六卿、大夫及群吏的朝位，监督他们是否违反禁令。他还负责安排群吏的职事，掌管天子的征召与命令，分辨各级官府的职责。此外，宰夫还要根据治法考核各官府、各采邑及县、鄙的政绩，掌握他们钱粮财物的收支情况，凡是财物使用失当以及作假账的，就依据官刑上报大宰依法论处；而对于充分利用国家财物做了利国利民之事的官员，则加以赏赐。每到旬、月、年终，就要求官吏们整理上交账目，用以考核官吏们的政绩。如果有不及时实施国家政策的，就上报大宰加以惩罚。正月，就以法警戒官吏，让他们各自做好工作，记录下其中的贤能者和优秀者，向上级汇报，以待奖赏。

四、官刑制度

西周统治者在“敬德保民，明德慎罚”思想的指导下，先后制定《九刑》和《吕刑》，形成了一套刑罚制度。《尚书》记载：

五辞简孚，正于五刑；五刑不简，正于五罚；五罚不服，正于五过。五过之疵：惟官，惟反，惟内，惟货，惟来。其罪惟均，其审克之！[1]

西周刑法有所谓“五刑”、“五罚”、“五过”。在审理案件时，要求法官分别按照犯罪行为的轻重来决定以“刑”、以“罚”或是以“过”来惩治。但是，西周统治者知道根据“五过”来惩罚违法者是有弊端的，就是法官容易畏惧权势，挟私报怨，暗中接受说情，索贿受贿，敲诈勒索，贪赃枉法，即所谓“惟官，惟反，惟内，惟货，惟来”。因此，《吕刑》规定，发现有上述行为的法官或其他官吏，“其罪惟均”，即其罪与罪犯相同，要以相同的法律来惩罚。这一点可以说是专门针对官吏的监督与惩罚性法规。《吕刑》还规定，对于接受犯人贿赂的官员，要严惩不贷：“狱货非宝，惟府辜功，报以庶尤。”[2]

《周礼·秋官·士师》则使我们了解更多的法律内容：

士师之职，掌国之五禁之法，以左右刑罚：一曰宫禁，二曰官禁，三曰国禁，四曰野禁，五曰军禁。皆以木铎徇之于朝，书而县于门闾。……掌士之八成：一曰邦汋，二曰邦贼，三曰邦谍，四曰犯邦令，五曰挢邦令，六曰为邦盗，七曰为邦朋，八曰为邦诬。

士师的职责是掌管有关五禁之法，以辅助刑罚，其中包括王宫的禁令、官府的禁令和军队的禁令。也掌管司法官所断的一些案件，如违反王命、盗窃国家机密和宝藏、结党营私等。这些禁

[1][2]《尚书》卷第十九《吕刑》。

令与案件不仅是针对普通民众的，对各级官吏也同样有效，有些则主要是惩治官吏的。

此外，上述御史、小宰、宰夫等官职，他们制约官吏的职责和权力，都有相关的法律依据。如我们前文中提到的“大宰”这一官职拥有“以八法治官府”的权力，而“八法”之中就有所谓“官刑”。而如前所述，小宰一职则是直接掌握王宫中的官刑的。此外，《周礼·秋官·大司寇》中，有大司寇“以五刑纠万民”的规定：“一曰野刑，上功纠力；二曰军刑，上命纠守；三曰乡刑，上德纠孝；四曰官刑，上能纠职；五曰国刑，上愿纠暴。”其中也有关于“官刑”的记录。这些都说明，在西周的刑法制度中，已经有可以规范约束官吏行为，纠察、惩治失职犯罪之官吏的法律条文。

五、考绩制度

除了上述种种廉政举措之外，作为天下共主的周天子还要亲自对各地方诸侯的执政状况进行必要的监督和考察。而这种监督和考察通常有三种方式：巡守、朝觐、述职。天子巡守是原始部落时代的遗风。在西周时期，天子巡守仍然被作为重要的制度而沿用。史籍中常见有关于周天子巡守的事迹。在出土的西周青铜器皿上，也常有“王在某”、“王至某”、“王在某师”之类的铭文，也应是对天子巡守活动的记录。

关于周天子巡守的一些具体内容与目的，《礼记·王制》是这样记载的：

天子五年一巡守。岁二月，东巡守，至于岱宗，柴而望祀山川，觐诸侯，问百年者就见之。命大师陈诗，以观民风。命市纳贾，以观民之所好恶，志淫好辟。命典礼考时月，定日，同律、礼乐、制度、衣服，正之。山川神祇有不举者为不敬，不敬者君削以地。宗庙有不顺者为不孝，不孝者君绌以爵。变礼易乐者为不从，不从者君流。革制度衣服者为畔，畔者君讨。有功德于民者，加地进律。五月，南巡守，至于南岳，如东巡守之礼。八月，西巡守，至于西岳，如南巡守之礼。十有一月，北巡守，至于北岳，如西巡守之礼。归假于祖祢，用特。

由这段记载我们能得出如下信息：

首先，周天子的巡守在时序安排上遵循古制，与史籍中所记录的尧舜时期的巡守活动略同，即五年一巡守。岁二月，东巡守；五月，南巡守；八月，西巡守；十一月，北巡守。“归假于祖祢，用特。”即归来后到宗庙，以牛祭祀。

其次，周天子巡守的内容大致有：祭拜天地山川，接受各诸侯的朝见，寻访德高望重的老人，了解各地风土人情，评估物价，知民好恶，命礼官校订当地的季节、月份和日期，检查各地礼乐制度是否合乎标准，有不符合的，予以纠正。有不祭拜山川神灵的，为不敬，要削减其封地；有不按秩序来祭祀宗庙的，为不孝，要降其爵位；有擅自变易礼乐的，为不服从，要流放；有改变制度和服装规格的，为背叛，要讨伐。而对人民有功德的，要加官进爵。

再次，周天子巡守的重要目的是考察各地诸侯与地方官吏的执政情况及其对王室的忠诚度，并要根据实际情况进行必要的赏罚。对那些僭越礼数、犯上作乱的诸侯国君，周天子要予以严厉的惩罚。

可见，天子巡守是一种有效的政治监督与制约手段，周天子往往通过巡守告诫各诸侯：“各修平乃守，考乃职事，无敢不敬戒，国有大刑。”[1]这并不仅仅是一种心理的威摄和王权的展示，而往往会进行实际的奖惩。另据《孟子·告子下》记载了天子巡守时确定奖惩的标准曰：

> 入其疆，土地辟，田野治，养老尊贤，俊杰在位，则有庆；庆以地。入其疆，土地荒芜，遗老失贤，掊克在位，则有让。

大意是说，天子巡守某国，如果看到土地开辟得很好，田野管理得整齐，老人都能得到供养，贤人都能受到尊重，有才干的、杰出的人都能各居其位，那就会对国君予以奖赏；相反，如果天子到了某国，发现土地荒芜，老人被遗弃，贤人得不到重用，而贪污腐败之人却处在上位，那就会对国君给予处罚。

此外，天子巡守的一个重要内容是巡视、考察各地的农业生产，所以往往是在春秋两季进行。“春省耕而补不足，秋省敛而助不给。”[2]春天巡视诸侯，考察其组织春耕播种的情况，督促诸侯补助穷困，帮其正常生产。而秋天巡视诸侯时，周天子则考察各地的收割情况，督促各诸侯积极上缴贡赋，赈济歉收的平民。

除了天子巡守，西周的礼制还要求诸侯定期向天子朝觐述职。对此，《孟子·梁惠王下》解释说：“诸侯朝于天子曰述职；述职者，述所职也。”而《礼记·王制》说：“诸侯之于天子也，比年

---

〔1〕《周礼·夏官司马·职方氏》。
〔2〕《孟子·告子下》。

一小聘，三年一大聘，五年一朝。”比年，即每年。而所谓“聘”是指诸侯派使节对天子的聘问、述职，以大夫为使节叫小聘，以卿为使节则叫大聘。所谓“朝”则是指诸侯亲自去朝见天子并述职。可见，西周时期，诸侯对天子，要每年派大夫为使节去述职一次，每三年要派卿为使节去述职一次，每五年要亲自去朝见天子述职一次。如果有诸侯拒绝向周天子定期述职朝觐，会受到相应的惩罚：“一不朝，则贬其爵；再不朝，则削其地；三不朝，则六师移之。”〔1〕

这样，通过诸侯的定期朝觐与述职，周天子可以了解各地的军事、政治和经济等情况，既有利于天子对诸侯国国内事务的监督，也有利于天子对全国政事作出正确的决策。因此，朝觐与述职制度的存在，对西周的政治清明与安定统治有着极其重要的作用。而巡守、朝觐和述职也可视为古代社会对官吏的复核、考绩制度的雏形。

第四节 春秋战国时期的廉政制度

春秋战国时期，中国政治又进入了一个新的阶段，随着社会经济的发展以及分封制、宗法制和井田制的逐渐崩溃，西周时期所建立的天子与诸侯的君臣关系及以礼治国的封建领主政治逐渐走向瓦解，周天子也逐渐丧失了其“天下共主”的地位。秦、楚等几大诸侯国先后成就霸业，相互之间不断攻伐以称雄天下。在长达五百多年的分裂与动荡之中，中国社会的政治与经济制度发

〔1〕《孟子·告子下》。

生了深刻的变革。在政治上，经过春秋战国时期漫长的历史演变，郡县制逐渐取代了分封制，并由此革除了贵族的“世卿世禄”，代之以官吏的任免制。这样，不仅一种新的官僚体制逐步建立起来，而且在当时的历史语境下，“治官治吏”问题也在一个新的历史意义上摆在了政治家面前。由于各诸侯国之间的政治、经济、军事竞争异常激烈，而在能够确保国家发展强盛的诸多因素中，官僚系统的勤政、廉洁、高效是重中之重，因此，各诸侯国都特别注重官吏的选拔、任命和管理，从而使春秋战国时期诞生了一大批功勋卓著的政治家和思想家，也催生了大量具有历史价值的廉政理论与廉政思想。活跃在历史舞台上的政治思想家们特别重视“吏治”，他们往往把对官吏的管理与监督视为治理国家的根本。例如，齐国管仲认为“立国有三本”，其核心在于“吏治”。因此，他主张设置专职的官员，以监督百官，使其不敢徇私枉法。所谓“有道之君，上有五官以牧其民，则众不敢逾轨而行矣；下有五横以揆其官，则有司不敢离法而使矣”[1]。鲁国大夫臧哀伯也说：“国家之败，由官邪也。官之失德，宠赂章也。”[2]韩非子则更加明确地指出：“闻有吏虽乱而有独善之民，不闻有乱民而有独治之吏，故明主治吏不治民。”[3]总之，春秋战国时期的政治思想家们从国家治理的角度出发，对官吏管理给予了充分的重视，他们的理论和建议被各诸侯国君广泛采纳，推动了春秋战国时期我国廉政思想的发展与廉政制度的建设。具体来看，这一时期的廉政制度建设主要体现在这样几个方面：

〔1〕《管子·君臣上》。
〔2〕《左传·桓公二年》。
〔3〕《韩非子》卷第十四《外储说右下》。

一、加强御史职能

由于认识到官吏管理的重要性，各国都开始制定约束官吏的具体措施，而其中很重要的一种方式就是设置专门监督官吏的官员和机构。前文所述管子所谓“下有五横以揆其官，则有司不敢离法而使矣”，便是以廉洁奉公之人去纠察其他官员的一种设想。商鞅也认识到设立不同于一般行政系统的官吏的必要性。他说：“吏虽众，（事）同体一也。夫（事）同体一者，相（监）不可。且夫利异而害不同者，先王所以为保也。……夫事合而利异者，先王之所以为端也。”〔1〕即让职责与利害相同的官吏来相互监督是不可行的，因为他们容易互相包庇，只有让那些利害与别人不相同的官吏来作监督才有效。韩非子甚至提出“设谏以纲独为”、“阴使时循以省衰”〔2〕。谏者，间也，就是设置间谍，并暗中派使者监察官吏，以纠奸臣、正纲纪。

在这一系列思想的推动下，一种具有较强的督察职能的职官便呼之欲出，而这一职责最终落在御史身上。御史一职古已有之，但并非督察官员，而主要是掌管国家文书、奏章和档案的史官。春秋战国时期，御史这一旧有的职官被赋予更多的监督检察百官的职能，从而逐渐成为一种“监官之官”。由于掌国家记事，作为史官的御史们往往刚正不阿、秉笔直书、不畏权势。如《左传·襄公二十五年》载，齐大夫崔杼杀齐庄公，于是太史书曰：“‘崔杼弑其君。’崔子杀之。其弟嗣书而死者二人。其弟又

〔1〕《商君书》卷五《禁使》。
〔2〕《韩非子》卷第十八《八经》。

书，乃舍之。南史氏闻大（太）史尽死，执简以往，闻既书矣，乃还。”因为太史如实记载了崔杼的弑君行为，崔杼就杀了太史，而先后继任的太史的两个弟弟仍然如实记录，也惨遭杀戮，太史的四弟仍然如实书写，最终才取得成功。再如，春秋时，晋灵公宴请大夫赵盾，企图在宴会上杀掉他，赵盾察觉后得以逃脱。他尚未离开国境，从兄赵穿就杀死了灵公，并将赵盾接回续任。晋国太史董狐不仅秉笔直书“赵盾弑其君”，而且公布于朝。赵盾试图辩驳，董狐曰：“子为正卿，亡不越竟（境），反不讨贼，非子而谁?”〔1〕

正因为御史具有这种“善恶必书”的品格特征，使“骄主恶臣”有所畏惧；加之御史往往随侍君主，易得君主信任，因而御史顺理成章地被赋予监察百官的职能，成为钳制一般官僚的重要力量。据《史记·滑稽列传》载，齐威王置酒于后宫，召淳于髡并赐之酒，“问曰：‘先生能饮几何而醉?’对曰：‘臣饮一斗亦醉，一石亦醉。’威王曰：‘先生饮一斗而醉，恶能饮一石哉！其说可得闻乎?’髡曰：‘赐酒大王之前，执法在傍，御史在后，髡恐惧俯伏而饮，不过一斗径醉矣。’”由这一段记述，可见御史对官员的督察威慑力之一斑。从相关文献记载中，我们还可以了解到当时各国设置御史的大致情况。《战国策》有这样一段记载：“安邑之御史死，其次恐不得也。输人为之谓安邑令曰：‘公孙綦为人请御史于王，王曰：“彼固有次乎？吾难败其法。”因遽置之。’”〔2〕意即安邑的御史死了，他的副手担心不能升任御史。输里的人就为他去对安邑令说：“我们听说公孙綦为别人向魏王请求

〔1〕《左传·宣公二年》。
〔2〕《战国策·韩策三》。

御史的职位，可是魏王说：‘那里不是本来就有个副手吗？我不能破坏制度，应该由副手接任。’”于是安邑令马上安排那个副手接任。元吴师道说：“大事记云，据此则六国已遣御史监掌矣，非独秦也。”董说的《七国考·魏职官》也记有“六国已遣御史监郡，不自秦始也”。可见，早在秦以前，设置御史“掌监”的制度就已经相当普遍。另据《韩非子·内储说上》的一则故事：“卜皮为县令，其御史污秽而有爱妾，卜皮乃使少庶子佯爱之，以知御史阴情。”由县令与御史之间的这种矛盾关系，不难看出御史对县令的制衡作用，以致县令不得不暗用手段反制御史。

御史职能的加强在一定程度上加强了对官吏行为的约束，从而有利于政治的清明。但是，这种制度具有一定的局限性，即实施监督职责的官员本身往往缺少有效的监督。如商鞅所说：“今恃多官众吏，官立丞、监。夫置丞立监者，且以禁人之为利也，而丞、监亦欲为利，则何以相禁？”〔1〕因此，“以官抑官”只能是一种重要的手段，不能成为治理腐败的根本。不过，这种制度的有效性还是显然易见的，因而在秦统一六国之后，不仅继承了以御史来监察百官的做法，而且完善了御史制度，使其成为封建官僚体系中的重要组成部分。秦所创立的这一制度为历代王朝所效仿。

二、设置专职谏官

春秋战国时期，君主专制体制日益形成。根据“爵禄循功”

---

〔1〕《商君书》卷五《禁使》。

的原则，国君更为有效地掌握了官吏的任免赏罚，从而通过掌控整个官僚体系而控制国家的政治经济大权，成为更加名副其实的权力核心。这样，“君与臣”的二元关系就成为春秋战国以来国家的基本政治权力结构。于是，各国所实施的廉政措施也相应地体现在两个方面：一方面是君主不断加强对官僚阶层的约束与监督，确保其能廉洁奉公；另一方面，随着君臣关系的变化，一些政治家与思想家更加强调臣子进谏与国君纳谏的重要性，以最大限度地减少国君的决策失误。

郑国子产曾说：“夫人朝夕退而游焉，以议执政之善否。其所善者，吾则行之；其所恶者，吾则改之。是吾师也。”〔1〕这里是说，国君应当认真听取国人对国政的谤议，从善改恶，以国人为师。孟子则主张：“君有大过则谏；反复之而不听，则易位。”还说：“君有过则谏，反复之而不听，则去。”〔2〕意思是说，对于与君主同宗族的公卿而言，君主有重大错误就要劝谏他，如果反复劝阻还是不肯听，就把他废弃，改立别人。而对于非王族的公卿，君主若有错误，就加以劝阻，如果反复劝阻还不听，自己就离职。荀子则把谏臣视作国家的珍宝，他说：“君有过谋过事，将危国家、殒社稷之惧也，大臣、父兄有能进言于君，用则可，不用则去，谓之谏；有能进言于君，用则可，不用则死，谓之争；……故谏、争、辅、拂之人，社稷之臣也，国君之宝也，明君之所尊厚也，而暗主惑君以为己贼也。”〔3〕齐国大夫晏婴曾劝齐景公纳谏，他说：“君所谓可而有否焉，臣献其否以成其可；君所谓否而

〔1〕《左传·襄公三十一年》。
〔2〕《孟子·万章下》。
〔3〕《荀子》卷第九《臣道》。

有可焉，臣献其可以去其否。”[1]即君主也不是事事皆当，总有不到之处，因此臣对君的做法不能一味称是，应当提出正确的意见。

正是在这些思想的影响之下，加之群雄争霸的政治局面，许多国君都能主动听取政治家的建议，广开言路，鼓励进谏与谤议，接受来自大臣与国人的监督。不仅如此，一些诸侯国还设置专门负责言国君之过的谏官，从而使进谏与纳谏成为春秋战国时期政治舞台上一种重要而活跃的现象。而春秋战国时各国在这方面的制度性举措是设立专职的谏官，或制定奖励进谏的措施。

据史料记载，齐国设有“五官制度”（大田、大行、大谏、大司马、大理），其中的“大谏”一职，就是专门负责向国君谏言，指出国君过失的官员。《吕氏春秋》记有管仲言：“蚤入晏出，犯君颜色，进谏必忠，不辟（避）死亡，不重富贵，臣不若东郭牙，请置以为大谏臣。”[2]这里提到管仲向齐桓公推荐大谏臣的人选。他认为自己不如东郭牙，请桓公让东郭牙做大谏臣，因为东郭牙更能达到忠诚、不畏死、不重富贵的标准。卫国武公在位时，“年数九十有五矣，犹箴儆于国”（年纪已经非常大了，仍然时时警诫自己治理好国家）。他不仅设立了专门的谏官，还时时处处鼓励身边的官吏向自己进谏言，指出自己的过失。他“在舆有旅贲之规，位宁有官师之典，倚几有诵训之谏，居寝有亵御之箴，临事有瞽史之导，宴居有师工之诵。史不失书，矇不失诵，以训御之……”[3]

而在齐国，齐威王则实行了奖励进谏者的制度。他通告朝野：

---

〔1〕《左传·昭公二十年》。
〔2〕《吕氏春秋·勿躬》。
〔3〕《国语·楚语上》。

“群臣吏民，能面刺寡人之过者，受上赏；上书谏寡人者，受中赏；能谤议于市朝，闻寡人之耳者，受下赏。”[1]即能当面批评自己过失的，受上等奖赏；能上书批评自己过失的，受中等奖赏；能公开批评朝政过失，被自己听到的，受下等奖赏。据说这项制度实行后，开始时来王廷上进谏的人很多，“群臣进谏，门庭若市”；数月之后，还陆续有人来提出批评意见，“时时而间进”；而一年之后，人们忽然发现没有什么能想出来批评的问题了，“虽欲言，无可进者”。可见，这项制度对齐国的社会治理起到了积极的作用。齐威王也由此在历史上树立了一个廉洁执政、勇于接受批评和舆论监督的典范。

春秋战国时期，新兴的地主阶级取代了奴隶主贵族的统治地位，相对而言，他们更加励精图治，在政治中采取了一系列有效的制度措施，也勇于纳谏，从而使得言谏制度得到了较大的发展，推动了政治文明的进步。此外，言谏制度作为君主专制体制的一种补充，也是中国古代士大夫阶层某种人格精神的体现。

三、强化法治保障

春秋战国时期，随着社会经济的发展与阶级关系的变化，由西周沿袭下来的法律制度渐渐显出其弊端。各国开始制定反映新兴地主阶级利益，以保护私有制为核心的新法律。在这种情况下，法家挑战贵族特权的“事断于法”、“刑无等级”的思想开始被广泛接受并作为立法的原则。郑国子产“铸刑书”，开始加强对贵族

---

〔1〕《战国策·齐策一》。

的约束。晋国也将具有新的法治精神的刑书铸于铁鼎之上，即所谓“铸刑鼎，著范宣子所为刑书焉”〔1〕。郑、晋二国开启了春秋战国时期创立新法的源头。随着新法的推行，各国的吏治与廉政措施也获得了更加有力的法律保障。

在齐国，管子主张“法律政令者，吏民规矩绳墨也”〔2〕、“君臣上下贵贱皆从法”〔3〕。即实行不仅普通百姓要受法律的约束，而且官吏与贵族也要依法行事的制度。而驺忌子也提出“请谨修法律而督奸吏”〔4〕。这说明齐国也逐渐强化了依法惩治不法官吏的制度。而鲁国则发生了大夫叔向依法处治贪官羊舌鲋的事。给他定的罪名是“贪以败官”，即贪污腐败，有辱职责，于是将其处斩并当街示众。

至战国时，李悝集春秋各国法律大成，编撰了我国历史上第一部成文法典——《法经》。其中明确规定了官僚、贵族犯罪后的惩罚措施。如规定“太子博戏则笞……不止则更立……丞相受金，左右伏诛。犀首以下受金，则诛。……大夫之家有侯物，自一以上者诛”。即太子赌博者则处以笞刑（用鞭、杖或竹板打背），再犯的话就加重惩罚，屡犯不改则废之另立太子。丞相收受贿赂，其左右（助手、副职）处死刑，将军以下收受贿赂的，一律处死刑。

商鞅在很大程度上实践了《法经》的原则。他在秦国实行大刀阔斧的改革，制定的刑法非常严苛，官吏犯法也不赦不宥。他主张壹刑。“所谓壹刑者，刑无等级。自卿相、将军以至大夫、庶

〔1〕《左传·昭公二十九年》。
〔2〕《管子·七臣七主说》。
〔3〕《管子·任法》。
〔4〕《史记》卷四十六《田敬仲完世家》。

人，有不从王令、犯国禁、乱上制者，罪死不赦。”[1]这里明确将法治的原则贯彻到吏治之中。

楚国也曾在吴起的主持下实行变法。吴起曾为魏臣，受到李悝法律思想的影响，后去魏奔楚，并受到重用。《史记·范雎（睢）蔡泽列传》载：“吴起为楚悼王立法，卑减大臣之威重，罢无能，废无用，损不急之官，塞私门之请，一楚国之俗，禁游客之民，精耕战之士。”吴起变法采取了限制大臣权力，罢免无能无用官吏的措施，并且裁汰冗员，堵塞徇私舞弊的路径。韩非子也曾提到吴起“使封君之子孙三世而收爵禄，绝减百吏之禄秩，损不急之枝官，以奉选练之士”[2]。这些治官措施为楚国的改革奠定了基础，对楚国的强盛起到了重要作用。

另据《七国考·刑法》，战国时各国都制定了惩治官吏的法律条文。可知，春秋战国时期各国在吏治方面都强化了法制手段，这使对官吏的治理有法可依，进一步加大了廉政监督的力度。

四、巡行检查与上计考核

春秋战国时期，各诸侯国君继承了古之天子巡守天下，监督考察诸侯职守状况的制度，也到国中各地巡行视察，督促检查地方官吏。如赵武灵王曾“行县，过番吾”，听人反映周绍是“父之孝子，君之忠臣”，于是，“欲子之胡服以傅王乎”[3]。即想让周绍穿胡服并立他为太子太傅。这是君主在巡行过程中发现、奖

---

〔1〕《商君书》卷四《赏刑》。
〔2〕《韩非子》卷第四《和氏》。
〔3〕《战国策·赵策二》。

赏、提拔官吏的例子。一些官吏也往往在国中巡行考察，了解民情，如吴起为宛郡郡守和令尹时，曾先后两次“行县”到息拜访名士屈宜臼，征求施政方略。郑国卿相子产在位时，也“朝以听政，昼以访问，夕以修令，夜以安身”〔1〕。而《史记·范睢（雎）蔡泽列传》载，秦相魏冉也曾“东行县邑”。同样，《史记·田敬仲完世家》中还有关于齐威王派官员到阿县与即墨县调查地方官职守的记载。《吕氏春秋》则明确地说：“命野虞出行田原，劳农劝民，无或失时。命司徒循行县鄙，命农勉作，无伏于都。”〔2〕可见，春秋战国时，不仅国君会亲自巡视国土，也会派官员到各地查访，借以整顿吏治。

在西周时，各诸侯国要通过“述职”的方式接受周天子的考核和监督。春秋承袭周制，各国国君依然通过臣下向其“复事”的方式来考核各级官吏的政绩，同时对官吏进行监督管理。如《国语·齐语》中有这样的记载：

> 正月之朝，乡长复事。君亲问焉，曰：“于子之乡，有居处好学、慈孝于父母、聪慧质仁、发闻于乡里者，有则以告。有而不以告，谓之蔽明，其罪五。”……是故乡长退而修德进贤，桓公亲见之，遂使役官。

这是关于齐国乡长入朝“复事”的记述。齐桓公亲自询问“乡长”，要求他据实以告其治下是否有贤德之人等情况。于是“乡长退而修德进贤”，进而推荐给桓公。这种“复事”的做法有

〔1〕《左传·昭公元年》。
〔2〕《吕氏春秋·孟夏》。

利于国君督促官吏的工作，并根据所掌握的情况实施必要的赏罚。如《史记·滑稽列传》载齐威王“乃朝诸县令长七十二人，赏一人，诛一人”。

至战国时，另一种考核方式开始被更为广泛地运用，这就是“上计”。上计是一种政绩考核制度，即各级地方官将治下的人口、田地、赋税等相关情况汇编成册，逐级上报的制度。上计制度最早可以追溯到原始氏族部落时代，据《通典·食货四》记载：“禹定九州，量远近，制五服，任土作贡，分田定税，十一而赋。”赋税制度的形成与发展为上计的产生提供了必要的前提。自夏商及周代以来，这种上计制度已经取得了相当的发展。《周礼·天官》记载：“三岁，则大计群吏之治，以知民之财、器械之数，以知田野夫家六畜之数，以知山林川泽之数，以逆（钩稽考核）群吏之征令。”可知周代已经制定了每三年考核吏治，统计财务、土地、森林等相关数据的制度。至战国时期，由于郡县制开始推广，从中央、郡到县形成逐级管理的制度，更便于实施上计之法。各国诸侯普遍采用这种方式考核审查地方官吏的执政情况，以杜绝贪腐行为。在这一时期的历史文献中，也有较多的关于上计制度的记载。如《商君书·禁使》：“吏专制决事于千里之外，十二月而计书以定。事以一岁别计，而主以一听。”《韩非子·难二》：“李兑治中山，苦陉令上计而入多。”再如《战国策·齐策》有“五官之计”的记载，《史记·范睢（雎）蔡泽列传》记有“昭王召王稽，拜为河东守，三岁不上计”。《史记·范睢（雎）列传》《集解》引司马彪的话说：“凡郡掌治民，进贤，劝功，决讼，检奸。常以春行所至县，劝民农桑……岁尽遣吏上计。”

关于上计，还有所谓“合券”之法。《韩非子》记载，田婴相齐时，曾建议齐王，要求地方官每年将经费预算和工作计划分写在两券上，一份送交国君，一份自己保留，年终国君则根据券上所写，考核地方官的工作情况，以达到“群臣所终岁日夜不敢偷怠之事也，王以一夕听之，则群臣有为劝勉矣”[1]的效果。此所谓“合券”，有些类似军队管理中的兵符。

通过上计制度，统治者可以对官员进行更为准确的考核、审查和监督，并依照审核结果实行更为公正的奖赏或惩罚。这在先秦时期不失为一种行之有效的施政策略，也是一种有效的廉政监督机制。

〔1〕《韩非子》卷第十四《外储说右下》。

参考文献：

《史记》，中华书局1982年版。

《汉书》，中华书局1962年版。

李民、王健：《尚书译注》，上海古籍出版社2004年版。

顾颉刚、刘起釪：《尚书校释译论》，中华书局2005年版。

杨伯峻：《论语译注》，中华书局1980年版。

钱穆：《论语新解》，三联书店2002年版。

杨伯峻：《孟子译注》，中华书局1960年版。

杨天宇：《仪礼译注》，上海古籍出版社2004年版。

杨天宇：《周礼译注》，上海古籍出版社2004年版。

孙希旦撰：《礼记集解》，中华书局1989年版。

杨伯峻：《春秋左传注》，中华书局2009年版。

徐元诰撰：《国语集解》，中华书局2002年版。

何建章；《战国策注释》，中华书局1990年版。

蒋礼鸿撰：《商君书锥指》，中华书局2001年版。

吴毓江：《墨子校注》，中华书局2006年版。

王先谦撰：《荀子集解》，中华书局1988年版。

黎翔凤：《管子校注》，中华书局2004年版。

王先慎撰：《韩非子》，中华书局1998年版。

许维遹等：《吕氏春秋集释》，中华书局2009年版。

徐元诰撰王树民、沈长云点校：《国语集解》，中华书局2002年版。

周春生：《吴越春秋辑校汇考》，上海古籍出版社1997年版。

严可均辑：《全上古三代文》，商务印书馆1999年版。

姚彦渠：《春秋会要》，中华书局1998年版。

董说：《七国考》，中华书局1956年版。

缪文远：《七国考订补》，上海古籍出版社 1987 年版。

孙淼著：《夏商史稿》，文物出版社 1987 年版。

许倬云著：《西周史》，三联书店 1994 年版。

顾德融、朱顺龙著：《春秋史》，上海人民出版社 2001 年版。

童书业：《春秋史》，上海古籍出版社 2003 年版。

杨宽著：《战国史》，上海人民出版社 1998 年版。

翦伯赞：《先秦史》，北京大学出版社 1999 年版。

吕思勉著：《先秦史》，上海古籍出版社 2005 年版。

徐中舒：《先秦史论稿》，巴蜀书社 1992 年版。

刘泽华著：《先秦政治思想史》，南开大学出版社 1984 年版。

梁启超：《先秦政治思想史》，天津古籍出版社 2004 年版。

王国维：《殷周制度论》，《观堂集林》，中华书局 1959 年版。

孙作云：《诗经与周代社会研究》，中华书局 1979 年版。

缪文远：《战国制度通考》，巴蜀书社 1998 年版。

吕振羽：《殷周时代的中国社会》，香港：三联书店 1979 年版。

晁福林：《先秦社会形态研究》，北京师范大学出版社 2003 年版。

徐杨杰：《家族制度与前期封建社会》，湖北人民出版社 1999 年版。

张秉楠：《商周政体研究》，辽宁人民出版社 1987 年版。

杨向奎：《宗周社会与礼乐文明》，人民出版社 1997 年版。

詹子庆：《夏史与夏代文明》，上海科学技术文献出版社 2007 年版。

孟世凯：《商史与商代文明》，上海科学技术文献出版社 2007 年版。

张广志：《西周史与西周文明》，上海科学技术文献出版社 2007 年版。

王美凤等：《春秋史与春秋文明》，上海科学技术文献出版社 2007 年版。

吕文郁：《周代的采邑制度》，社会科学文献出版社 2006 年版。

沈长云等:《赵国史稿》,中华书局2000年版。
陈戍国:《中国礼制史》(先秦卷),湖南教育出版社1991年版。

本章执笔:王 磊

第二章　秦代廉政制度

《汉书·地理志》云："周室既衰，礼乐征伐自诸侯出，转相吞灭，数百年间，列国耗尽。至春秋时，尚有数十国，五伯迭兴，总其盟会。陵夷至于战国，天下分而为七，合纵连衡，经数十年。秦遂并兼四海。以为周制微弱，终为诸侯所丧，故不立尺土之封，分天下为郡县，汤灭前圣之苗裔，靡有孑遗者矣。"〔1〕这是对西周末年以来中国社会政治局面变化的一个简单描述，寥寥数语，勾勒出数百年间中国社会由分裂到统一的过程。

公元前221年，秦统一六国，创建了我国历史上第一个空前统一的封建帝国，在政治、经济、文化等方方面面为我国封建社会的繁荣发展开创了新的局面。在政治上，秦代与先秦时期相比发生了一次根本性的变革，这主要体现在：首先，秦代确立了皇权的至高无上性，皇帝掌握了全国的政治、经济、军事以及立法、

〔1〕《汉书》卷二十八上《地理志》。

司法大权，实现了“天下之事无小大皆决于上”；其次，秦代设置新的中央官僚机构，即所谓三公九卿，以辅佐皇帝处理全国政事；再次，秦代全面实行了郡县制度，使郡统县，县统乡，乡统里，形成了疏密错落的行政系统，便于皇帝施政与控制。这样，一个中央集权的封建大帝国便建立起来。然而，面对辽阔的疆域和庞大的官僚体系，如何使其巨大的国家机器有效运转起来，成为摆在秦代统治者面前的一个重要任务。而这项任务的一个核心部分仍然是“吏治”问题。事实上，早在统一六国之前，秦国的吏治在七国中就是最为出色的。荀子曾称赞说：“及都邑官府，其百吏肃然，莫不恭俭敦敬忠信而不楛，古之吏也。入其国，观其士大夫，出于其门，入于公门，出于公门，归于其家，无有私事也，不比周，不朋党，倜然莫不明通而公也，古之士大夫也。”〔1〕正是因为有一支恭俭敦敬、忠信高尚的官僚队伍，秦国才得以在战国七雄中脱颖而出，完成统一大业。而秦王朝继承并发展了秦国政治的这一优良传统，开创并奠定了几千年中国封建社会官吏管理的基本模式。

在以郡县制为基础的行政管理体制下，统一后的秦采取了一些有力的政治措施，以确保各级官员廉洁奉公，忠于职守，从而使皇帝权力的实效性得到最大限度的保障和巩固。如秦代通过实行“上计”制度对官吏进行严格的管理，要求各级官吏每年年终将该地方的人口、垦田、税收、治安等情况，按由县到郡，由郡到中央的程序逐级上报，再由中央核实，以便对各级官吏的政绩进行考核。同时，秦代还推进了“上计”制度和其他官吏管理制

---

〔1〕《荀子》卷第十一《强国》。

度，使吏治问题进一步获得法律保障。秦代还将御史制度进一步发展完善，设置御史大夫一职，总领全国的监察事务。如此种种，秦代建立起了一个与大一统的封建帝国相配套的廉政监察机制。在其后两千多年的中国历史中，历代王朝虽对相关制度屡有创新，但总体上始终没有脱离秦代所开创的基本制度框架。

第一节　御史制度的系统化

在秦代的官僚机构中，形成了一个御史官僚系统。早在商周时代，就已经有御史之职的设立。战国时秦赵等国都设有御史，并且使御史的职能得到强化。但秦统一后，不仅在中央官僚机构中设立了御史大夫一职，并且又为其设置了庞大的属官系统。因此，秦代的御史制度与其前代相比更加专门化、系统化。

秦代在中央官僚机构中第一次设置了御史大夫。据《汉书·百官公卿表》："御史大夫，秦官，位上卿，银印青绶，掌副丞相。"[1]御史大夫属"三公"之列，位高权重。其官位仅次于丞相，司掌辅佐丞相之职。但实际上，御史大夫的职责并不仅仅是辅佐丞相处理国政，其本职在于"典正法度"、"举劾非法"，他可以弹劾丞相，可以代表皇帝纠察百官。因此，御史大夫这一官职的首要意义在于其所具备的监督、考察百官的职能，尤其是他对"一人之下，万人之上"的丞相所起到的制约作用，使得在皇权与相权之间存在的矛盾得到一定程度的缓和。同时，御史大夫的设立，对于督促朝廷内外官员勤政廉政，也起到了一定的积极

〔1〕《汉书》卷第十九上《百官公卿表》。

作用。

御史大夫还有其相应的属臣，包括御史中丞、侍御史及符玺御史等，其中御史中丞尤为重要。《宋书·百官志》说："秦时御史大夫有二丞，其一曰御史丞，其二曰御史中丞。殿中兰台秘书图籍在焉，而中丞居之。"由于御史大夫位高权重，且职责范围比较广泛，比如代皇帝起草诏令、辅佐丞相处理军国大事等，因此，管理御史府内事务、统领其他属官的相关事宜往往由御史中丞来代理，从而使御史中丞在很大程度上行使着对百官的监督权。侍御史则掌管朝廷的文书、奏章、档案、图书等，"侍御史，于周为柱下史，老聃尝为之。秦时，张苍为御史，主柱下方书，亦其任也。又云苍为柱下御史，明习天下图书计史籍。一名柱后史，谓以铁为柱，言其审固不桡也，亦为侍御史"[1]。侍御史往往与皇帝关系密切，常常以特使的身份直接秉承皇帝旨意去处理重大事务。而符玺御史则掌管皇帝的玉玺与兵符。《晋书·职官志》说："符节御史，秦符玺令之职也。汉因之，位次御史中丞。"此外，由于秦"分天下以为三十六郡"，因此，为了适合郡县制的统治需要，秦在"郡"设置了"守、尉、监"[2]。"监"即监郡御史，"初，秦以御史监理诸郡，谓之监察史"，负责各郡的监察、行政、军事等方面的事务，是秦地方官僚机构中的重要组成部分。

这样，秦代从中央到地方就设立了一个较为完整的御史系统，且御史的职权范围较为宽泛，权力也较大。除了监察百官、掌握朝廷重要文献等职责，还可以行使司法权。如《史记·秦始皇本

---

〔1〕杜佑：《通典》卷二十四《职官六》，中华书局1984年2月第1版。
〔2〕《史记》卷六《秦始皇本纪》。

纪》有这样的记载：秦始皇三十五年，方士侯生、卢生因不满始皇暴政而逃亡，秦始皇“于是使御史悉案问诸生”，追查同案犯，并坑杀儒生四百六十余人。始皇三十六年，“黔首或刻其石曰‘始皇帝死而地分’。始皇闻之，遣御史逐问，莫服，尽取石旁居人诛之，因燔销其石”。

可见，整个御史系统在秦代是一个非常重要的职能部门。虽然由于秦代施政的残暴，御史们往往成为粗暴政治的帮凶，但从整个秦代官僚体制来看，御史系统的存在对秦代的政治统治，尤其是对官僚体系的管理与监督起到了积极的作用。这一制度也为后世所沿袭，对中国古代廉政制度的探索发展产生了重要影响。

第二节 皇帝的巡行监督

秦统一后，御史系统的监察机制为官僚体系的运转提供了有力的保障，但秦始皇并不满足于此，他还常常巡行全国，亲自检查地方的吏治与民情，从而形成一种针对地方官吏的临时性监督机制。据载，从公元前220年到前210年，始皇先后五次出巡全国，二十七年（前220年）“巡陇西、北地，出鸡头山，过回中”；二十八年（前219年）“东行郡县”，先后“上邹峄山”，“上泰山”，“穷成山，登之罘”，“登琅邪”；二十九年（前218年）东游“至阳武博狼沙中”；三十二年（前215年）“之碣石”；三十七年（前210年）十月癸丑“出游”，“十一月，行至云梦”。……始皇出行所至范围极其广泛，亲历了秦的大部分疆土，他最终也是死于巡行途中。天子巡行、巡守是自上古以来始终存在的制度，春秋战国时期为各诸侯君主继承，而始皇的五次巡行更是这一制度的延续。秦始皇的巡行，并不仅仅是为了颂秦功德，“威服海内”，也是为了考察各地农牧生产、赋税状况等，同时考察地方官吏的职守。因此，始皇的巡行，在客观上也构成了秦代廉政制度的重要形式。皇帝在巡行过程中，“兼听万事，远近毕清。运理群物，考验事实，各载其名。贵贱并通，善否陈前，靡有隐情。”可见，皇帝的巡行还是有十分积极的意义的。琅邪石刻称颂道：“皇帝之明，临察四方。尊卑贵贱，不逾次行。奸邪不容，皆务贞良。细大尽力，莫敢怠荒。远迩辟隐，专务肃庄。端直敦忠，事业有常。”〔1〕秦二世继位后，也“东行郡县”，且听信赵高谗言，“案郡县守尉有罪者诛之，上以振威天下，下以除去上生平所不可者”〔2〕。

皇帝巡行虽然可以视为监察机制的一种重要补充手段，但这要建立在健康的政治秩序之上，同时对君主的个人素质也有极高的要求。始皇虽然雄才大略，“并海内，兼诸侯，南面称帝”，然而却“怀贪鄙之心，行自奋之智，不信功臣，不亲士民，废王道，立私权，禁文书而酷刑法，先诈力而后仁义，以暴虐为天下始”，以致天下人人自危，政局混乱。至秦二世，更是“重之以无道，坏宗庙与民”，“繁刑严诛，吏治刻深，赏罚不当，赋敛无度，天下多事，吏弗能纪”〔3〕。可见，由于秦治国方略的严重失误，加之二世昏庸无能，致使官吏已经完全失去了对政务的控制能力，更不用说皇帝对政权的驾驭与监察了。

〔1〕〔2〕〔3〕《史记》卷六《秦始皇本纪》。

第三节 严苛的法律约束

秦始皇统一中国后，“普施明法，经纬天下”，更在李斯的帮助下，“明法度，定律令”，建立起与中央集权制相适应的法律制度。秦代法律是非常严苛的，强调轻罪重罚，以刑去刑，这一原则同样运用在对官吏的管理约束上，比如规定“通一钱，黥为城旦”，即行贿一钱，就要在脸上刺墨后罚为筑城的劳役犯；规定“府中公金钱私貣（tè）用之，与盗同法”[1]。即府中的公家金钱，私自借用，与盗窃同样论罪等。1975 年，在湖北云梦县睡虎地发掘出了大量秦简，简文大多是记载秦始皇执政与称帝前后的法律与文告等，这为我们了解秦代的法律状况提供了不可多得的资料。从秦简所反映的秦代法律内容来看，其中涉及官吏管理的内容很多。我们从中可以看到，秦律对于官员的行为标准、监督考核以及奖赏惩罚等都有较详细的规定。

首先，秦律从能力、思想、道德等方面对官吏提出了原则性要求。秦简中有一篇名为《语书》的法律文告，是公元前 227 年，秦王嬴政在攻占楚地南郡后，新任的南郡守腾颁布的。文告说：

> 今法律令已布，闻吏民犯法为间私者不止，私好、乡俗之心不变，自从令、丞以下智（知）而弗举论，是即明避主之明法殹（也），而养匿邪避（僻）之民。如此，则为人臣亦不忠矣。若弗智（知），是即不胜任、不智殹（也）；智

---

〔1〕《睡虎地秦墓竹简·法律问答》，文物出版社 1990 年 9 月版（下同），第 101 页。

(知)而弗敢论，是即不廉殹(也)。此皆大罪殹(也)，而令、丞弗明智(知)，甚不便。今且令人案行之，举劾不从令者，致以律，论及令、丞。有(又)且课县官，独多犯令而令、丞弗得者，以令、丞闻。

凡良吏明法律令，事无不能殹(也)，有(又)廉洁敦悫而好佐上，以一曹事不足独治殹(也)，故有公心；有(又)能自端殹(也)，而恶与人辨治，是以不争书。恶吏不明法律令，不智(知)事，不廉洁，毋(无)以佐上，緰(偷)随(惰)疾事，易口舌，不羞辱，轻恶言而易病人，毋(无)公端之心，而有冒柢(抵)之治，是以善斥(诉)事，喜争书。〔1〕

从这篇文告的内容来看，郡守腾在治理地方政务时，遇到了政令法律得不到贯彻实施、旧风恶俗得不到改变的问题。他认为其中重要的原因是一些地方官吏与有奸盗行为者相勾结，并且下级官吏的这些行为得到了上级官吏的怂恿、包庇和支持。因此，他在《语书》中特别强调了官吏的执法、守法问题。他指出，对于吏民的违法行为，自令、丞以下的官吏知道而不检举揭发的，就是公然违反国家法律，是包庇纵容邪恶的人，这是不忠。如果不知道，是官吏不称职，能力差；如果知道而不敢论罪，就是官吏不廉洁。这些都是大罪。现在派人到各郡巡监，举劾违反法令的官吏，由令、丞依法论处，同时，要考课县官，凡县内犯令多，且县令、丞又没有查处的，以失职论罪，将令、丞之过上报处理。

〔1〕《睡虎地秦墓竹简·语书》。

《语书》还进一步区分了所谓良吏与恶吏，为对官吏的考核制定了标准：良吏应当通晓法律令，能办理分内的一切事务，同时廉洁忠诚，为君主赤诚效力，秉持公正，不独断专行，此外，还能纠正自己的失误，与他人合作办事而不争功。而恶吏则相反，不懂得法律令，不通习事务，也不廉洁，不为君王效力，而且懒惰，遇事总是推脱，喜欢搬弄是非，不知羞耻，又常陷害别人，没有公心，喜欢出风头，与人争辩争功。[1]对于这样的恶吏，“不可不为罚”。

此外，秦简中的《为吏之道》对官吏的行为规范与品德作风也作了细致的规定。这篇记述虽然从性质上来看不直接属于法律，但它反映了秦代对于官吏的原则性要求，为相关法律的制定提供了思想依据。它指出：

> 凡为吏之道，必精絜（洁）正直，慎谨坚固，审悉毋（无）私，微密韱（纤）察，安静毋苛，审当赏罚。严刚毋暴，廉而毋刖，毋复期胜，毋以忿怒夬（决）。宽俗（容）忠信，和平毋怨，悔过勿重。兹（慈）下勿陵，敬上勿犯，听间（谏）勿塞。审智（知）民能，善度民力，劳以衔（率）之，正以桥（矫）之。[2]

这就是说，做官吏的基本要求是：精细谨慎，正直刚强，无私善察，赏罚确当。既要有棱角、有原则，又不要过于锋利，轻易伤害别人，不要总是期求压倒或胜过别人，不要任一时感情冲

〔1〕 刘海年著：《战国秦代法制管窥》，法律出版社2006年3月版。
〔2〕《睡虎地秦墓竹简·为吏之道》。

动作出重大决策。要宽厚、忠信、平和，不要重复犯过的错误。对下级要抚爱而不要凌辱，对上司要敬重而不要轻易冒犯。要认真耐心地听取不同意见，不要偏听偏信，闭目塞听。要审度民力，正确地引导他们，及时地纠正他们。

其次，秦律规定对官吏实行严格的考核与赏罚。在赏罚的标准上，秦律比较注重官吏的品德素养与行为细节。比如《为吏之道》中规定了官吏的“五善”与“五失”，并以此为依据对官吏进行赏罚。《为吏之道》说：

> 吏有五善：一曰中（忠）信敬上，二曰精（清）廉毋谤，三曰举事审当，四曰喜为善行，五曰龚（恭）敬多让。五者毕至，必有大赏。
>
> 吏有五失：一曰夸以迣（zhì，制，超越），二曰贵以大（泰），三曰擅裚（jì，霁）割，四曰犯上弗智（知）害，五曰贱士而贵货贝。一曰见民以杲（倨）敖（傲），二曰不安其鼌（朝），三曰居官善取，四曰受令不偻，五曰安家室忘官府。一曰不察所亲，不察所亲则怨数至；二曰不智（知）所使，不智（知）所使则以权衡求利；三曰兴事不当，兴事不当则民偒指；四曰善言隋（惰）行，则士毋所比；五曰非上，身及于死。[1]

“五善”不仅要求官吏达到忠君、做事慎重准确等标准，更要求官吏必须清廉。如果能做到这些，则必有大赏。而所谓“五失”

---

〔1〕《睡虎地秦墓竹简·为吏之道》。

实则是指出许多官吏应当警戒的负面行为，诸如重视财物而轻视人才、以权谋私、包庇亲属等。官吏一旦犯下这些过失，轻则受刑狱处罚，重则“身及于死”。

具体的赏罚方式则在很大程度上要根据考核的结果来决定。秦代非常重视对官吏的考核与监督，秦律要求地方官每年都要将记录着当年其管辖区域内的户口、赋税、垦田等方方面面施政情况的“计簿”向上级报送，接受朝廷对其政绩的考核。如秦简记有：“县上食者籍及它费大（太）仓，与计偕。都官以计时雠食者籍。”〔1〕就是说，一县的负责官吏到年终应把本县领取口粮人员的名籍及其他的粮食支出情况，连同年度财务报告一起上报。都官应当在每年结账时核对领取口粮人员的名籍。再如：“已禀衣，有余褐十以上，输大内，与计偕。”〔2〕这是说，发放过衣服以后，剩余褐衣（粗麻布衣服）在十件以上的，应当连同记录着按规定发放的衣服数量的计簿一起送交大内，呈报上级。

如果在这些考核中发现什么问题，那么主管官吏就要受到相应的处罚。比如：“计校相缪（谬）殴（也），自二百廿钱以下，谇官啬夫。”〔3〕意思是在计算账目时，如果发现账目同实际不符，数额在二百二十钱以下的，官啬夫要受到申斥。再如：“漆园三岁比殿，赀啬夫二甲而法（废），令、丞各一甲。”〔4〕所谓“殿”是指在评比中落后。这句话的意思是，生产漆器的地方如果在三年评比中连续落后，啬夫要被二甲，并且要撤职，而相关的令、丞

〔1〕《睡虎地秦墓竹简·秦律十八种·仓律》。
〔2〕《睡虎地秦墓竹简·秦律十八种·金布律》。
〔3〕《睡虎地秦墓竹简·效律》。
〔4〕《睡虎地秦墓竹简·秦律杂抄》。

也要罚一甲。

秦律中的这些规定，实则是对自战国以来所实行的“上计”与考核制度的法律化，是以法律的手段促进、保障考核的顺利实施，最终达到有效监督官吏的目的。这不能不说是秦代“上计”制度与官吏管理制度的一个突出特点。

再次，秦律对官吏的职务犯罪有严格的法律约束，规定官吏凡有不胜任（对所辖地区的犯罪活动不能及时发现）、不廉（发现了不敢论处）、失刑（审判失当，量刑轻重不合实际）、不直（故意轻罪重判或重罪轻判）、纵囚（故意枉法放走罪犯，应当判刑的故意不判，使罪犯逃脱制裁）、废令（法律要求做的不做）、犯令（法律禁止做的却做了）等情形的，均属犯罪，应受到严厉惩处。如《史记·秦始皇本纪》记载：“三十四年，适治狱吏不直者，筑长城及南越地。”说明秦始皇曾将“不直”的狱吏罚筑长城和流放到南越地。

秦律还明确规定：“毋擅叚（假）公器，者（诸）擅叚（假）公器者有罪”[1]，“或私用公车牛……其主车牛者及吏、官长皆有罪”[2]，即擅自挪用公共财物，甚至公车私用的，都是违法犯罪，相关官吏都要受到惩处。而那些弄虚作假的官员要受到的处罚将更为严厉。《法律问答》云：“廷行事，吏为诅伪，赀盾以上，行其论，有（又）废之。”这是说对于弄虚作假的官员，其罪在应罚一盾以上的，依判决执行，且革其职。此外，调离的官员不得带走原任时故旧下属官员。如《置吏律》：“啬夫之送见它官者，不得除其故官佐、吏以之新官。”同时禁止任用被剥夺了任官资格

〔1〕《睡虎地秦墓竹简·秦律十八种·工律》。
〔2〕《睡虎地秦墓竹简·秦律十八种·司空》。

的人，否则负责任命的官员要受到惩罚，如《秦律杂抄》："任法(废）官者为吏，赀二甲。"

在秦代，官吏经商也是被明令禁止的。秦律有这样的条例："吏自佐、史以上负从马、守书私卒，令市取钱焉，皆䙴(迁)。"[1]即自县属佐、史以上官吏有驮运行李的马和看守文书的私卒，用以贸易牟利，均加以流放。秦律的某些规定还对官营工商业管理提供了法律保障，防止官吏以权谋私。比如："为作务及官府市，受钱必辄入其钱缿（xiàng）中，令市者见其入，不从令者赀一甲。"[2]意即替官府经营的一些工商业，在收钱时一定要及时把钱放入特定的钱缿中，并让大家看到，否则要罚违令者一甲。"令市者见其入"即是将公共财物的管理者的行为公开化，减少贪腐行为。

连坐是秦律中量刑的一个重要原则，在对官吏的司法审查中，这一原则同样适用。如果某官吏犯罪，那么他的上下级和同级要连坐。如《效律》规定：

> 官啬夫赀二甲，令、丞赀一甲；官啬夫赀一甲，令、丞赀一盾。其吏主者坐以赀、谇如官啬夫。其他冗吏、令史掾计者，及都仓、库、田、亭啬夫坐其离官属于乡者，如令、丞。

这是关于主管国家财务的各级官吏在犯罪时所受处罚的规定。意思是如果啬夫在处理中被罚二甲，那么令、丞要罚一甲；如果

〔1〕《睡虎地秦墓竹简·秦律杂抄》。
〔2〕《睡虎地秦墓竹简·秦律十八种·关市》。

啬夫罚一甲，那么令、丞要罚一盾（罚一只盾牌的罚金）。主管该项工作的吏与啬夫处同样的罚金和申斥，其他参与会计的众吏以及仓、库、田、亭等下属机构的负责人所受的惩罚与令、丞相同。又《效律》："尉计及尉官吏节（即）有劾，其令、丞坐之，如它官然。司马令史掾苑计，计有劾，司马令史坐之，如令史坐官计劾然。""尉计"是指县尉属下的会计，"司马令史掾苑计"是指司马令史的掾属管理苑囿的会计，而所谓"计有劾"则是指主管会计事务的官吏有罪。这里是说，如果县尉的会计以及县尉官府中的吏违法犯罪，那么县令、县丞应连坐受罚。如果司马令史掾管理苑囿的会计有罪，司马令史应连坐。

在秦律中，类似上述对官吏职务犯罪以及官吏犯罪连坐的规定不胜枚举。由此可见，秦代法律对于官吏的监管是非常严格的，为官者一旦犯罪，所受到的惩罚也是极其严苛的。这对那些不法官吏是一种严厉的威慑。此外，秦代对于官吏的日常公务行为也有许多细致的规定。如"有事军及下县者，赍食，毋以传貣（贷）县"[1]，即上级官员到下级开展工作时，要自带干粮，不许以符传向所到的县借取。有些规定还涉及官员出差时的俸禄、口粮的供给标准，如"御史卒人使者，食粺米半斗，酱驷（四）分升一，采（菜）羹，给之韭葱"。[2]可见，在法律约束的前提下，秦代对于官吏的管理已经有很多制度化、标准化的地方。

〔1〕《睡虎地秦墓竹简·秦律十八种·仓律》。
〔2〕《睡虎地秦墓竹简·秦律十八种·传食律》。

第四节 言谏与廷议制度

尽管秦始皇建立的是中国历史上第一个中央集权的大帝国，皇权与中央的权力得到空前加强，但秦代依然保留了自下而上的言谏制度，并设立有执掌谏诤的官员，包括谏议大夫和给事中。据《通典·职官三》载："秦置谏议大夫，掌议论，无常员，多至数十人，属郎中令。""给事中，加官也。秦置，汉因之，所加或大夫、博士、议郎。掌顾问应对。位次中常侍、侍中、黄门，无员。诸给事中，日上朝谒，平尚书奏事，分为左右曹，以有事殿中，故曰给事中。"《文献通考·职官四》亦载："给事中，加官也，秦置，汉因之。""以有事殿中，故曰给事中。"《晋书·职官志》也说："给事中，秦官也。所加或大夫、博士、议郎，掌顾问应对，位次中常侍。"

从上述这些记载中可知，秦代谏议大夫专掌议论、进言之职，并没有固定担任此职的官员，因而常由其他官吏来兼任，人员很多。给事中的性质类似谏议大夫，通常由大夫、博士或议郎兼任。秦谏官们行使职权的主要方式是参加朝廷议事和上书奏事，规谏皇帝的言行。比如给事中作为皇帝的近臣，常"有事殿中"，对皇帝的政令颁布往往很有影响。

在设置谏官的同时，秦代还通过廷议制度来广泛采纳众官与士大夫的意见，帮助皇帝进行政策决断。凡遇有军国要务，如立君、分封、宗庙、戍边等，都要设朝议，召集丞相、太尉、御史大夫等诸臣议政。值得注意的是，廷议制度是秦国早已存在的一种政治制度，它曾对秦国政事的合理决策及秦国的发展壮大起过重要的作用。在秦始皇统一六国之后，这一廷议制度发生了相应的变化，那就是吸纳了大量“博士”参加廷议。据《汉书·百官公卿表》载：“博士，秦官，掌通古今，秩比六百石，员多至数十人。”这些博士大都是来自六国的诸子各家的知识分子，他们既是六国在政治方面的代表，也是六国礼仪与文化的主要承载者。因此，秦始皇将博士纳入廷议制度之中，一方面是对六国残余政治势力的妥协与安抚；另一方面也是吸收六国的政治文化与政治策略，力图创造出一种符合统一后复杂政治局面的政治运作模式的尝试。故而可以说，“博士制度是将廷议进一步制度化、规范化的表现”〔1〕。

博士具有一定的政治地位，可以直接向皇帝提出意见与建议。比如秦始皇三十三年（前214年），博士淳于越向始皇进言，认为始皇不“师古”、不分封子弟功臣是错误的，于是“始皇下其议”，让朝廷上的大臣们讨论淳于越的意见。丞相李斯认为秦之所以不师法三代，不是有意与古人背反，是因“时变异也”，即时代的具体形势变化了。因此，他明确反对分封，而坚持“皇帝并有天下”，“法令出一”。最后秦始皇采纳了李斯的意见，“分天下以为三十六郡”。

但是，秦代所推崇的是“尊君抑臣”、“明君独断”的君主专制体制，所谓“事在四方，要在中央，圣人执要，四方来效”〔2〕。在这样的政治体制下，无论是言谏制度还是廷议制度都受到很大的限制。虽然它们对议政与决策能起到一定的积极作用，但对于皇帝错误决策的监督和制约往往流于形式。如秦始皇三十五年

---

〔1〕 夏增民：《博士制度与秦朝政治转折》，《南都学坛》（哲学社会科学版）1999年第2期。
〔2〕《韩非子·扬权》。

（前212年），长子扶苏因谏坑儒一事，惹怒始皇，使之北监蒙恬军于上郡。再如秦二世时，赵高专权，与二世合谋滥杀无辜，一时间，“群臣谏者以为诽谤，大吏持禄取容，黔首振恐”。至反秦起义爆发之后，右丞相去疾、左丞相李斯和将军冯劫等向二世进谏，请求减轻赋税徭役、停建阿房宫，结果秦二世不听，反将他们问罪。

作为中国历史上第一个统一的中央集权的封建王朝，秦代的政治制度具有开创性意义，它奠定了其后两千年中国古代社会政治制度的基本框架。回望历史，大一统的秦帝国似乎应当成就更加辉煌的历史业绩，应当将其所开创的各项制度进一步丰富化、实效化，建立一个强盛统一、稳定繁荣的封建帝国。然而，这一切都随着强秦残暴而短暂的统治而烟消云散了。秦代的廉政制度也止于其初创状态，只有在后世的不断回溯、继承和发展中展现其面貌。

参考文献：

《史记》，中华书局1982年版。

杜佑：《通典》，中华书局1984年版。

《资治通鉴》，中华书局2007年版。

马端临：《文献通考》，中华书局1991年版。

严可均辑：《全上古三代文》，商务印书馆1999年版。

郑樵：《通志》，中华书局1987年版。

蒋礼鸿撰：《商君书锥指》，中华书局2001年版。

王先慎撰：《韩非子》，中华书局1998年版。

《秦会要》，上海古籍出版社2004年版。

孙楷著，徐复订补：《秦会要订补》，中华书局1959年版。

《睡虎地秦墓竹简》，睡虎地秦墓竹简整理小组编，文物出版社1990年版。

刘海年：《战国秦代法制管窥》，法律出版社2006年版。

王蘧常：《秦史》，上海古籍出版社2000年版。

林剑明：《秦史稿》，上海人民出版社1981年版。

崔瑞德主编：《剑桥中国秦汉史》，中国社会科学出版社1992年版。

粟劲著：《秦律通论》，山东人民出版社1985年版。

张金光：《秦制研究》，上海古籍出版社2004年版。

田昌五、臧知非：《周秦社会结构》，西北大学出版社1998年版。

李学勤著：《东周与秦代文明》，文物出版社1984年版。

本章执笔：王　磊

第三章　汉代廉政制度

汉朝是中国历史上第二个大一统的封建王朝，分为“西汉”（前206—25）与“东汉”（25—220）两个时期。作为中国第一个强盛稳固的朝代，随着封建集权专制制度的强化，两汉时期的相关廉政制度在秦代的基础上得到了长足的发展，为后世廉政制度的丰富完备奠定了坚实的基础。

在政府机构和官僚队伍日益扩大的前提下，监察体制对保证国家机器的正常运转有极为重要的作用，不仅有利于维护国家法纪制度、加强吏治，而且有利于维护皇权、调节统治集团内部关系，因此汉朝统治者非常重视建设监察体制。在由丞相、太尉、御史大夫所谓“三公”构成的西汉中央官僚体制中，以御史大夫为代表的专职监察机构，虽然地位不及丞相和太尉，但御史大夫所在的监察系统属于皇帝直接掌握和控制，因而这一系统对于行政、军事等系统具有监督纠察的功能，确保了监察功能得以顺利实施。除了直属于皇帝的垂直监察御史系统以外，自汉武帝始，由丞相负责的行政系统内，设置司直以及隶属于武官系统的司隶校尉等监察官吏，虽职位低于御史，但位于三公之下、九卿之上，故而享有弹劾高官的权力。在地方监察体制方面，西汉时期也有独创。汉武帝时设置刺史，负责十三州地方监察工作，同时颁布约束地方官吏的“六条诏书”，成为我国古代最早最完整的地方监察法规，为后代地方监察所广泛效仿。

此外，言谏作为制约君主的主要形式，是中国古代政治制度的一个创造。两汉时期谏官制度初步形成并具备了一定的规模，言谏机构虽未专设，但有专职官员侍中、谏议大夫、给事中等，专门对皇帝献纳谏正，纠正决策违失。言谏制度自下而上，谏诤君主之违误；御史监察制度自上而下，纠察百官之非法。二者相辅相成，共同发挥“彰善瘅恶，激浊扬清”的作用，促进清明政治和巩固封建统治。

“吏者，民之本纲者也，故圣人治吏不治民。”〔1〕封建君主欲求国祚永延，必须善于管理和治理官吏，这是治国经验的历史总结。“大道之行也，天下为公，选贤与（举）能。”〔2〕为了确保官吏清廉治国，两汉创设了以察举制为主的官吏选拔制度，并通过考试择优选拔。荐举与考试并行的措施为朝廷选拔和输送了大批贤才士人，出现了“汉之得人，于兹为盛”的局面，同时也对后代科举制影响深远。“圣人治吏不治民”，两汉对于官吏管理也甚为严格，建立了详尽的考课制度，包括从中央到地方的各级主管对下属官员的考核，以及中央——郡国、郡国——属县所谓“上

〔1〕《韩非子》卷三十五《外储说右下》，第117页。

〔2〕郑玄注，孔颖达等正义，黄侃经文句读：《礼记正义》卷二十一《礼运第九》，《清十三经注疏》本，上海古籍出版社1990年12月第1版，第411—412页。

计”制度的垂直考核，以考核结果作为迁降赏罚的依据，依法严惩失职的各级官吏，以确保官吏清明公平地行使国家权力。一系列措施的制定和实施，使得两汉成为中国古代人事制度确立和巩固的重要时期。

在总结暴秦灭亡的历史经验和教训的基础上，两汉统治者也充分认识到法律对于国家治理的重要作用：“法者，天下之度量，而人主之准绳也。”〔1〕廉洁政治不能缺乏相关法律制度的有力保证。在司法体系的建设方面，两汉形成了重法思想和“轻法”措施协同共存的局面：一方面借鉴儒家“德主刑辅”的主张和周公“明德慎罚”的思想，特别强调礼或德对社会教化的重要意义，在道德与刑法关系问题上提出所谓“文武并用”、“德刑相济”的观点；同时对于在监狱服刑的犯人，两汉时期的统治者也多以仁德宽厚之心待之，严格审讯用刑制度，严查在押囚犯审判记录，严禁狱吏监管期间施行暴力，提出尊重普通生命的价值和意义。

“奢则不逊，俭则固”〔2〕，提倡勤俭节约，反对奢侈浪费，历代贤明帝王多循此制。汉初统治者认真汲取秦朝灭亡教训，采取清静无为、休养生息的治国方略，防奢尚简，积极树立节俭形象，并限制功臣的特权。同时注意减轻百姓负担，轻徭薄赋，在租赋制度上采取了较为宽松的政策。

整体而言，两汉廉政制度在吸收、借鉴先秦及秦代的基础上，初步形成了系统的制度体系，在一定程度上得到贯彻执行，且取

〔1〕 刘安等编著，高诱注：《淮南子》第九卷《主术训》，上海古籍出版社 1989 年 9 月第 1 版（下同），第 94 页。

〔2〕 刘宝楠：《论语正义》卷八《述而第七》，《清十三经注疏》本，上海古籍出版社 1993 年 11 月第 1 版（下同），第 103 页。

得了一些实际效果，在客观上对于两汉政治清明、国运昌盛起到了积极的促进作用，对于后世诸朝廉政建设产生了深远的影响。

第一节 监察体制

一、以御史大夫为核心的中央监察体制

汉承秦制，亦体现于国家监察体系制度方面，其中最主要的就是以御史大夫为首的监察系统。

> 御史大夫，秦官，位上卿，银印青绶，掌副丞相。有两丞，秩千石。一曰中丞，在殿中兰台，掌图籍秘书，外督部刺史，内领侍御史员十五人，受公卿奏事，举劾按章。成帝绥和元年更名大司空，金印紫绶，禄比丞相，置长史如中丞，官职如故。哀帝建平二年复为御史大夫，元寿二年复为大司空，御史中丞更名御史长史。[1]

汉代的中央官僚体制，由丞相、太尉、御史大夫所谓“三公”构成。其中，丞相是统领百官的最高行政长官，其职责是协助皇帝处理全国政务，“掌丞天子，助理万机”。太尉，负责管理军事，同丞相均为“金印紫绶”。御史大夫，位列三公末位，“银印青绶”，职掌司法监察大权，虽名曰“掌副丞相”，实则并不受制于

〔1〕《汉书》卷十九上《百官公卿表》。

丞相，而是直接受命于皇帝；同时，如果丞相位置空缺，那么御史大夫可以即时递补此位，故而史书中亦可见御史大夫为国家重要事件出谋划策之事。史载汉武帝元光二年（前 133 年），匈奴派使者前来和亲，武帝召集众大臣商议对策，时任御史大夫的韩安国认为“汉数千里争利，则人马罢，虏以全制其敝，势必危殆”，与此相比不如和亲，“群臣议多附安国，于是上许和亲”[1]。

御史大夫有两丞：御史丞与御史中丞。其中，御史丞掌副御史大夫，监京内朝臣和南北军、诸校尉营。御史中丞，又称御史中执法，“在殿中兰台，掌图籍秘书，外督部刺史，内领侍御史员十五人，受公卿奏事，举劾按章”[2]。汉成帝绥和元年（前 8 年），更御史大夫为大司空，秩比丞相。汉哀帝建平二年（前 5 年），复御史大夫官。汉哀帝元寿二年（前 1 年），再改大司空，同时改御史中丞为御史长史，为御史台主官。

“御史大夫内承本朝之风化，外佐丞相统理天下，任重职大，非庸材所能堪”[3]，其主要职责为“受公卿奏事，举劾按章”，意即三公之丞相和太尉的奏章上书，均要通过御史大夫方能呈报于皇帝手中，同时皇帝下诏书，也是先下御史，再达丞相、诸侯王或守、相。而御史系统的属官，可对包括丞相和太尉在内的各级官员，在相应级别上行使监察惩治的权力，不仅可劾奏不法的大臣，而且还可奉诏收捕或审讯有罪的官吏。御史大夫所在的监察系统属于皇帝直接掌握和控制，主要属官御史中丞在皇宫内部的兰台办公，从而确保了监察功能有条件得以顺利实施。由于监

〔1〕《汉书》卷五十二《韩安国传》。
〔2〕《汉书》卷十九上《百官公卿表》。
〔3〕《汉书》卷八十三《薛宣传》。

察系统对于行政、军事等系统具有监督纠察的功能，所以虽然从级别上来看，御史大夫的职位低于丞相和太尉，却拥有监察、弹劾、查治的权力，体现了当时官吏体系设置的合理性：国家权力的多方制衡，以及高官之间的相互制约。

西汉末年，汉成帝更名御史大夫为大司空，“置长史，而中丞官职如故。哀帝建平二年，复为御史大夫。元寿二年，又为大司空，而中丞出外为御史台主。历汉东京至晋因其制，以中丞为台主”〔1〕。原御史府改为御史台，继续专司中央政府的监察职能，御史中丞为其最高长官。其属下各侍御史根据具体职责的不同分为殿中侍史、治书侍御史等。魏晋以后，御史台从少府独立出来，成为全国性的监察机构。从历史上看，虽然这一监察系统具有垂直于皇帝管理和与三公相互制衡的科学意义，但其局限性也是显而易见的，对于与皇帝关系密切的高官要员以及皇亲国戚，则不便行使职权。于是，司直、司隶校尉等更为专业的监察官吏应运而生。

汉武帝元狩五年（前118年），朝廷设立司直，“掌佐丞相举不法”〔2〕，帮助丞相弹劾百官的不法行为。由此可见，除了直属于皇帝的垂直监察御史系统以外，自汉武帝始，由丞相负责的行政系统内亦设有司直这类监察官吏。东汉初沿置，职务与西汉所置有别，后废弃。献帝建安八年（203年）曹操复置，但仅为督察京师诸官。

除此之外，汉武帝于征和四年（前89年）又设立司隶校尉一职，隶属于武官系统，奉诏持节代表皇帝，威权特重，除三公以

〔1〕《晋书》卷二十四《职官》。
〔2〕《汉书》卷十九上《百官公卿表》。

外皆可纠弹，“捕巫蛊，督大奸猾”[1]，拥有一千两百名士兵，具有逮捕、断狱的权力。对此，古代典籍多有记载：

孝武帝初置，持节，掌察举百官以下，及京师近郡犯法者。[2]

（司隶校尉）职在典京师，外部诸郡，无所不纠。[3]

司隶掌察皇太子以下，行马内事皆主之……无所不纠，唯不察三公。[4]

司隶校尉纠皇太子三公以下及旁郡国，无所不统。[5]

司隶校尉，纠皇太子、三公以下，及旁州郡国无不统。陛坐见诸卿皆独席。[6]

司直和司隶校尉在朝会时位于三公之下、九卿之上，虽职位低于御史，却有弹劾高官的权力。其后元帝、成帝、哀帝或去或省，至东汉初年光武帝刘秀废除司直，司隶校尉从而获得更大的权势。据史书记载：“光武特诏御史中丞与司隶校尉、尚书令会同并专席而坐，故京师号曰‘三独坐’。”[7]相比其他官吏面皇帝而站，司隶校尉的地位可见一斑。司隶校尉其时常常劾奏三公等尊官，故为百官所畏惮。史书中关于司隶校尉记载颇丰，试举一

〔1〕《汉书》卷十九上《百官公卿表》。

〔2〕《后汉书》志第二十七《百官四》。

〔3〕《后汉书》志第二十七《百官四》注引蔡质《汉仪》。

〔4〕《通典》卷三十二《职官十四》，第881页。

〔5〕虞世南：《北堂书钞》卷第六十一《设官部十三·司隶校尉》，中国书店1989年7月第1版，第209页。

〔6〕李昉等撰：《太平御览》卷二百五十《职官部四十八》，中华书局1960年2月第1版，1995年10月第5次印刷，第1181页。

〔7〕《后汉书》卷二十七《宣秉传》。

二例：

（汉殇帝延平元年）秋七月庚寅，敕司隶校尉、部刺史曰："夫天降灾戾，应政而至。间者郡国或有水灾，妨害秋稼。朝廷惟咎，忧惶悼惧。而郡国欲获丰穰虚饰之誉，遂覆蔽灾害，多张垦田，不揣流亡，竞增户口，掩匿盗贼，令奸恶无惩，署用非次，选举乖宜，贪苛惨毒，延及平民。刺史垂头塞耳，阿私下比，'不畏于天，不愧于人'。假贷之恩，不可数恃，自今以后，将纠其罚。二千石长吏其各实核所伤害，为除田租、刍稿。"〔1〕

（汉和帝皇后邓绥）诏告司隶校尉、河南尹、南阳太守曰："每览前代外戚宾客，假借威权，轻薄謥詷，至有浊乱奉公，为人患苦。咎在执法怠懈，不辄行其罚故也。今车骑将军骘等虽怀敬顺之志，而宗门广大，姻戚不少，宾客奸猾，多干禁宪。其明加检敕，勿相容护。"〔2〕

司隶校尉在曹魏、西晋时职务与两汉基本相同，至东晋罢废。通过司直和司隶校尉的设置，可知西汉自武帝始，"监察官僚有皇帝的直属监察系统，亦有行政官僚内部的自我监察系统，而行政官僚内部的自我监察系统，又有属于文官系统的司直与属于武官系统的司隶校尉"〔3〕，如此互相制约的监察机制可谓相当完备。

---

〔1〕《后汉书》卷四《殇帝纪》。

〔2〕《后汉书》卷十上《邓皇后纪》。

〔3〕周天：《中国历代廉政监察制度史》，上海文艺出版总社·百家出版社2007年8月第1版（下同），第43页。

汉武帝还曾于御史系统中设立绣衣直指御史，“出讨奸猾，治大狱”〔1〕，超出一般御史仅仅具备接受弹劾、查证、检举的职责，而是同司隶校尉等同样具备审讯和治罪的权力：

（汉武帝）拜（江充）为直指绣衣使者，督三辅盗贼，禁察逾侈。贵戚近臣多奢僭，充皆举劾，奏请没入车马，令身待北军击匈奴。奏可。充即移书光禄勋中黄门，逮名近臣侍中诸当诣北军者，移劾门卫，禁止无令得出入宫殿。于是贵戚子弟惶恐，皆见上叩头求哀，愿得入钱赎罪。上许之，令各以秩次输钱北军，凡数千万。上以充忠直，奉法不阿，所言中意。〔2〕

这一职位可以无所规避直惩贪官污吏，又因为权力集中而容易滋生弊端，功过均非常鲜明，仅存在于武帝一朝，后世不存。

二、以刺史为代表的地方监察体制

秦始皇统一六国后分天下为三十六郡，“郡置守、尉、监”，相当于中央政府的丞相、太尉、御史大夫，“三公”三权分立。其中郡监由中央御史大夫系统的御史出任，代表中央监察地方，称之为监御史。西汉初年，高祖刘邦放弃了对地方的监察。《后汉书·百官志五》记载：“秦有监御史，监诸郡，汉兴省之。”〔3〕在

〔1〕《汉书》卷十九上《百官公卿表》。
〔2〕《汉书》卷四十五《江充传》。
〔3〕《后汉书》志第二十八《百官五》。

一定程度上导致地方吏治日趋腐败。同时，对于监御史的监管措施也非常严格，中央规定监御史常年驻守州郡，每年定期到中央汇报工作。为了防止他们与郡守勾结，还要每两年轮换一次，“监者二岁更之”。即便如此，汉初还是出现很多监御史玩忽职守的现象，未能有效地开展地方监察工作。于是在汉文帝年间（前179—前156），中央设置了一套新的地方监察制度——丞相史出刺制度，和监御史制度并行：“文帝十三年，以御史不奉法，下失其职，乃遣丞相史出刺，并督监察御史。”〔1〕汉惠帝时重新恢复监御史一职，并以法律条文的形式明确监御史作为地方监察官的职责范围：“惠帝三年，相国奏遣御史监三辅不法事，有辞讼者，盗贼者，铸伪钱者，狱不直者，繇赋不平者，吏不廉者，吏苛刻者，逾侈及弩力十石以上者，非所当服者，凡九条。监者每二岁一更，常十一月奏事，三月还监焉。”〔2〕这可谓我国历史上第一个专门性的地方监察法规。然而，隶属于丞相的这套监察系统属于临时派遣的官员，“丞相遣使分刺州，不常置”，与正常的御史监察并行时，难免出现冲突抵牾之处，有时难以履行监察职责。同时，此职位的监察对象包括几乎所有地方官，虽具体却又显得空泛，实际执行中也很不得力，故而总体来看监察效果并不理想。

为了改变这种情况，汉武帝元封五年（前106年），正式废除诸郡监察御史，分全国为冀州、青州、兖州、徐州、扬州、荆州、豫州、益州、凉州、幽州、并州、交趾、朔方共十三部（州），各部（州）置刺史一人，“武帝元封五年初置部刺史，掌奉诏条察

〔1〕《通典》卷三十二《职官十四》，第884页。

〔2〕李林甫等撰，陈仲夫点校：《唐六典》卷十三《御史台·侍御史》，中华书局1992年1月第1版（下同），第379页。

州，秩六百石，员十三人”[1]，总隶于御史中丞，“居牧伯之位，选第大吏，所荐位高至九卿，所恶立退，任重职大”[2]，属于垂直于皇帝管理的监察系统。据史书记载，刺史的职责为“省察治状，黜陟能否，断治冤狱”，具体而言，则以“六条”问事：

> 一条，强宗豪右田宅逾制，以强凌弱，以众暴寡。二条，二千石不奉诏书遵承典制，倍公向私，旁诏守利，侵渔百姓，聚敛为奸。三条，二千石不恤疑狱，风厉杀人，怒则任刑，喜则淫赏，烦扰刻暴，剥截黎元，为百姓所疾，山崩石裂，袄祥讹言。四条，二千石选署不平，苟阿所爱，蔽贤宠顽。五条，二千石子弟恃怙荣势，请托所监。六条，二千〔石〕违公下比，阿附豪强，通行货赂，割损正令也。[3]

这六条原则又称为“六条诏书”，是我国古代最早最完备的地方监察法规。根据这六条内容，各郡刺史全年都需在所管辖范围内执行监察任务，定期实地巡视考察，对于兼并土地、苛剥百姓、严刑冤狱、以权谋私、相互勾结等不法行径，严格执法纠举，年终时赴京师述职汇报。刺史秩俸为六百石，但所监察对象除第一条是纠检强宗豪右外，其余五条都是二千石郡国守相，这同朝廷中御史大夫职位虽低于丞相、太尉但可以行使监察高官权力一样，刺史只要发现官吏玩忽职守的证据，就可直接上报中央。对此，明末清初著名的大思想家顾炎武甚为推崇，称之为“百代不易之

〔1〕《汉书》卷十九上《百官公卿表》。
〔2〕《通典》卷三十二《职官十四》，第884页。
〔3〕《汉书》卷十九上《百官公卿表》，颜师古注引《汉官典职仪》。

良法”：“夫秩卑而命之尊，官小而权之重，此小大相制、内外相维之意也。”〔1〕在监察工作中做出显著成绩的刺史，可由六百石官员直接升为两千石官员，这是其他同级别官员很难享受的优厚待遇。

刺史制度在西汉中后期得到进一步发展。“昭宣中兴”是社会秩序稳定、社会生产发展较为迅速的时期，统治者注重整顿吏治、断理冤狱，在刺史的选拔任用方面格外重视，明确刺史要严格按照六条问事的范围行使其监察权，由此涌现了一批成绩卓异的刺史，对维护皇权、整饬吏治、缓和阶级矛盾、促进经济与社会的发展起到了重要的作用。西汉后期，刺史的名称几度更改。汉成帝绥和元年（前 8 年）十二月“罢部刺史，更置州牧，秩二千石”〔2〕，大大提高了地方监察官员的俸禄。哀帝刘欣一度复旧制，不久又为州牧。随之发生的是刺史职责范围的逐步扩展，对于诸侯谋反、民众反抗、流民安置等行政事务开始有所涉及。

东汉时期刺史的地位和权力变化更加明显。光武帝刘秀建武十八年（42 年），循旧制将州牧再改为刺史，但只设十二人，余一州设司隶校尉，变西汉刺史无固定治所为各有驻地，也使得刺史从中央官员转变为地方官员，从而加强了对地方行政的控制。同时，刺史向朝廷奏事可遣属吏代行，不再需要亲自前往。东汉刺史权力逐渐扩大，除了考察所属州郡官吏政事的监察权外，还拥有选拔官吏以及向皇帝直接劾奏的大权，甚至参与地方行政管理，以及接受君主任命领兵作战等，从单纯的监察职责逐步伸向

〔1〕顾炎武著，黄汝成集释：《日知录》卷九《部刺史》，花山文艺出版社 1990 年 8 月第 1 版，第 407 页。

〔2〕《汉书》卷十《成帝纪》。

行政和军事领域。汉灵帝中平五年（188 年），黄巾军已于河西起义，社会愈趋动荡，太常江夏刘焉遂向灵帝建议从中央选派要员加强对地方的领导，并将州刺史改为州牧，强化职权范围，协助镇压农民起义："时灵帝政化衰缺，四方兵寇，焉以为刺史威轻，既不能禁，且用非其人，辄增暴乱，乃建议改置牧伯，镇安方夏，清选重臣，以居其任。"〔1〕但拥有领兵治民之权的州牧，逢此社会动荡之际，多亦无心忠君，反而倚仗手中职权伺机敛财，成为地方豪强割据势力，间接造成东汉末年军阀割据混战的乱世局面。由此可知从中央到地方，不论哪一层面的监察出现问题，都会对政治的稳定产生极为恶劣的影响。整体而言，刺史制度是中国古代重要的地方监察制度，对于维护皇权，加强中央对地方的监督和控制，发挥了重要的作用。

对于县一级管理的监察工作，则由各郡设置督邮一职进行：

> 汉朝置，为郡府属吏。本名督邮属掾，省称督邮掾、督邮。职掌督送邮书，代表郡守督察诸县、宣达教令，兼及案击盗贼，点录囚徒、催缴租赋等。守相自辟，秩六百石。三国、魏、晋、十六国之后凉，南朝宋、齐、梁、陈，北朝北齐皆置，晋朝郡或因事而立，可多达三十余人。〔2〕

作为郡内唯一的专职监察官，督邮的监察权力有严格的规定，虽无奖惩权力，但他们依据监察结果所提出的意见，对于属县官吏的升黜及吏治的好坏有着至关重要的作用，因而督邮一职在所

---

〔1〕《后汉书》卷七十五《刘焉列传》。
〔2〕张政主编：《中国古代职官大辞典》，河南人民出版社 1990 年 10 月第 1 版，第 992 页。

属郡内属于“郡之极位”。据史书记载，东汉灵帝建宁二年，督邮张俭行使监察职责，检举高官侯览“贪侈奢纵，前后请夺人宅三百八十一所，田百一十八顷。起立第宅十有六区，皆有高楼池苑，堂阁相望，饰以绮画丹漆之属，制度重深，僭类宫省。又豫作寿冢，石椁双阙，高庑百尺，破人居室，发掘坟墓。虏夺良人，妻略妇子，及诸罪衅，请诛之”。虽然此次上奏因侯览“伺候遮截”未能成功，但三年后即熹平元年，有司举奏侯览专权骄奢，朝廷对其“策收印绶”，侯览终自杀谢罪[1]。

除此之外，中央政府也会临时委派包括丞相、御博士等使者赴地方行使监察职能，对于那些鳏寡孤独废疾和无业人员，对于民间隐士和受冤失职之人，对于无视国法、奸猾狡诈、滥行苛政的不良官吏，都要及时向上举报。

> （汉武帝元狩六年）六月，诏曰：“……今遣博士大等六人分循行天下，存问鳏寡废疾，无以自振业者贷与之。谕三老孝弟以为民师，举独行之君子，征诣行在所。朕嘉贤者，乐知其人。广宣厥道，士有特招，使者之任也。详问隐处亡位，及冤失职，奸猾为害，野荒治苛者，举奏。郡国有所以为便者，上丞相、御史以闻。”[2]
>
> （汉宣帝五凤四年）夏四月辛丑晦，日有蚀之。昭曰：“皇天见异，以戒朕躬，是朕之不逮，吏之不称也。以前使使者问民所疾苦，复遣丞相、御史掾二十四人循行天下，举冤

〔1〕《后汉书》卷七十八《宦者列传》。
〔2〕《汉书》卷六《武帝纪》。

狱，察擅为苛禁深刻不改者。”〔1〕

（汉成帝阳朔二年）：“秋，关东大水，流民欲入函谷、天井、壶口、五阮关者，勿苛留。遣谏大夫博士分行视。”〔2〕

三、“直言以劝正”的中央谏官制度

专制政体下君主拥有高度集权，为了制约最高决策者独断专行所可能造成的危害，及时规劝君主改正过失，言谏制度应运而生。“谏”，“直言以劝正”是也；“谏官”的主要职责即在于向君主明确指出朝政之得失，“廷诤”（在朝廷当面向君主直言）与“上封事”（书面向君主提意见）是谏官将批评上达君主的两种形式。〔3〕

古人早知“谏”于统治的重要作用，“为人君而无谏臣则失正”〔4〕，“圣王置谏争之臣者，非以崇德，防逸豫之生也”〔5〕。相传舜帝时之“纳言”、周时之“保氏”都可视之为谏官的雏形，而春秋初年齐桓公所设“大谏”则为谏官正式设置之始。秦朝一统，正式设立谏大夫一职，执掌论议，顾问应对，“多至数十人，属郎中令”〔6〕。由此开辟的言谏制度（谏议制），在中国封建社会绵延数千年，至宋元时期方退出历史舞台。言谏作为制约君主的主要形式，是中国古代政治制度的一个创造。“君有过失者，危

〔1〕《汉书》卷六《宣帝纪》。

〔2〕《汉书》卷十《成帝纪》。

〔3〕 赵映诚：《中国古代谏官制度研究》，《北京大学学报》2000 年第 3 期。

〔4〕 王肃注：《孔子家语》卷三《子路初见》第十九，上海古籍出版社 1990 年 9 月第 1 版，第 53 页。

〔5〕《汉书》卷二十三《刑法志》。

〔6〕《通典》卷二十一《职官三》，第 554 页。

亡之萌也；见君之过失而不谏，是轻君之危亡也。夫轻君之危亡者，忠臣不忍为也。”[1]历史证明：同时出现敢于“犯颜直谏”的谏官和善于纳谏的帝王，势必推动当朝统治；反之，出现“幽王暴虐，妄诛伐，不听谏”[2]之类现象，则会加剧专制体制的危机。

西汉仿秦朝设谏大夫，“武帝元狩五年初置谏大夫，秩比八百石”[3]，虽然没有固定的官署，但高于地方监察官刺史仅为六百石的俸禄，可知谏官对于中央统治的重要意义。东汉光武帝改其为谏议大夫，虽俸禄降为六百石，但增加了议政之职，是为谏官官制的重大转折。除谏（议）大夫为专职谏官外，光禄大夫、议郎、博士等均有谏议之责，其他中央官员若加有侍中、散骑、中常侍等官衔，亦可在皇帝身边起到谏议的作用。其谏议范围包括治国思想、职官制度、经济政策以及皇太子废立、庙乐祭礼，甚至可以涉及皇帝个人素质和道德。同时，皇帝也会派遣所信任的谏官临时行使行政、监察等权力：

> 成帝初即位，举（孔光）为博士，数使录冤狱，行风俗，振赡流民，奉使称旨，由是知名。[4]
>
> （汉成帝建始三年）九月，诏曰：“乃者郡国被水灾，流杀人民，多至千数。京师无故讹言大水至，吏民惊恐，奔走乘城。殆苛暴深刻之吏未息，元元冤失职者众。遣谏大夫林

〔1〕刘向撰，向宗鲁校证：《说苑校证》卷九《正谏》，中华书局1987年7月第1版（下同），第206页。

〔2〕《汉书》卷二十七下之上《五行志》。

〔3〕《汉书》卷十九上《百官公卿表》。

〔4〕《汉书》卷八十一《孔光传》。

等循行天下。”[1]

两汉时期，最高统治者对于谏诤之士的需求非常广泛。汉文帝继位第二年，曾下诏“举贤良方正能直言极谏者，以匡朕之不逮”，并于同年五月下诏废除有碍于直言进谏的诽谤、謡言罪：“古之治天下，朝有进善之旌，诽谤之木，所以通治道而来谏者也。今法有诽谤訞言之罪，是使众臣不敢尽情，而上无由闻过失也。将何以来远方之贤良？其除之。民或祝诅上，以相约而后相谩，吏以为大逆，其有他言，吏又以为诽谤。此细民之愚，无知抵死，朕甚不取。自今以来，有犯此者勿听治。”十五年九月，又“诏诸侯王公卿郡守举贤良能直言极谏者，上亲策之，傅纳以言”[2]。汉武帝建元元年冬十月，“诏丞相、御史、列侯、中二千石、二千石、诸侯相举贤良方正直言极谏之士”[3]。汉元帝初元二年，命“丞相、御史、中二千石举茂材异等直言极谏之士，朕将亲览焉”[4]。东汉章帝刘炟于建初元年“令太傅、三公、中二千石、二千石、郡国守相举贤良方正能直言极谏之士各一人”，四年后又令“公卿已下，其举直言极谏能指朕过失者各一人，遣诣公车，将亲览问焉”[5]。安帝永初元年亦“诏公卿内外众官、郡国守相，举贤良方正、有道术之士，明政术、达古今、能直言极谏者，各一人”[6]。由此，两汉时期谏诤思想非常丰富。汉贾谊曾说：“故

[1]《汉书》卷十《成帝纪》。
[2]《汉书》卷四《文帝纪》。
[3]《汉书》卷六《武帝纪》。
[4]《汉书》卷九《元帝纪》。
[5]《后汉书》卷三《章帝纪》。
[6]《后汉书》卷五《安帝纪》。

上为非，则谏而止之，以道弼之。”〔1〕曾任光禄大夫的刘向亦有言：“有能尽言于君，用则留，不用则去，谓之谏；有能尽言于君，用则可生，不用则死，谓之诤。”〔2〕著名思想家王符有曰：“国之所以治者，君明也；其所以乱者，君暗也。君之所以明者，兼听也；其所以暗者，偏信也。”〔3〕“尊贤任能，信忠纳谏，所以为安也。”〔4〕两汉时期涌现出很多历史上著名的谏官，如刘辅、王褒、匡衡、严助等人，他们为“公直之士，通才謇正，有补益于朝者”〔5〕，“在一些有关国家安危的重大问题上，例如法律宽严、外戚宦官、太子地位等类问题，谏官或大臣进谏的情况常是络绎不绝，这类谏诤，都对政治的正常运行往往起着良性循环的作用”〔6〕。两汉言谏制度自下而上，御史监察制度自上而下，二者相辅相成，共同促进清明政治和巩固封建统治。

第二节　官吏管理制度

“吏者，民之本纲者也，故圣人治吏不治民。”〔7〕封建君主欲求国祚永延，必须善于管理和治理官吏，这是治国经验的历史总结。两汉官吏数量庞大，据《汉书·百官公卿表》记载，西汉官吏“吏员自佐史至丞相，十二万二百八十五人”〔8〕。东汉光武帝

〔1〕王洲明、徐超校注：《贾谊集校注》，人民文学出版社1996年版，第334页。

〔2〕《说苑校证》卷九《正谏》，第50—51页。

〔3〕王符撰，汪继培笺：《潜夫论》卷二《明暗第六》，上海古籍出版社1978年4月第1版（下同），第61页。

〔4〕《潜夫论》卷二《思贤第八》，第87页。

〔5〕《后汉书》卷二十六《韦彪传》。

〔6〕《中国历代廉政监察制度史》，第104页。

〔7〕《韩非子·外储说右下》，第117页。

〔8〕《汉书》卷十九上《百官公卿表》。

刘秀于建武六年（30年）曾大规模地精简机构，裁汰冗员，命司隶校尉、州牧各自核实下属部门，最终削减了四百多个县置，吏职也减少到原来的十分之一："夫张官置吏，所以为人也。今百姓遭难，户口耗少，而县官吏职所置尚繁，其令司隶、州牧各实所部，省减吏员。县国不足置长吏可并合者，上大司徒、大司空二府。"于是"条奏并省四百余县，吏职减损，十置其一"〔1〕，但余下的十分之九仍然数目惊人。如何管理这些官吏，是汉初统治者面临的一个相当重要的问题。

察举是汉代最主要的人才选拔制度，源源不断地为朝廷选拔和输送了大批的人才，出现了"汉之得人，于兹为盛"的局面。它协调了统治阶级内部权力的分配，奠定了以后历代平民参政的基础，部分地满足了中下层地主分子参政议政的愿望，为巩固封建地主阶级的统治，扩大封建王朝的社会基础发挥了重要作用，是刘汉王朝得以延续四百余年的诸多因素之一。汉代的察举制是中国古代"选贤与能"在新形势下的继承和发展。它已不是单纯的荐举贤才，而是荐举与考试并行，且逐渐发展为先荐举后考试，以成绩定优劣从而决定取舍的一种人才选拔制度："东汉用人多以试取之。诸科之中，孝廉、贤良、有道皆有试，迁官则如博士，如尚书皆先试，至于辟举、征召，无不试者。"〔2〕考试的形式、内容虽然不同，但把考试作为选拔、淘汰人才的一种手段已较广泛地使用。察举制在中国古代人才选拔历史的发展中占有重要的地位，它是隋唐以后甚为发达的科举制的滥觞，对科举制所产生的影响也是不言而喻的。

---

〔1〕《后汉书》卷一下《光武帝纪》。
〔2〕《文献通考》卷三十九《选举考十二》，第367页。

由此，汉代也成为中国古代人事制度确立和巩固的重要时期。

一、人才选拔

春秋战国时代，传统“世卿世禄”制度面临命运的转折，官吏选举制度逐渐登上历史舞台。有汉一朝更加重视人才的积极作用。汉高祖曾在十一年（前196年）下诏求贤：“盖闻王者莫高于周文，伯者莫高于齐桓，皆待贤人而成名。今天下贤者智能岂特古之人乎？患在人主不交故也，士奚由进！今吾以天之灵，贤士大夫定有天下，以为一家，欲其长久，世世奉宗庙亡绝也。贤人已与我共平之矣，而不与吾共安利之，可乎？贤士大夫有肯从我游者，吾能尊显之。布告天下，使明知朕意。”[1]并要求将具有治国才能的贤士大夫之品行、仪表、年龄等信息登记在册，可谓中国最早的官方人才库。其后文帝分别于二年（前178年）、十五年（前165年）先后两次下诏，从简单的要求“举贤良方正能直言极谏者”发展为“贤良明于国家之大体，通于人事之终始，及能直言极谏者”，反映出汉文帝日渐成熟的人才选拔思想。尤其在第二封诏书中，汉文帝明确以“朕之不德，吏之不平，政之不宣，民之不宁，四者之阙，悉陈其志，毋有所隐”作为贤良“明于国家之大体”的四条具体标准：

> （汉文帝）惟十有五年九月壬子，皇帝曰：“昔者大禹勤求贤士，施及方外，四极之内，舟车所至，人迹所及，靡不

---

〔1〕《汉书》卷一下《高祖纪》。

闻命，以辅其不逮；近者献其明，远者通厥聪，比善戮力，以翼天子。是以大禹能亡失德，夏以长楙。高皇帝亲除大害，去乱从，并建豪英，以为官师，为谏争，辅天子之阙，而翼戴汉宗也。赖天之灵，宗庙之福，方内以安，泽及四夷。今朕获执天子之正，以承宗庙之祀，朕既不德，又不敏，明弗能烛，而智不能治，此大夫之所著闻也。故诏有司、诸侯王、三公、九卿及主郡吏，各帅其志，以选贤良明于国家之大体，通于人事之终始，及能直言极谏者，各有人数，将以匡朕之不逮。二三大夫之行当此三道，朕甚嘉之，故登大夫于朝，亲谕朕志。大夫其上三道之要，及永惟朕之不德，吏之不平，政之不宣，民之不宁，四者之阙，悉陈其志，毋有所隐。上以荐先帝之宗庙，下以兴愚民之休利，著之于篇，朕亲览焉，观大夫所以佐朕，至与不至。书之，周之密之，重之闭之。兴自朕躬，大夫其正论，毋枉执事。乌乎，戒之！二三大夫其帅志毋怠！”〔1〕

汉初著名政论家晁错即是通过文帝十五年这次诏举入朝为官的。汉武帝作为中国历史上较有作为的皇帝之一，在位期间更是求贤若渴，广开门路：

是时，汉兴六十余载，海内艾安，府库充实，而四夷未宾，制度多阙。上（武帝）方欲用文武，求之如弗及，始以蒲轮迎枚生，见主父而叹息。群士慕向，异人并出。卜式拔于刍牧，弘羊擢于贾竖，卫青奋于奴仆，日磾出于降虏，斯

〔1〕《汉书》卷四十九《晁错传》。

亦曩时版筑饭牛之朋已。汉之得人，于兹为盛，儒雅则公孙弘、董仲舒、兒宽，笃行则石建、石庆，质直则汲黯、卜式，推贤则韩安国、郑当时，定令则赵禹、张汤，文章则司马迁、相如，滑稽则东方朔、枚皋，应对则严助、朱买臣，历数则唐都、洛下闳，协律则李延年，运筹则桑弘羊，奉使则张骞、苏武，将率则卫青、霍去病，受遗则霍光、金日磾，其余不可胜纪。是以兴造功业，制度遗文，后世莫及。〔1〕

从制度层面，为了适应专制主义中央集权封建国家统治的需要，两汉在秦制基础上建立和发展了包括察举、征辟、考试等一整套人才选拔及任用制度，重视士人品性："汉初诏举贤良、方正，州郡察孝廉、秀才，斯亦贡士之方也。中兴以后，复增敦朴、有道、贤能、直言、独行、高节、质直、清白、敦厚之属。"〔2〕西汉之所以能在我国历史上成为一个强大的皇朝，用人得当是一个重要因素。东汉后期，昏君在位，谗佞当道，纲政腐败，朝廷忽视有关国家兴衰存亡的用人大计，对官吏的选用、考核、奖惩，常常任人唯亲，考核不实，赏罚失当，故而灭亡是其必然趋势。正所谓"选举良才，为政之本"〔3〕是也。

（一）察举征辟

察举制始于汉高祖时期，是两汉时期最为重要的官吏选拔制度。根据规定科目，多由地方官吏考察人才向朝廷推举，然后由

〔1〕《汉书》卷五十八《兒宽传》。
〔2〕《后汉书》卷六十一《左雄传》。
〔3〕《后汉书》卷四《和帝纪》。

皇帝加以考试，成绩优异者得以入仕。从本质上说，察举是一种由下向上推选人才为官的制度。到汉武帝时代，察举逐渐成为一种比较完备的选官制度。

两汉时期根据不同科目制定四类标准选取贤士，史称“四科取士”：

> 世祖诏：“方今选举，贤佞朱紫错用。丞相故事，四科取士。一曰德行高妙，志节清白；二曰学通行修，经中博士；三曰明达法令，足以决疑，能案章覆问，文中御史；四曰刚毅多略，遭事不惑，明足以决，才任三辅令：皆有孝悌廉公之行。自今以后，审四科辟召。”〔1〕
>
> 建初八年十二月己未，诏书辟士四科：一曰德行高妙，志节清白；二曰经明行修，能任博士；三曰明晓法律，足以决疑，能案章覆问，文任御史；四曰刚毅多略，遭事不惑，明足照奸，勇足决断，才任三辅令。皆存孝悌清公之行。自今已后，审四科辟召。〔2〕

简单而言，四科即为德行、明经、通法、孝廉。西汉末年王莽执政时将四科改为德行、政治、文学、语言。东汉后期，大臣范滂举孝廉、光禄四行，此“四行”为敦厚、质朴、逊让、节俭。不管科目如何变化，始终包含有对于人员德行品质清白高尚的要求，可见朝廷对于廉洁的重视。

察举历经两汉逐渐完备，科目繁多，主要有孝廉、茂才、贤

---

〔1〕《后汉书》志第二十四《百官一》注引应劭《汉官仪》。
〔2〕《后汉书》卷四《和帝纪》注引应劭《汉官仪》。

良方正、文学等。

孝廉即孝子廉吏，“孝以选民，廉以察吏”。据史书记载，文帝十二年（前168年）诏曰：“孝悌，天下之大顺也。力田，为生之本也。三老，众民之师也。廉吏，民之表也。朕甚嘉此二三大夫之行。今万家之县，云无应令，岂实人情？是吏举贤之道未备也。其遣谒者劳赐三老、孝者帛人五匹，悌者、力田二匹，廉吏二百石以上率百石者三匹。”〔1〕武帝元光元年（前134年），“董仲舒初开其议，诏郡国举孝廉各一人”〔2〕；元朔元年（前128年）冬，武帝有感于六年以来各地举孝廉不利，下诏曰：“深诏执事，兴廉举孝，庶几成风，绍休圣绪。夫十室之邑，必有忠信；三人并行，厥有我师。今或至阖郡而不荐一人，是化不下究，而积行之君子雍于上闻也。二千石官长纪纲人伦，将何以佐朕烛幽隐，劝元元，厉蒸庶，崇乡党之训哉？且进贤受上赏，蔽贤蒙显戮，古之道也。其与中二千石、礼官、博士议不举者罪。”有司奏议曰：“……今诏书昭先帝圣绪，令二千石举孝廉，所以化元元，移风易俗也。不举孝，不奉诏，当以不敬论。不察廉，不胜任也，当免。”〔3〕可见直到汉武帝时孝廉仍是两科，其后逐渐趋于统一，并得以形成制度执行。

一般而言，各个郡国每年都要向朝廷按照一定比例推荐人才。“令郡国上明经者，口十万以上五人，不满十万三人”〔4〕，“并举孝廉，郡口二十万举一人”〔5〕。和帝永元四年：“时大郡口五六十

〔1〕《汉书》卷四《文帝纪》。
〔2〕《后汉书》卷四《和帝纪》注。
〔3〕《汉书》卷六《武帝纪》。
〔4〕《后汉书》卷三《章帝纪》。
〔5〕《后汉书》志第二十八《百官五》。

万举孝廉二人，小郡口二十万并有蛮夷者亦举二人。”和帝认为每郡不分大小均为岁举孝廉二人的制度并不合理，于是召集公卿商议。时任太尉之丁鸿与司空刘方上言，建议可以按照各郡人口多少，根据比例确定所举孝廉数额：“凡口率之科，宜有阶品，蛮夷错杂，不得为数。自今郡国率二十万口岁举孝廉一人，四十万二人，六十万三人，八十万四人，百万五人，百二十万六人。不满二十万二岁一人，不满十万三岁一人。”后鉴于“幽、并、凉州户口率少”，从“以人为本”的理念出发，和帝下诏调整此三州推荐比例：“令缘边郡口十万以上岁举孝廉一人，不满十万二岁举一人，五万以下三岁举一人。”[1]“实行按地区、按期限、按名额举荐人才的规定，虽然有时难免会产生滥竽充数的弊端，但却从制度上保证了封建国家的官吏来源。全国各地每年都得产生出一批举荐对象，中央政府可以从中挑选和发现统治人才，使现任官吏队伍得到源源不断的补充更新。同时，此种规定亦有利于官吏队伍构成趋于相对合理，使得统治集团成员的来源在地域分布上更为广泛，从而扩大了封建国家的统治基础。”[2]孝廉一科，作为官吏进身之正途，两汉很多名公巨卿均为孝廉出身，“汉世诸科，虽以贤良方正为至重，而得人之盛，则莫如孝廉”[3]，对汉代政治影响很大。

茂才本称秀才，始于汉武帝元封五年（前106年）：“盖有非常之功，必待非常之人，故马或奔踶而致千里，士或有负俗之累

---

〔1〕《后汉书》卷四《和帝纪》。

〔2〕余华青主编：《中国古代廉政制度史》，上海人民出版社2007年11月第1版，第76页。

〔3〕《文献通考》卷三十四《选举考七》，第320页。

而立功名。夫泛驾之马，跅弛之士，亦在御之而已。其令州郡察吏民有茂材异等，可为将相及使绝国者。”[1]将茂才比为千里马，可知朝廷对此期望甚高。东汉时避光武帝刘秀讳改为茂材，又称茂才。西汉时期茂才只是特举而非常科，建武十二年（36年）光武帝下诏令“三公举茂才各一人，廉吏各二人；光禄岁举茂才四行各一人，察廉吏三人；中二千石岁察廉吏各一人，廷尉、大司农各二人；将兵将军岁察廉吏各二人；监察御史、司隶、州牧岁举茂才各一人”[2]。三公、光禄、司隶校尉等皆为朝廷高官，所举数目虽少，但一旦任用，级别则高于孝廉。同时地方官员亦可推举茂才，而且并非只从平民中选拔，已仕官吏和孝廉等皆可被举为茂才。茂才从此成为仅次于孝廉的一种常设察举科目。

贤良方正和文学也是汉代选拔官吏的重要科目和途径，两汉名臣陈蕃、晁错、公孙弘、贡禹、魏相、孔光、何武、王嘉、黄霸、鲁恭、种嵩等皆由此科入仕。由皇帝不定时下诏举荐，非每年固定选举。贤良方正多指能直言极谏者，始于文帝二年（前178年）：“举贤良方正能直言极谏者，以匡朕之不逮。”[3]其目的是广开直言之路，表现特别优秀者则授以官职。到武帝时“举贤良”确立为一项政治制度：“建元元年冬十月，诏丞相、御史、列侯、中二千石、二千石、诸侯相举贤良方正直言极谏之士。”[4]

汉代诏举贤良方正常在水旱、疾疫、日蚀、地震等灾害之后，原因在于古人对于此辨识不清，多认为是上天对人间帝王的谴责

〔1〕《汉书》卷六《武帝纪》。
〔2〕《后汉书》志第二十四《百官一》注引应劭《汉官仪》。
〔3〕《史记》卷十《孝文本纪》。
〔4〕《汉书》卷六《武帝纪》。

与警告，“灾由政出”，故而昭告天下以求“消灾化异”之人，征召“习先圣之术”、“明当世之务”、“通于人事之始终”、“敦厚有行，义能直言极谏”之贤良匡正过失。文帝二年的诏举，就是因为日蚀的缘故：“人主不德，布政不均，则天示之灾以戒不治。”文帝十五年黄龙见于成纪，以为是瑞兆，再次诏举“贤良方正能直言极谏者，以匡朕之不逮”[1]。两汉时期多有此例：

(汉元帝初元二年三月) 诏曰：“……乃二月戊午，地震于陇西郡，毁落太上皇庙殿壁木饰，坏败豲原道县城郭官寺及民室屋，压杀人众。山崩地裂，水泉涌出。天惟降灾，震惊朕师。治有大亏，咎至于斯。夙夜兢兢，不通大变，深惟郁悼，未知其序。间者岁数不登，元元困乏，不胜饥寒，以陷刑辟，朕甚闵之。郡国被地动灾甚者无出租赋。赦天下。有可蠲除减省以便万姓者，条奏，毋有所讳。丞相、御史、中二千石举茂材异等直言极谏之士，朕将亲览焉。”[2]

(汉成帝建始三年) 冬十二月戊申朔，日有蚀之。夜，地震未央宫殿中。诏曰：“盖闻天生众民，不能相治，为之立君以统理之。君道得，则草木昆虫咸得其所；人君不德，谪见天地，灾异娄发，以告不治。朕涉道日寡，举错不中，乃戊申日蚀地震，朕甚惧焉。公卿其各思朕过失，明白陈之。‘女无面从，退有后言。’丞相、御史与将军、列侯、中二千石及内郡国举贤良方正能直言极谏之士，诣公车，朕将览焉。”[3]

---

[1] 《汉书》卷四《文帝纪》。
[2] 《汉书》卷九《元帝纪》。
[3] 《汉书》卷十《成帝纪》。

（光武帝建武七年）夏四月壬午，诏曰："比阴阳错谬，日月薄食。百姓有过，在予一人，大赦天下。公、卿、司隶、州牧举贤良方正各一人，遣诣公车，朕将览试焉。"〔1〕

透过这层现象，也可看出统治者希望通过贤良选举，培植亲信官吏，扩充智囊集团，严肃整顿吏治，加强统治力度，从而达到巩固统治地位的目的。史载汉武帝元光元年（前134年）五月，（武帝）招贤良曰："贤良明于古今王事之体，受策察问，咸以书对，著之于篇，朕亲览焉。"〔2〕昭帝始元元年（前86年），"遣故廷尉王平等五人持节行郡国，举贤良，问民所疾苦、冤、失职者"，希望通过贤良之口申诉民间疾苦，从而加强对吏治的监督。

文学大体亦始举于文帝，于汉昭帝始元五年（前82年）方得正式见于诏令："其令三辅、太常举贤良各二人，郡国文学高第各一人。"〔3〕常与贤良合称并举。

除此之外，两汉时期尚有明经、明法、尤异、治剧、兵法、阴阳灾异等多种察举科目，以及一些临时的选官方式，如诏举"可充博士位者"〔4〕、"能浚川疏河者"〔5〕等。两汉时规模最大的一次诏举，是在西汉平帝元始五年（5年）："征天下通知逸经、古记、天文、历算、钟律、小学、《史篇》、方术、《本草》及以《五经》、《论语》、《孝经》、《尔雅》教授者，在所为驾一封轺传，

〔1〕《后汉书》卷一下《光武帝纪》。
〔2〕《汉书》卷六《武帝纪》。
〔3〕《汉书》卷七《昭帝纪》。
〔4〕《汉书》卷十《成帝纪》。
〔5〕《汉书》卷二十九《沟洫志》。

遣诣京师。至者数千人。”[1]如此规模宏大的临时察举，实为时任大司马的王莽以期收拢人心的手段，靡费太甚，东汉以后不再举行。

对于这些察举科目，根据实际操作情况，朝廷也经常出台修正性建议，多见于东汉。如对于年龄方面，东汉顺帝永建年间（126—132），孝廉出身之尚书令左雄上书建议曰：

> 郡国孝廉，古之贡士，出则宰民，宣协风教。若其面墙，则无所施用。孔子曰“四十不惑”，《礼》称“强仕”。请自今孝廉年不满四十，不得察举，皆先诣公府，诸生试家法，文吏课笺奏，副之端门，练其虚实，以观异能，以美风俗。有不承科令者，正其罪法。若有茂才异行，自可不拘年齿。[2]

质帝本初元年（146年）诏令天下：“令郡国举明经，年五十以上、七十以下诣太学。”[3]

相比察举自下而上的推举人才，征辟是一种自上而下选拔官吏的制度，又分征召与辟举两种形式。征召是对全国特别有名望的人才，由皇帝派专人去聘任，上任后地位尊荣，享有礼宾待遇。上述汉高祖十一年（前196年）所下求贤诏，即属于这一方式。此外，另有一种将皇帝征召、毛遂自荐、审查录用三者结合的选官方式——上书拜官。诸如东方朔、主父偃等汉代名臣都是通过

[1]《汉书》卷十二《平帝纪》。
[2]《后汉书》卷六十一《左雄传》。
[3]《后汉书》卷六《质帝纪》。

这种方式入主朝廷的。辟举也叫辟除，是高级官员任用属吏的一种制度，由中央或郡国长官对所辖部门或地区内有名望的人加以聘任，辟为自己的幕僚属吏；分为公府辟除和州郡辟除两种情况。公府辟除是汉代（特别是东汉）选官入仕的重要途径，两汉公府三公丞相（司徒）、御史大夫（司空）、太尉（司马）以及诸卿皆可直接向朝廷推荐自辟掾属，同时仍需依诏令所定科目察举。州郡辟除亦为汉代选官的又一条重要途径。

征辟分为“征”和“辟”两种形式。“征”包括两种：一种是皇帝诏令各郡，要求各郡推荐“贤良方正、能直言极谏者”，经过皇帝面试后，任用为官，这叫“诏举”；另一种是皇帝下令指名征召社会上有声望的士人，直接任为中央官员。“辟”，又称“辟除”，是指三公、九卿、刺史、郡守、国相自行招聘属吏。辟除法选拔面较宽，中央和地方主管官员由于有了一定的选拔官吏的特权，因而可以比较自主选择较适意的僚属。这有利于各级机构部门官员对僚属知人善任，协调主从关系，发挥所属官吏的积极作用。

后汉名臣蔡邕曾言：“孝武之世，郡举孝廉，又有贤良、文学之选，于是名臣辈出，文武并兴。汉之得人，数路而已。”[1]由此可见察举制于两汉人才选拔的重要意义。察举制进一步打破了“任子”、“赀选”等“世袭制”和军功地主一统天下的局面，为出身寒微的明才贤士提供了参与政治的机会，而其详细的规定也为后世科举制选拔官吏奠定了基础。通过这一制度的实施，汉王朝选拔了一批德才兼备的人才，不仅充实和加强了中央和地方的

[1] 《后汉书》卷六十下《蔡邕传》。

封建统治机构，而且对当时社会政治、经济、文化的发展也起了一定推动作用。

（二）教育考试

汉代教育系统有中央太学和地方官学两类。地方官学始建于汉景帝，也是中国历史上最早的地方官学。中央太学始建于汉武帝，不仅是中国，亦是世界范围内最早最大的培养国家官吏的学校。太学制度严谨规范，以年龄、仪表、学识、品行为选拔标准，不论皇亲国戚高官还是贫穷人家的子弟，都有机会进入太学学习。学习期间以自学为主，学制宽松，但考试极为严格。考试内容为《五经》，通过才能毕业，并按成绩授官。这也是中国历史上最早的宽进严出的学校。

汉武帝时，丞相公孙弘以三代盛世官学制度引出当时应该建立学校的理由：

> 闻三代之道，乡里有教，夏曰校，殷曰庠，周曰序。其劝善也，显之朝廷；其惩恶也，加之刑罚。故教化之行也，建首善自京师始，繇内及外。今陛下昭至德，开大明，配天地，本人伦，劝学兴礼，崇化厉贤，以风四方，太平之原也。

并进一步阐述了可以参考实行的几种方法：

> 为博士官置弟子五十人，复其身。太常择民年十八以上仪状端正者，补博士弟子。郡国县官有好文学，敬长上，肃政教，顺乡里，出入不悖，所闻，令相长丞上属所二千石。

二千石谨察可者，当与计偕，诣太常，得受业如弟子。一岁皆辄课，能通一艺以上，补文学掌故缺；其高弟可以为郎中，太常籍奏。即有秀才异等，辄以名闻。其不事学若下材，及不能通一艺，辄罢之，而请诸能称者。[1]

汉武帝采纳了公孙弘的建议，使京城、郡、县三级官学制度得以顺利建立，渐次形成选举制度。东汉光武帝创立了选举部门，将西汉成帝所设常侍曹（尚书）改“为吏部曹，主选举祠祀事……灵帝以侍中梁鹄为选部尚书，于此始见曹名。及魏改选部为吏部，主选部事”[2]，两晋南北朝大体依循此制：“自此以来，则公卿大夫士吏斌斌多文学之士矣。”[3]从文帝到武帝的人才选拔政策，可以视之为隋唐以降科举制的滥觞。[4]

两汉的考试与察举、征辟等制度是相辅相成的。东汉时期为纠正察举缺失，在推荐基础上更为加强考试，无论是郡国岁举的孝廉，还是诏令特举的贤良、文学，所有由地方考察举荐之士人，为了进一步考察能力，以及保证公平竞争，必须经过朝廷考试合格后才能得以录用。关于考试方法，有对策和射策两种，对策就是命题考试，射策就是抽签考试。

射策者，谓为难问疑义书之于策，量其大小署为甲乙之科，列而置之，不使彰显。有欲射者，随其所取得而释之，

〔1〕《汉书》卷八十八《儒林列传》。
〔2〕《晋书》卷二十四《职官志》。
〔3〕《史记》卷一百二十一《儒林列传》。
〔4〕《中国历代廉政监察制度史》，第94页。

以知优劣。射之，言投射也。对策者，显问以政事经义，令各对之，而观其文辞定高下也。[1]

甲科谓作简策难问，列置案上，任试者意投射取而答之，谓之射策。上者为甲，次者为乙。若录政化得失，显而问之，谓之对策也。[2]

其中，“对策”为主要的考试方法，即皇帝亲自出题，内容侧重于当世要务和治国治民的现实问题，即所谓“录政化得失，显而问之”。文帝曾于十五年“策试”晁错：“故登大夫于朝，亲谕朕志。大夫其上三道之要，及永惟朕之不德，吏之不平，政之不宣，民之不宁，四者之阙，悉陈其志，毋有所隐……”[3]“朕之不德，吏之不平，政之不宣，民之不宁”四个方面，无论任何一点出现问题，对于社稷安危都将是致命的。以此作为考察题目，可见统治者对人才选拔颇高的期望值。凡属诏令特举之士，皇帝往往亲加策试。“朕将亲览”表现了当权者对于选拔人才的高度重视。天子根据贤良回答，“取其忠言嘉谟，足以佐国，崇论宏议，足以康时”[4]者，正所谓“对策者，显问以政事经义，令各对之，而观其文辞定高下也”[5]。两汉最著名的皇帝亲策对象当为董仲舒莫属：“武帝即位，举贤良文学之士前后百数，而仲舒以贤良对策焉。”回答完毕，武帝“览其对而异焉，乃复册”，进而又为复

[1]《汉书》卷七十八《萧望之传》注引颜师古语。
[2]《后汉书》卷六《顺帝纪》注引《前书音义》。
[3]《汉书》卷四十九《晁错传》。
[4]《文献通考》卷三十四《选举考七》，第320页。
[5]《汉书》卷七十八《萧望之传》注引颜师古语。

册，终封其“为江都相，事易王”〔1〕。射策虽不如对策级别高，但抽签考试的方式，“隐问难之条以防假手宿构”，可以有效地防止作弊，后世扩展为“隐举人之名以防嘱托徇私”等方式，出发点都是表示考试的公正与公平〔2〕。

公府与州郡辟除之士也要依诏令规定进行考试。东汉中叶以后，鉴于公府州郡孝廉不力，尚书令左雄为革其弊，提出建立复试制度：“皆先诣公府，诸生试家法，文吏课笺奏，副之端门，练其虚实，以观异能，以美风俗。有不承科令者，正其罪法。”〔3〕对于防止营私舞弊、择优选才起到积极的历史作用。

两汉时期重视人才，对于选拔过程自然格外重视。首先，对于选举人的资格有明确的规定。一般说来，二千石以上的高官才拥有举荐选任的权力；同时，汉法规定“视事满岁”者始有察举的资格〔4〕。其次，对于选举人的责任自秦以来就有法律上的严格规定：“任人而所任不善者，各以其罪罪之。”〔5〕处罚措施包括贬秩、左迁、削职、被刑等多种手段。第三，两汉监察体系严密，在人才选拔环节亦然。地方人才选拔过程，一般由地方监察官员刺史行使监察权力。中央政府的选拔考试，西汉时期由丞相、太常、光禄等奉命负责，西汉后期至东汉以降，尚书逐渐掌握朝廷铨选权力，相应便由丞相司直、司隶校尉与州刺史等监察选举虚实。第四，对于决定任命的官吏实行“试守”即试用制度，约以一年为期限，视其表现决定正式任命何等官职。对此史书多有记

〔1〕《汉书》卷五十六《董仲舒传》。
〔2〕《文献通考》卷四十《学校考一》，第383页。
〔3〕《后汉书》卷六十一《左雄传》。
〔4〕《后汉书》卷六《顺帝纪》。
〔5〕《史记》卷七十九《范睢（雎）列传》。

载："诸官吏初除，皆试守一岁乃为真，食全奉。"〔1〕"刺史举民有茂材，移名丞相，丞相考召，取明经一科，明律令一科，能治剧一科，各一人。诏选谏大夫、议郎、博士、诸侯王傅、仆射、郎中令，取明经。选廷尉正、监、平，案章取明律令。选能治剧长安、三辅令，取治剧。皆试守，小冠，满岁为真，以次迁，奉引则大冠。"〔2〕"徐邈字景山，燕国蓟人也。太祖平河朔，召为丞相军谋掾，试守奉高令，入为东曹议令史。"〔3〕

（三）回避制度

为了防止官员利用血亲宗族关系营私舞弊，影响国家机器的正常运转，从而规定其不得从事或担任某种职务或实施某种权力，是为回避制度。回避制度自汉初创至明代形成一种非常重要的人事制度，包括地理回避、亲属回避、师生回避、拣选回避、科场回避和审判回避诸多方面。

在中国传统的封建社会里，回避制度的产生和存在有着深刻的社会历史根源和社会背景。古代奴隶制国家以宗族血缘为纽带，根据血缘亲疏决定官职高低尊卑，并多由子孙世袭。春秋战国时期，王室衰微，战争频仍，宗法、世袭制开始瓦解，官吏任用渐趋呈现"度其功劳，论其庆赏，岁终奉其成功，以效于君，当则可，不当则废"〔4〕的态势，苏秦、张仪、范雎、蔺相如等人"因

〔1〕《汉书》卷十二《平帝纪》注引如淳语。

〔2〕孙星衍等辑，周天游点校：《汉官六种》《汉官旧仪二卷补遗一卷·汉官旧仪卷上》，中华书局1990年9月第1版，第37页。

〔3〕《三国志》卷二十七《魏书二十七·徐邈传》。

〔4〕《荀子》第七卷《王霸》，上海古籍出版社1989年9月第1版，第69页。

任而授官，循名而责实”〔1〕，以布衣身份跻身相位，但政府对于官员管理并无太多制度层面的措施。秦一统后，封建统治阶级为了加强中央集权，澄清吏治，逐步开始创立一些严格的法规，以期防患于未然。但从西汉年间直到东汉中前期，虽然在人才选拔制度方面屡有突破，但对于任官回避尚不十分重视。汉武帝时规定“一般官员不得在本籍为官，刺史不得在本州岛任职，郡守、国相不得在本郡任职，县令长、丞尉，本县籍人、本郡籍人皆不可用”，但仍然任命祖籍会稽的朱买臣为会稽太守，简单的回避原则亦未能严格执行〔2〕。

揭开中国古代任官回避制度序幕的是东汉末年的“三互法”。

东汉后期，特别是从和帝起，外戚、宦官势力膨胀，官吏士大夫为了与之抗衡也开始结成政治集团，三方为了权势相互斗争，结党营私现象屡见，“朋党用私，背实趋华”〔3〕，致使政治日益黑暗，官吏任用多有交相请托，察举之制愈见徒有虚名：“每有选用，辄参之掾属，公府门巷，宾客填集，送去迎来，财货无已。其当迁者，竞相荐谒，各遣子弟，充塞道路，开长奸门，兴致浮伪，非所谓率由旧章也。”〔4〕史载顺帝初年，河南尹田歆“当举六孝廉，多得贵戚书命”，最终无奈只选名士一人〔5〕，其他名额均被贵戚瓜分。中央政府为了改变这种状况，在州刺史和郡太守这两种职官的选任中，开始实行一种回避制度，即为三互法：

〔1〕《韩非子》第十七卷《定法》，第137页。
〔2〕唐梦诗：《试论中国古代的任官回避制度》，《云南民族学院学报》1990年第3期。
〔3〕《后汉书》卷四十九《王符传》。
〔4〕《后汉书》卷三十下《郎𫖮传》。
〔5〕《后汉书》卷五十六《种暠传》。

初，朝议以州郡相党，人情比周，乃制婚姻之家及两州人士不得对相监临。至是复有三互法，禁忌转密，选用艰难。幽、冀二州，久缺不补。〔1〕

三互法简单来说，就是婚姻之家及两州人不得交互为官，并进一步拓展为与所在两州（郡）间接有关的第三州（郡）〔2〕。当时幽、冀二州部署大量军力，一旦地方势力勾结，势必对朝廷造成极大威胁，因此中央政府下令不允许两州之人“交互为官”：“史弼迁山阳太守，其妻巨野薛氏女，以三互自上，转拜平原相。”〔3〕三互法看似简单，实则交错繁密，以致竟然出现幽、冀二州长官选举“逾月不定”的尴尬局面。其时贤人蔡邕上书谈及三互法的疏漏，恳请灵活运用此等回避制度，未被采纳。

邕上疏曰：“伏见幽、冀旧壤，铠马所出，比年兵饥，渐至空耗。今者百姓虚县，万里萧条，阙职经时，吏人延属，而三府选举，逾月不定。臣经怪其事，而论者云‘避三互’。十一州有禁，当取二州而已。又二州之士，或复限以岁月，狐疑迟淹，以失事会。愚以为三互之禁，禁之薄者，今但申以威灵，明其宪令，在任之人岂不戒惧，而当坐设三互，自生留阂邪？昔韩安国起自徒中，朱买臣出于幽贱，并以才宜，还守本邦。又张敞亡命，擢授剧州。岂复顾循三互，继以末

〔1〕《后汉书》卷六十下《蔡邕传》。

〔2〕方北辰：《东汉“三互法”辨析》，《文史》第二十四辑，中华书局1985年4月版，第327—329页。

〔3〕《后汉书》卷六十下《蔡邕传》注引《谢承书》。

制乎？三公明知二州之要，所宜速定，当越禁取能，以救时敝；而不顾争臣之义，苟避轻微之科，选用稽滞，以失其人。臣愿陛下上则先帝，蠲除近禁，其诸州刺史器用可换者，无拘日月三互，以差厥中。”书奏不省。[1]

此外，汉代宗室出任地方官需回避京师附近的河南、河内、河东三郡，有亲属关系的人不能在同一部门或地区为官，地方官员中有姻亲关系的亦不能担任职务相仿的官职，这些回避措施为后世历代所沿用，并不断进行修订、补充，形成为制度。但回避制度的推行，同政权清明与否相关密切，故而时紧时松。

二、考核制度

“圣人治吏不治民”[2]，这是历代治国经验的历史总结。所谓“治吏”，关键在于建立一整套严明的考核办法。我国对官吏进行考核的实践由来已久。据史书记载，早在原始社会末期，尧舜做部落联盟首领时就已经有了考绩的做法：每三年对各部落首领巡视考核一次，了解各部落治理情况，每考核三次作为一个周期，根据三次考核情况，对有政绩者给予奖赏；对政绩拙劣者给予降职惩处，是为“三载考绩，三考黜陟幽明，庶绩咸熙”[3]；尧帝每五年外出巡守，其时各方诸侯均要前来汇报政绩，是为“五载

〔1〕《后汉书》卷六十下《蔡邕传》。

〔2〕《韩非子》第十四卷《外储说右下》，第117页。

〔3〕孔安国注，孔颖达等正义，黄侃经文句读：《尚书正义》卷三《舜典》，《清十三经注疏》本，上海古籍出版社1990年12月第1版（下同），第45页。

一巡守，群后四朝，敷奏以言，明试以功，车服以庸”〔1〕。其后夏、商、周“三代”，先后实行了“三载考功，五年政定”〔2〕、“三宅”、“三俊”〔3〕等考察官吏德行及政绩的方法。两汉时期，朝廷对于官吏的考核，大体上承袭秦制，分为两大系统：

一是各级主管对下属官员上下级的考课系统，包括中央公卿守相和郡县长官在内，都要依其职务对属官的德行和成绩考核定品，以此作为迁降赏罚的依据。汉宣帝地节二年（前68年）下诏曰：“五日一听事，〔自丞相〕以下各奉职奏事，以傅奏其言，考试功能。侍中尚书功劳当迁及有异善，厚加赏赐，至于子孙，终不改易。枢机周密，品式备具，上下相安，莫有苟且之意也。”〔4〕汉官光禄勋，“掌宿卫宫殿门户，典谒署郎更直执戟，宿卫门户，考其德行而进退之”〔5〕。其对于下属郎官的考核，所根据的是“敦厚、质朴、逊让、节俭”〔6〕四行，如果这四种品行良好，则可推荐任官。至东汉时光禄勋除负责宫禁安全外，也成为培植官吏人才的一个重要机构。

另外是从中央到地方的纵向考核系统：中央课郡国，郡国课属县，称为“上计”制度。“上计”制度滥觞于战国时期。其时地方长官按照规定于年终将本辖区包括户口、土地、赋税、库藏、治安等情况刻于木简汇编成册，上报朝廷以备检查考核，君主据其优劣论功行赏。两汉时期，这一制度有了进一步的丰富和发展。

---

〔1〕《尚书正义》卷三《虞书·舜典》，第36页。

〔2〕赵晔撰，吴庆峰点校：《二十五别史》《吴越春秋·越王无余外传第六》，齐鲁书社2000年5月第1版，第58页。

〔3〕《尚书正义》卷十七《立政》，第258页。

〔4〕《汉书》卷八《宣帝纪》。

〔5〕《后汉书》志第二十五《百官二》。

〔6〕《后汉书》卷六十七《党锢列传·范滂传》李贤注引《汉官仪》。

每年秋冬之际，诸县令、长、丞尉将本县的人口、农田水利、财政支出、监狱、道路交通、戍边等诸方面整为计薄亲行上计，“秋冬岁尽，各计县户口垦田，钱谷入出，盗贼多少，上其集簿”[1]，治绩优异可以得到升迁，反之当场就要受到斥责。随后年终之时，各郡将所辖各县上报的情况汇总后形成书面报告，派遣上计吏呈报于朝廷。中央政府通过上计情况全面掌握上一年度国内发展，并据以考核地方官吏的政绩，按考核结果分列等级，宣明优劣。除去每年一度的“常课”上计之外，每三年还有一次全面考察治状的“大课”。

所有考核内容中，鉴于中国古代农业社会的性质，户口一项显得格外重要。每当地方百姓减少的情况发生时，中央政府总会采取休养生息的政策安抚百姓，增加人口，以求得农业生产的稳定发展：“海内虚耗，户口减半，光知时务之要，轻繇薄赋，与民休息。”[2]地方官员政绩常因此而定：西汉黄霸做颍川太守“以外宽内明得吏民心，户口岁增，治为天下第一”[3]；东汉郭伋任渔阳太守，“在职五岁，户口增倍”，“民得安业”，光武帝赞之为“贤能太守”[4]。此外，地方盗贼出没以及监狱收押犯人等情况可以反映一方民风及治安环境，而地方行政长官同时也是最高司法审判官，所以也是上计的重要内容之一：“光武初以（祭）遵故，拜（祭）肜为黄门侍郎，常在左右。……肜有权略，视事五岁，县无盗贼，课为第一，迁襄贲令。”[5]

---

〔1〕《后汉书》志第二十八《百官五》补注引胡广曰。
〔2〕《汉书》卷七《昭帝纪》。
〔3〕《汉书》卷八十九《循吏传》。
〔4〕《后汉书》卷三十一《郭伋传》。
〔5〕《后汉书》卷二十《祭遵传》。

负责中央政府对郡国考课的机关是丞相、御史二府。御史大夫主要负责核查虚实真伪，丞相主要负责“课其殿最，奉行赏罚”[1]。古代考核政绩或军功，下等称“殿”，上等称“最”，具体事务则由府内官吏处理。如汉初萧何为相国时，张苍曾以列侯居相府，具体负责郡国上计之事，历时四年有余，后迁为御史大夫：“张苍，阳武人也……迁为计相，一月，更以列侯为主计四岁。是时萧何为相国，而苍乃自秦时为柱下御史，明习天下图书计籍，又善用算律历，故令苍以列侯居相府，领主郡国上计者。……十四年，迁为御史大夫。”[2]东汉以三公分掌丞相之职，郡国上计考课之事亦由三公分管：“太尉，公一人。本注曰：掌四方兵事功课，岁尽即奏其殿最而行赏罚。”“司徒，公一人。本注曰：掌人民事。凡教民孝悌、逊顺、谦俭，养生送死之事，则议其制，建其度。凡四方民事功课，岁尽则奏其殿最而行赏罚。”“司空，公一人。本注曰：掌水土事。凡营城起邑、浚沟洫、修坟防之事，则议其利，建其功。凡四方水土功课，岁尽则奏其殿最而行赏罚。”[3]但据《通典·职官四》记载：“后汉尚书五曹，六人，其三公曹尚书二人（掌天下岁尽集课州郡），吏曹（掌选举斋祠，后汉志谓之常侍曹，亦谓之选部）。”[4]可知东汉时期上计考课的实际权力由尚书台掌握，正如蔡质《汉仪》所说，尚书“典天下岁尽集课事”[5]。由于上计考课事关国家大政，故汉朝廷对此非常重视，皇帝有时行幸郡国，也会采取就地上计的方式亲行考课。

---

〔1〕《汉书》卷七十四《丙吉传》。

〔2〕《汉书》卷四十二《张苍传》。

〔3〕《后汉书》志第二十四《百官一》。

〔4〕《通典》卷第二十二《职官四》，第601页。

〔5〕《后汉书》志第二十六《百官三》注引蔡质《汉仪》。

两汉时期刺史的考课比较特殊。西汉时，刺史行使的多为地方监察功能，常年驻守地方，代表中央刺察郡国官吏，“岁尽诣京都奏事”〔1〕。而其时亦为年终郡国上计之时，故其奏事情况有助于朝廷甄别上计吏所言是否真实，对于考课郡国起到监察作用。而其本身是否恪忠职守则由御史中丞监督考核。东汉以来，刺史职权范围扩展，渐由监察官变为地方最高行政长官，原本中央政府——郡——县的三级行政体制变为中央政府——州——郡——县四级，州之于郡从单纯的监察关系变为行政隶属关系，也就有了对郡进行考课的实际权力。

汉代上计属于书面汇报形式，下级官吏为了赢得政绩，难免出现弄虚作假、谎报成绩的情况，“上计簿，具文而已，务为欺谩，以避其课”〔2〕。西汉后期考课制度弊端日显。汉元帝时为整顿吏治曾奏考功课吏法，但试行未果。东汉考核制度大体与西汉相同，但已日趋衰败了。

三、奖惩机制

“国家之败，由官邪也。”〔3〕作为官吏管理制度的重要组成部分，奖惩制度历来为统治者所重视。“赏罚者，利器也，君操之以制臣”〔4〕，对恪忠职守的官员进行表彰，激励其继续为国泰民安

〔1〕 徐天麟著，子予整理：《东汉会要》卷二十《职官二·刺史》，上海古籍出版社 1978 年版，第 299 页。

〔2〕《汉书》卷八《宣帝纪》。

〔3〕 杜预注，孔颖达等正义，黄侃经文句读：《春秋左传正义》卷五《桓公二年》，《清十三经注疏》本，上海古籍出版社 1990 年 12 月第 1 版（下同），第 96 页。

〔4〕《韩非子》卷十《内储说下》，第 83 页。

奉献；对违规的官吏予以坚决、有效的惩治，罚一儆百，警示为官者敬畏手中的权力。两汉作为中国历史上第一个盛世王朝，对官吏管理格外重视，“盖闻有功不赏，有罪不诛，虽唐虞犹不能以化天下”〔1〕。东汉王充在《潜夫论》第四卷《三式第十七》中亦有云：“法令赏罚者，诚治乱之枢机也，不可不严行也。”〔2〕有功必赏，有过必罚，赏所当赏，罚所当罚，赏罚分明，这是吏治清明和国家兴旺的重要因素；反之，功不必赏，过不必罚，赏所不当赏，罚所不当罚，赏罚不明，结果必然是吏治败坏，国家衰亡。两汉政府在上述奖惩思想下建立了一整套明确的奖惩机制。

（一）奖励

奖励方式包括精神和物质两个方面，但最为直接和有效的就是官职的升迁。因为为官清廉，品性正直，治理有方，民众称赞，就多有机会得以升迁。其依据多参照考课结果，“考绩功课，简在两府”，朝廷将官吏考核结果汇总登记在册，然后评选优劣，依此奖惩，“丞相课其殿最，奉行赏罚”〔3〕。

> 初，（颜）异为济南亭长，以廉直稍迁至九卿。〔4〕
>
> 永平中，辟太尉府，显宗素闻其行，诏拜谏议大夫，迁侍中，又迁长乐卫尉。〔5〕

---

〔1〕《汉书》卷八《宣帝纪》。
〔2〕《潜夫论》，第244页。
〔3〕《汉书》卷七十四《丙吉传》。
〔4〕《汉书》卷二十四下《食货志》。
〔5〕《后汉书》卷三十九《赵孝传》。

那些实至名归得以升迁的官吏，会在新的位置上更加为国为民，奉公执法：

雄每行部，录囚徒，察颜色，多得情伪，长吏不奉法者皆解印绶去。在州四年，迁南郡太守，断狱省少，户口益增。……在郡数岁，岁常丰稔。元初中卒官。[1]

为政严峻，明于发擿奸非，吏人谓之神明。迁文安令，遇时疾疫，谷贵人饥，（度）尚开仓禀给，营救疾者，百姓蒙其济。[2]

学富五车，可为朝廷提供治国良策，益于社稷苍生者，亦有升迁机会：

会初立《穀梁春秋》，征更生受《穀梁》，讲论《五经》于石渠。复拜为郎中给事黄门，迁散骑谏大夫给事中。……成帝即位，显等伏辜，更生乃复进用，更名向。向以故九卿召拜为中郎，使领护三辅都水。数奏封事，迁光禄大夫。[3]

时贾谊已死，对策者百余人，唯错为高第，繇是迁中大夫。错又言宜削诸侯事，及法令可更定者，书凡三十篇。孝文虽不尽听，然奇其材。[4]

宣帝初即位，（路）温舒上书，言宜尚德缓刑。……

---

〔1〕《后汉书》卷三十八《法雄传》。
〔2〕《后汉书》卷三十八《度尚传》。
〔3〕《汉书》卷三十六《楚元王传第六》。
〔4〕《汉书》卷四十九《晁错传》。

"……唯陛下除诽谤以招切言，开天下之口，广箴谏之路，扫亡秦之失，尊文武之德，省法制，宽刑罚，以废治狱，则太平之风可兴于世，永履和乐，与天亡极，天下幸甚。"上善其言，迁广阳私府长。[1]

国家昌盛，需要文治武功。文官治理有功即赏，武将英勇杀敌，战功卓著，亦可获得朝廷奖赏：

汉王即帝位，燕王臧荼反，（郦）商以将军从击荼，战龙脱，先登陷阵，破荼军易下，却敌，迁为右丞相，赐爵列侯，与剖符，世世勿绝，食邑涿郡五千户。[2]

汉王赐（樊）哙爵为列侯，号临武侯。迁为郎中，从入汉中。还定三秦，别击西丞白水北，雍轻车骑雍南，破之。从攻雍、斄城，先登。击章平军好畤，攻城，先登陷阵，斩县令丞各一人，首十一级，虏二十人，迁为郎中骑将。从击秦车骑壤东，却敌，迁为将军。[3]

（冯绲）家富好施，赈赴穷急，为州里所归爱。初举孝廉，七迁为广汉属国都尉，征拜御史中丞。顺帝末，以绲持节督扬州诸郡军事，与中郎将滕抚击破群贼，迁陇西太守。后鲜卑寇边，以绲为辽东太守，晓喻降集，虏皆弭散。征拜京兆尹，转司隶校尉，所在立威刑。迁廷尉、太常。[4]

---

〔1〕《汉书》卷五十一《路温舒传》。
〔2〕《汉书》卷四十一《郦商传》。
〔3〕《汉书》卷四十一《樊哙传》。
〔4〕《后汉书》卷三十八《冯绲传》。

某些贤士，含贞养素，“幽居养志，潜于山泽”，为世人所敬重，朝廷亦仰慕其人，会直接赐予官职，并与升迁：

> 淳于恭字孟孙，北海淳于人也。善说《老子》，清静不慕荣名……后州郡连召，不应，遂幽居养志，潜于山泽。举动周旋，必由礼度。建武中，郡举孝廉，司空辟，皆不应，客隐琅邪黔陬山，遂数十年。建初元年，肃宗下诏美恭素行，告郡赐帛二十匹，遣诣公车，除为议郎。引见极日，访以政事，迁侍中骑都尉，礼待甚优。其所荐名贤，无不征用。进对陈政，皆本道德，帝与之言，未尝不称善。〔1〕

汉代对于官吏的奖赏，并不局限于职务的升迁，还有增秩、赐爵等多种形式。

增秩和赐爵并非官职的升迁，而是体现在俸禄和级别的提高。一般而言，同一级别的职位应有相同的俸禄，如果某一官员为国建功立业但并未得以迁升，常常就会提升他的俸禄，可以高于规定的标准，亦或赐予爵位。此法多用于二千石守相。正所谓“其有政理者，辄以玺书勉励，增秩赐金，或爵至关内侯，公卿缺则以次用之。是以吏称其职，人安其业。汉世良吏，于兹为盛，故能降来仪之瑞，建中兴之功”〔2〕。

从下面这则记载可以看出一位官员是如何励精图治并最终得到朝廷奖赏的：

---

〔1〕《后汉书》卷三十九《淳于恭传》。
〔2〕《后汉书》卷六十一《左雄传》。

初，平帝时，河、汴决坏，未及得修。建武十年，阳武令张汜上言："河决积久，日月侵毁，济渠所漂数十许县。修理之费，其功不难。宜改修堤防，以安百姓。"书奏，光武即为发卒。方营河功，而浚仪令乐俊复上言："昔元光之间，人庶炽盛，缘堤垦殖，而瓠子河决，尚二十余年，不即拥塞。今居家稀少，田地饶广，虽未修理，其患犹可。且新被兵革，方兴役力，劳怨既多，民不堪命。宜须平静，更议其事。"光武得此遂止。后汴渠东侵，日月弥广，而水门故处，皆在河中，兖、豫百姓怨叹，以为县官恒兴佗役，不先民急。永平十二年，议修汴渠，乃引见（王）景，问以理水形便。景陈其利害，应对敏给，帝善之。又以尝修浚仪，功业有成，乃赐景《山海经》、《河渠书》、《禹贡图》，及钱帛衣物。夏，遂发卒数十万，遣景与王吴修渠筑堤，自荥阳东至千乘海口千余里。景乃商度地势，凿山阜，破砥绩，直截沟涧，防遏冲要，疏决壅积，十里立一水门，令更相洄注，无复溃漏之患。景虽简省役费，然犹以百亿计。明年夏，渠成。帝亲自巡行，诏滨河郡国置河堤员吏，如西京旧制。景由是知名。王吴及诸从事掾史皆增秩一等。景三迁为侍御史。[1]

这则事例主人公王景，为东汉初年士人，"少学易，遂广窥众书，又好天文术数之事，沈多伎艺"，通过辟除的人才选拔方式得以入仕，"辟司空伏恭府"。鉴于他对治理水患颇有研究，广为口碑，于是得人举荐，明帝刘庄遂乃"诏与将作谒者王吴共修作浚

〔1〕《后汉书》卷七十六《循吏列传》。

仪渠”。王景不负众望，“水乃不复为害”。汉明帝永平十二年（69 年），困扰朝廷半个多世纪的汴渠屡屡威胁百姓生活和城市安全，政府终于下定决心治理汴渠。王景“以尝修浚仪，功业有成”，再次得到举荐，他又一次圆满完成任务，遂声名大噪。明帝大喜，对相关人员大为奖励，“王吴及诸从事掾史皆增秩一等”，王景连升三级，“迁为侍御史”。三年后，“帝美其功绩”，王景再次得到升迁机会，“拜河堤谒者”，并“赐车马缣钱”。如此官员榜样，终生为国为民恪尽职守，得到包括升迁、玺书勉励、增秩等多次奖赏，蔚为荣光。试再举一例，光武初，祭彤：

> ……迁襄贲令。时天下郡国尚未悉平，襄贲盗贼白日公行。彤至，诛破奸猾，殄其支党，数年，襄贲政清。玺书勉励，增秩一等，赐缣百匹。〔1〕

亦有平级调动但增秩的情况：

> （萧）咸字仲，为丞相史，举茂材，好畤令，迁淮阳、泗水内史，张掖、弘农、河东太守。所居有迹，数增秩赐金。后免官，复为越骑校尉、护军都尉、中郎将，使匈奴，至大司农，终官。
>
> 哀帝崩，（萧由）为复土校尉、京辅左辅都尉，迁江夏太守。平江贼成重等有功，增秩为陈留太守。〔2〕

---

〔1〕《后汉书》卷二十《祭遵传》。
〔2〕《汉书》卷七十八《萧望之传》。

功勋卓著者甚至可以同时得到升迁和增秩的双重奖励：

荆州刺史奏信臣为百姓兴利，郡以殷富，赐黄金四十斤。迁河南太守，治行常为第一，复数增秩赐金。[1]

每逢大典或节日，君主常会例行奖赏部分高级别官吏：

五年春正月，祫祭明堂。诸侯王二十八人、列侯百二十人、宗室子九百余人征助祭。礼毕，皆益户，赐爵及金帛，增秩补吏，各有差。[2]

益封父安汉公地满百里，赐迎皇后及行礼者，自三公以下至驺宰执事长乐、未央宫、安汉公第者，皆增秩，赐金帛各有差。[3]

尚书令以下从辇幸南宫者，皆增秩赐布各有差。[4]

此外，也有部分官员在某一职位上“功满当迁”，但由于朝廷希望其能继续留任这一重要岗位，于是接受朝廷安排的为他增秩的奖励，俸禄得以提高，但官职不变。“永元四年，（黄香）拜左丞，功满当迁，和帝留，增秩。六年，累迁尚书令。后以为东郡太守。”[5]

同时，如果某一类职官的职责范围发生变化，将要承担更受

〔1〕《汉书》卷八十九《循吏传》。
〔2〕《汉书》卷十二《平帝纪》。
〔3〕《汉书》卷九十七下《外戚传》。
〔4〕《后汉书》卷六《孝顺帝纪》。
〔5〕《后汉书》卷八十上《文苑列传》。

君主重视的工作，那么朝廷有可能会整体提高这一职位的俸禄和级别，可以算作对这一类职官的整体奖励：

> 及至孝宣，繇仄陋而登至尊，兴于闾阎，知民事之艱难。……故二千石有治理效，辄以玺书勉厉，增秩赐金，或爵至关内侯，公卿缺则选诸所表以次用之。是故汉世良吏，于是为盛，称中兴焉。〔1〕
>
> 又御史外迁，动据州郡。并宜清选其任，责以言绩。其二千石视事虽久，而为吏民所便安者，宜增秩重赏，勿妄迁徙。〔2〕
>
> 中常侍，千石。本注曰：宦者，无员。后增秩比二千石。掌侍左右，从入内宫，赞导内众事，顾问应对给事。〔3〕

上文提到的“有治理效，辄以玺书勉励，增秩赐金，或爵至关内侯，公卿缺则……以次用之”，包含有另外一种奖励方式——玺书勉励。玺即玉玺，“玺者，王者之印也”〔4〕。玺书从秦代起专指在封口处盖有皇帝印章的诏书。虽然内容由专门的部门即尚书台负责反复加工锤炼，但作为皇帝亲自撰写的诏书，加之玉玺封印，也就拥有了至高无上的权威。西汉晁错和东汉窦融、马援都曾获得过此等殊荣。除此之外，还有赏赐金银、田宅、奴婢、甲第、车马等诸多奖赏方式。

---

〔1〕《汉书》卷八十九《循吏传》。

〔2〕《后汉书》卷二十六《韦彪传》。

〔3〕《后汉书》志第二十六《百官三》。

〔4〕许慎撰，段玉裁注：《说文解字注》十三篇下《土部》，浙江古籍出版社1998年2月第1版，第688页。

（二）惩罚

汉朝对于官吏滥用职权、谋取私利、有悖操守、触犯刑律的行径，上至三公九卿，下及郡县小吏，均须按律接受惩罚，以此澄清吏治，严明纲纪。“孝文皇帝时，贵廉洁，贱贪污，贾人赘婿及吏坐赃者皆禁锢不得为吏，赏善罚恶，不阿亲戚，罪白者伏其诛，疑者以与民，亡赎罪之法，故令行禁止，海内大化，天下断狱四百，与刑错亡异。”〔1〕“过而能改，善莫大焉”〔2〕，若执迷不悟、不思悔改者，将会受到更为严厉的处置：“其不从法禁，不式王命，锢之终身，虽会赦令，不得齿列。”〔3〕惩罚措施得力，且为人信服，则能达到惩前毖后、治病救人的功效：“近观汉相，高祖开基，萧、曹为冠，孝宣中兴，丙、魏有声。是时黜陟有序，众职修理，公卿多称其位，海内兴于礼让。览其行事，岂虚乎哉！”〔4〕

同奖励制度一样，官吏惩罚措施亦首先体现于职务的降免方面，左迁、罢、黜等皆为降职专用术语。以史书记载为例：

哀帝以（王）崇为不忠诚，策诏崇曰：“朕以君有累世之美，故逾列次。在位以来，忠诚匡国未闻所繇，反怀诈谖之辞，欲以攀救旧姻之家，大逆之辜，举错专恣，不遵法度，亡以示百僚。”左迁为大司农。〔5〕

时（沛蔡）千秋为郎，（汉宣帝）召见，与《公羊》家

〔1〕《汉书》卷七十二《贡禹传》。
〔2〕《春秋左传正义》卷二十一《宣公二年》，第365页。
〔3〕《后汉书》卷六十一《左雄传》。
〔4〕《汉书》卷七十四《魏相丙吉传》。
〔5〕《汉书》卷七十二《王吉传》。

并说，上善《穀梁》说，擢千秋为谏大夫给事中，后有过，左迁平陵令。[1]

上闻逡言（石）显颛权，天子大怒，罢逡归郎官。[2]

（周）景初视事，与太尉杨秉举奏诸奸猾，自将军牧守以下，免者五十余人。遂连及中常侍防东侯览、东武阳侯具瑗，皆坐黜。朝廷莫不称之。[3]

特别需要注意的是，“迁”字在古代并非等同于现代升迁之意。古之中国，常用“左右”以示尊卑贵贱，“汉以右为尊。谓贬秩为左迁，仕诸侯为左官，居高位为右职”[4]。《汉书·周昌传》中提及“左迁”，颜师古注曰：“是时尊右而卑左，故谓贬秩位为左迁”[5]。由此“左迁”即下迁，意为降低职务级别。

惩罚措施亦可体现于俸禄方面，称为“贬秩”。西汉黄霸做颍川太守，“以外宽内明得吏民心，户口岁增，治为天下第一”，遂为朝廷“征守京兆尹，秩二千石”。怎奈其后“坐发民治驰道不先以闻，又发骑士诣北军马不适士，劾乏军兴”，故而得到“连贬秩”之惩罚。[6]如果所犯问题严重，亦可对涉案官员同时采取降职罚俸的惩罚措施。两汉时期除对贪污定罪极严外，如果地方盗贼四起扰乱社会治安，所在地方官吏治理不力，也会受到极为严厉的惩罚。史载东汉末年，“自（顺）帝即位以后，频遭元二之

[1]《汉书》卷八十八《儒林传》。
[2]《汉书》卷九十三《佞幸传》。
[3]《后汉书》卷四十五《周荣传》。
[4] 戴埴：《鼠璞·左右》，中华书局1985年1月第1版，第30页。
[5]《汉书》卷四十二《周昌传》注引师古语。
[6]《汉书》卷八十九《循吏传》。

厄，百姓流亡，盗贼并起，郡县更相饰匿，莫肯纠发”。（陈）忠独以为忧，上疏曰：“……宜纠增旧科，以防来事。自今强盗为上官若它郡县所纠觉，一发，部吏皆正法，尉贬秩一等，令长三月奉赎罪；二发，尉免官，令长贬秩一等；三发以上，令长免官。便可撰立科条，处为诏文，切敕刺史，严加纠罚。”〔1〕

出于对清廉政治的向往及要求，两汉对贪污贿赂定罪处罚甚为严格,“依当时律条，臧（赃）直十金，则至重罪”〔2〕。文帝十三年（前167年）指定法律为：“吏坐受赇枉法，守县官财物而即盗之，已论命复有笞罪者，皆弃市。”〔3〕汉成帝鸿嘉年间，“帝舅红阳侯立使客因南郡太守李尚占垦草田数百顷，颇有民所假少府陂泽，略皆开发，上书愿以入县官。有诏郡平田予直，钱有贵一万万以上”。丞相司直孙宝闻听此事，行使监察职能，“遣丞相史按验，发其奸，劾奏立、尚怀奸罔上，狡猾不道”，李尚因此“下狱死”〔4〕。东汉质帝元年二月，“豫章太守虞续坐赃，下狱死”，同年冬十一月，南阳太守韩昭因“强赋一亿五千万”，亦“坐赃下狱死”〔5〕。在这种形势下，某些涉案官员，一旦东窗事发，恐朝廷赐死，便直接畏罪自杀了。西汉田延年即是其中一例：

先是，茂陵富人焦氏、贾氏以数千万阴积贮炭苇诸下里物。昭帝大行时，方上事暴起，用度未办，延年奏言：“商贾或豫收方上不祥器物，冀其疾用，欲以求利，非民臣所当为。

〔1〕《后汉书》卷四十六《陈宠列传》。
〔2〕《汉书》卷八十三《薛宣传》注引颜师古注。
〔3〕《汉书》卷二十三《刑法志》。
〔4〕《汉书》卷七十七《孙宝传》。
〔5〕《后汉书》卷六《质帝纪》。

请没入县官。”奏可。富人亡财者皆怨，出钱求延年罪。初，大司农取民牛车三万两为僦，载沙便桥下，送致方上，车直千钱，延年上簿诈增僦直车二千，凡六千万，盗取其半。焦、贾两家告其事，下丞相府。丞相议奏延年“主守盗三千万，不道”。霍将军召问延年，欲为道地，延年抵曰：“本出将军之门，蒙此爵位，无有是事。”光曰：“即无事，当穷竟。”御史大夫田广明谓太仆杜延年：“《春秋》之义，以功覆过。当废昌邑王时，非田子宾之言大事不成。今县官出三千万自乞之何哉？愿以愚言白大将军。”延年言之大将军，大将军曰：“诚然，实勇士也！当发大议时，震动朝廷。”光因举手自抚心曰：“使我至今病悸！谢田大夫晓大司农，通往就狱，得公议之。”田大夫使人语延年，延年曰：“幸县官宽我耳，何面目入牢狱，使众人指笑我，卒徒唾吾背乎！”即闭阁独居齐舍，偏袒持刀东西步。数日，使者召延年诣廷尉。闻鼓声，自刎死，国除。〔1〕

田延年初为大将军霍光赏识，得以就任河东太守，“诛锄豪强，奸邪不敢发”，因治理有方得以进宫升迁大司农一职。然其本性贪婪，在为汉昭帝修建陵墓的事情上，凭借手中大权，巧作手脚，大肆贪污：先设计侵占茂陵富户焦氏、贾氏等人所蓄积为先帝建陵物资，使得焦、贾二氏血本无归；其后虚报租用运送沙土车辆的费用，从中获利三千万。此等贪污行径，震惊朝廷，宣帝派使者“召田延年诣廷尉”受审，拟以重罚。田延年不愿入牢狱

〔1〕《汉书》卷九十《酷吏传》。

让众人耻笑，遂自刎而死。

同时，对于贪赃枉法之徒，若其主管官员知其行而置若罔闻、姑息包庇，则与其同罪。据史书记载，汉景帝得知社会上出现"或诈伪为吏，吏以货赂为市，渔夺百姓，侵牟万民"的现象，而县丞作为长吏竟然"奸法与盗盗，甚无谓也"，于是命令"二千石各修其职；不事官职耗乱者，丞相以闻，请其罪"〔1〕。

两汉时期将境内盗窃治理情况列为地方官考核的重要内容，如果对于境内盗窃现象无所作为，则属于渎职行为，可依"沈命法"最高判至死刑："群盗起不发觉，发觉而弗捕满品者，二千石以下至小吏主者皆死。"〔2〕

而对于极为重视官员考核的汉政权来说，如果主管官吏出现选举不实的情况，也要接受相应的严格惩罚。对此《后汉纪》所言甚详：

> 古者贡士，得其人者有庆，不得其人者有让，是以举者务力行。选举不实，咎在刺史二千石。
>
> 李贤注引《尚书大传》曰："古者诸侯之于天子，三年一贡士，一适谓之好德，再适谓之贤贤，三适谓之有功。有功者，天子赐以车服弓矢，号曰命。诸侯不贡士，谓之不率正，一不适谓之过，再不适谓之傲，三不适谓之诬。诬者，天子绌之。一绌以爵，再绌以地，三绌而爵地毕也。"按《史记·范雎传》曰："范雎任郑安平，使击赵。郑安平为赵所围，急，以兵二万人降赵。应侯席稾请罪。秦之法，任人而

〔1〕《汉书》卷五《景帝记》。
〔2〕《汉书》卷九十《酷吏传》。

所任不善者，各以其罪罪之。于是应侯罪当收三族。秦昭王恐伤应侯之意，乃令国中：‘有敢言郑安平事者，以其罪罪之。’”则可知秦人行古贡士“不得其人有让”之道。昭王赦应侯乃法外超恩，仅为特例。汉初，诏举贤良方正，州郡察孝廉秀才，亦贡士之方也。武帝元朔元年冬，有司奏议：“不举孝，不奉诏，当以不敬论。不察廉，不胜任也，当免。”武帝可之。而选举不实亦受坐。有削户者，若《汉书·陈汤传》，张勃举汤，司隶奏汤无循行，勃遂以选举不实，坐削户二百。有贬秩者，如《严延年传》：延年坐选举不实贬秩。又有免官者，如《百官公卿表》曰：“执金吾韩立、御史大夫张谭并坐选举不实免。”甚至有因此而被刑者，如《功臣表》曰：“山阳侯张当居坐为太常择博士弟子故不以实，完为城旦。”光武中兴，亦行其道，其诏曰：“自今以后，审四科辟召，及刺史二千石察茂才尤异孝廉之吏，务尽实覆，选择英俊、贤行、廉洁、平端于县邑，务授试以职。有非其人，不习官事，书疏不端正，不如诏书，有司奏罪名，并正举者。”袁纪言左雄任尚书时，郡国守相坐举者百余人。然所举得人，则亦有劳来之制。《范书·胡广传》注引《续汉书》曰：“故事：孝廉高第，三公尚书辄优之，特劳来其举将。”时胡广由法雄举为孝廉，至京师试章奏，广为天下第一，故公府特下诏书劳来雄。但武帝以降，选举多非其人，言官多议之，至东汉时尤甚，所谓古贡士之道，名存而实失之远矣。然鼓励举才，并制定法律予以保证，得其人者有庆，失其人者有罚，不失为秦汉人事制度中之有益经验，至今尚足借鉴。[1]

第三节 司法制度

秦朝以法家思想为指导，强化中央集权统治，坚持“事皆决于法”，“专任刑罚”，用严刑峻法来统治人民，以期确保中国历史上第一个统一的封建王朝的巩固地位，却终因苛政过猛而毁于一旦。对此，西汉思想家们认识颇深：

秦为乱政虐刑以残贼天下，数十年矣。北有长城之役，南有五岭之戍，外内骚动，百姓罢敝，头会箕敛，以供军费，财匮力尽，民不聊生。[2]

秦王置天下于法令刑罚，德泽亡一有，而怨毒盈于世，下憎恶之如仇雠，祸几及身，子孙诛绝，此天下之所共见也。[3]

秦以任刀笔之吏，吏争以亟疾苛察相高，然其敝徒文具耳，无恻隐之实。以故不闻其过，陵迟而至于二世，天下土崩。[4]

法令烦憯，刑罚暴酷，轻绝人命，身自射杀；天下寒心，莫安其处。奸邪之吏，乘其乱法，以成其威，狱官主断，生

---

〔1〕 袁宏撰，周天游校注：《后汉纪》卷第十六《安帝纪上》，天津古籍出版社1987年12月第1版，第443—444页。

〔2〕《史记》卷八十九《张耳列传》。

〔3〕《汉书》卷四十八《贾谊传》。

〔4〕《史记》卷一百二《张释之列传》。

杀自恣。上下瓦解，各自为制。……是故亲疏皆危，外内咸怨，离散逋逃，人有走心。[1]

昔秦法繁于秋荼，而网密于凝脂，然而上下相遁，奸伪萌生，有司治之，若救烂扑焦不能禁；非网疏而罪漏，礼义废而刑罚任也。[2]

臣闻秦有十失，其一尚存，治狱之吏是也。秦之时，羞文学，好武勇，贱仁义之士，贵治狱之吏；正言者谓之诽谤，遏过者谓之妖言。故盛服先生不用于世，忠良切言皆郁于胸，誉谀之声日满于耳；虚美熏心，实祸蔽塞。此乃秦之所以亡天下也。[3]

面对社会凋敝的形势，为了避免重蹈秦亡的覆辙，西汉初期统治者以黄老“无为而治”理论为治国指导思想，实行“与民休息”的宽松的统治策略，对恢复经济、稳定社会、确保民生起到了良好的保障作用。《书》曰：“不偏不党，王道荡荡；不党不偏，王道便便。”[4]在总结历史经验、汲取教训的过程中，两汉统治者也充分认识到法律对于国家治理的重要作用：“法者，天下之度量，而人主之准绳也。”[5]廉洁政治需要相关法律制度的有力保证。汉初政论家陆贾在《新语·至德》中云：“故为威不强还自亡，立法不明还自伤。”[6]著名思想家司马迁曾言：“奉法循理，

〔1〕《汉书》卷四十九《晁错传》。
〔2〕桓宽：《盐铁论》卷十《刑德》，上海人民出版社 1974 年 6 月第 1 版，第 113 页。
〔3〕《汉书》卷五十一《路温舒传》。
〔4〕《史记》卷一百二《张释之冯唐列传》。
〔5〕《淮南子》第九卷《主术训》，第 94 页。
〔6〕王利器撰：《新语校注·至德》，中华书局 1986 年 8 月第 1 版（下同），第 124 页。

无所变更，百官自正。”[1]强调立法明确、有法可依与官吏清正、政权稳固的重要关联。同时，坚持“圣人执一政以绳百姓，持一概以等万民，所以同一治而明一统”[2]的严格执法理念，即便身为统治者亦应“进退顺法，动作合度”[3]，万万不可失法。西汉著名法官张释之屡次向汉文帝面陈“法者，天子所与天下公共”、“法不阿贵”、“法信于民”，对于太子、君主等违背法理之行为，敢于据理力争，严格执法，坚持了法律的公正、公平原则。[4]由此，两汉在司法体系的建设方面，形成了重法思想和“轻法”措施协同共存的局面。

一、约法省刑，德刑相济

汉初统治者一方面重视法律，一方面也特别强调礼或德对社会教化的重要意义，借鉴儒家的“德主刑辅”主张和周公“明德慎罚”的思想，在道德与刑法的关系问题上提出了一套完备的理论，所谓“文武并用”、“德刑相济”是也：“叛而伐之，服而舍之，德刑成矣。伐叛，刑也；柔服，德也。二者立矣。”[5]汉初政论家陆贾在《新语》一书中向高祖刘邦阐述治国之道，建议效法商汤、周武“文武并用”的思想。他认为，道德礼义有助于社会教化，提高百姓辨别是非的能力，预防犯罪的发生，是为文也；司法制度有利于惩恶除奸、消弭祸乱，圣人“立狱制罪，悬赏

[1] 《史记》卷一一九《循吏列传》。
[2] 《新语校注·怀虑》，第132页。
[3] 《新语校注·思务》，第163页。
[4] 《史记》卷一百二《列传四十二·张释之传》。
[5] 《春秋左传正义·宣公十二年》，第390—391页。

设罚”〔1〕，是为武也。此二者相辅相成。若只为文治，则“礼义不行，纲纪不立”〔2〕；若崇尚武治，则“不知礼义，不可以行法”〔3〕。他主张把仁义教化和法律法令结合起来，以仁义教化“劝善”，以法律法令“诛暴”，文武并用，德刑兼施，相济为用。〔4〕董仲舒在此基础上，吸收阴阳学说，“阳为德，阴为刑”，“刑者德之辅，阴者阳之助”，形成“阳德阴刑”的德主刑辅论，为封建统治者的德刑兼用的统治方法提供了新的理论依据。〔5〕整体而言，西汉初期的统治者皆主张把仁义道德作为治国的重要手段，而摈弃了秦朝那种把刑罚作为治国的唯一手段的思想，更加趋近于文明社会清廉为政的先进思想。

秦代律令繁杂，法网严密，一切“皆有法式”，却因不晓“事逾烦而下逾乱，法逾滋而奸逾炽，兵马益设而敌人逾多”之理而自取其亡。〔6〕两汉统治者在“德刑相济”思想的指导下，为了保证“为治之本，务在安民”的目的，在依靠法律“禁暴止邪”的基础上，务求法令简易和刑罚宽平，所谓“尊主安民”、“罚不患薄”、“约法省禁”是也。

汉惠帝、吕后时期“刑罚罕用”，采取了一些省刑除苛的措施。汉惠帝三年（前 192 年）三月，曾下令“赦天下。省法令妨吏民者；除挟书律”〔7〕。吕后亦曾于公元前 188 年春正月下诏曰：

---

〔1〕《新语校注·道基第一》，第 16 页。

〔2〕同上书，第 18 页。

〔3〕《淮南子》第二十卷《泰族训》，第 224 页。

〔4〕《新语校注·无为第四》，第 65 页。

〔5〕董仲舒著：《春秋繁露》第十一卷《天辨在人》，上海古籍出版社 1989 年 9 月第 1 版，第 69 页。

〔6〕《新语校注·无为第四》，第 62 页。

〔7〕《汉书》卷二《惠帝纪》。

"前日孝惠皇帝言欲除三族罪、妖言令，议未决而崩，今除之。"对此颜师古在《汉书》中注曰："罪之重者戮及三族，过误之语以为妖言，今谓重酷，皆除之。"〔1〕

汉初在"约法省刑"方面建树最突出的当属汉文帝，其重视发挥法律和道德的作用，在位期间"兴于礼义"，"专务以德化民"，并多次减轻和废除包括连坐、收孥、肉刑在内的种种酷刑。

首先，废除收孥（帑）法。孥指妻子儿女。按照秦法规定，"一人有罪，并坐其家室"，这一刑法在汉文帝时得以废除。

> （元年）十二月，上曰："法者，治之正也，所以禁暴而率善人也。今犯法已论，而使毋罪之父母妻子同产坐之，及为收帑，朕甚不取。其议之。"有司皆曰："民不能自治，故为法以禁之。相坐坐收，所以累其心，使重犯法，所从来远矣。如故便。"上曰："朕闻法正则民悫，罪当则民从。且夫牧民而导之善者，吏也。其既不能导，又以不正之法罪之，是反害于民为暴者也。何以禁之？朕未见其便，其孰计之。"有司皆曰："陛下加大惠，德甚盛，非臣等所及也。请奉诏书，除收帑诸相坐律令。"〔2〕

此举惠及群臣众多。汉武帝丞相长史朱买臣因与御史大夫张汤结怨而为上赐死，但其"子山拊官至郡守，右扶风"〔3〕；宣帝时任左冯翊之韩延寿因与萧望之的权力斗争"竟坐弃市"，然其

〔1〕《汉书》卷三《高后纪》。
〔2〕《史记》卷十《孝文本纪》。
〔3〕《汉书》卷六十四上《朱买臣传》。

“三子皆为郎吏”〔1〕。

其次，废除连坐法。连坐法始于秦时商鞅，其奉行“夫妻交友不能相为弃恶盖非而不害于亲；民人不能相为隐”〔2〕之准则，要求最亲密的夫妻和朋友，也不能互相包庇，而要向政府检举揭发，使得任何“恶”、“非”无从隐匿，否则将一并得到严厉的惩罚。由此，虽“犯法者已论”，然其无罪之父、母、妻、子仍将同时受罚，多有伤及无辜，有失仁政之道，故汉文帝下诏取消了这一酷刑：

> 孝文二年，又诏丞相、太尉、御史：“法者，治之正，所以禁暴而卫善人也。今犯法者已论，而使无罪之父母妻子同产坐之及收，朕甚弗取。其议。”左右丞相周勃、陈平奏言：“父母妻子同产相坐及收，所以累其心，使重犯法也。收之之道，所由来久矣。臣之愚计，以为如其故便。”文帝复曰：“朕闻之，法正则民悫，罪当则民从。且夫牧民而道之以善者，吏也；既不能道，又以不正之法罪之，是法反害于民，为暴者也。朕夫见其便，宜孰计之。”平、勃乃曰：“陛下幸加大惠于天下，使有罪不收，无罪不相坐，甚盛德，臣等所不及也。臣等谨奉诏，尽除收律、相坐法。”〔3〕

其三，废除肉刑。肉刑始于夏商时期，至汉初已实行一千多

〔1〕《汉书》卷七十六《韩延寿传》。

〔2〕 商鞅等著，章诗同注：《商君书》第五卷《禁使》，上海人民出版社1974年5月第1版，第76页。

〔3〕《汉书》卷二十三《刑法志》。

年，是古代中国社会使用十分广泛的一种严酷的刑罚。文帝十三年（前167年），齐太仓令淳于公获罪当施肉刑，其小女儿缇萦随父至长安上书文帝：“妾伤夫死者不可复生，刑者不可复属，虽复欲改过自新，其道无由也”，请求给予父亲改过自新的机会，甘愿自身没官为奴，替父赎罪。此事引发文帝怜悯之心以及对肉刑的深入思考，于是下诏指出：

今法有肉刑三，而奸不止，其咎安在？非乃朕德之薄，而教不明与！吾甚自愧。故夫训道不纯而愚民陷焉。《诗》曰：“恺弟君子，民之父母。”今人有过，教未施而刑已加焉，或欲改行为善，而道亡繇至，朕甚怜之。夫刑至断支体，刻肌肤，终身不息，何其刑之痛而不德也！岂称为民父母之意哉？其除肉刑，有以易之；及令罪人各以轻重，不亡逃，有年而免。具为令。[1]

丞相张苍、御史大夫冯敬由此遵皇帝旨意修改律令：

诸当完者，完为城旦舂；当黥者，髡钳为城旦舂；当劓者，笞三百；当斩左止者，笞五百；当斩右止，及杀人先自告，及吏坐受赇枉法，守县官财物而即盗之，已论命复有笞罪者，皆弃市。罪人狱已决，完为城旦舂，满三岁为鬼薪白粲。鬼薪白粲一岁，为隶臣妾。隶臣妾一岁，免为庶人。隶臣妾满二岁，为司寇。司寇一岁，及作如司寇二岁，皆免为

〔1〕《汉书》卷二十三《刑法志》。

庶人。其亡逃及有罪耐以上，不用此令。前令之刑城旦舂岁而非禁锢者，如完为城旦舂岁数以免。[1]

汉文帝“怜万民之一有过被刑者终身不息，及罪人欲改行为善而道亡由至”，从法律上废除了肉刑，虽然具体条款存在缺陷，有待完善：“是后，外有轻刑之名，内实杀人。斩右止者又当死。斩左止者笞五百，当劓者笞三百，率多死。”[2]然其作为中国法律史上的一次重大变革，常常为后世所称颂。

文景之治，堪称盛世。景帝时期，在文帝改革的基础上，进一步深化刑制改革，从制度层面“约法省禁”，反对施法苛酷。景帝前元元年（前156年）颁布诏令：“加笞与重罪无异，幸而不死，不可为人。”[3]将劓刑笞三百改为笞二百，斩左趾笞五百改为笞三百。中元六年（前144年）又下诏减笞三百为二百，笞二百为一百，并于其后下令改革刑具，包括笞杖尺寸、质地等，同时规定行刑时不得换人。上述诸措施均是对文帝废肉刑改革中的一些不当之处所进行的适度修正。此外，中元二年（前148年），又下诏取消另一苛酷刑罚——磔，即车裂：“改磔曰弃市，勿复磔。”弃市指在闹市处死且暴尸三日的死刑方式，比起车裂惨烈程度有所缓和。

汉宣帝即位之初，司法官员路温舒上书奏请“尚德缓刑”。他高度赞扬汉文帝崇仁省刑的思想主张：“文帝永思至德，以承天心，崇仁义，省刑罚，通关梁，一远近，敬贤如大宾，爱民如赤子，内恕情之所安，而施之于海内，是以囹圄空虚，天下太平。

---

〔1〕〔2〕〔3〕《汉书》卷二十三《刑法志》。

夫继变化之后，必有异旧之恩，此贤圣所以昭天命也。”指出自秦以来社会未达太平的原因之一在于“狱乱”：“夫狱者，天下之大命也，死者不可复生，绝者不可复属。”而狱吏却“专为深刻，残贼而亡极，偷为一切，不顾国患，此世之大贼也。……故天下之患，莫深于狱；败法乱正，离亲塞道，莫甚乎治狱之吏”〔1〕。他希望宣帝能够“除诽谤以招切言，开天下之口，广箴谏之路，扫亡秦之失，尊文武之德，省法制，宽刑罚，以废治狱”，若能如此，可谓“天下幸甚”〔2〕！宣帝善其言，不仅迁路温舒为广阳私府长，并且下诏在廷尉下面设置廷平四员，秩六百石，专职负责审理冤狱。而核理冤狱则亦成为两汉廉政制度在司法体系方面的体现之一。

二、核理冤狱，体恤囚徒

对于在监狱服刑的犯人，两汉时期的统治者也多以仁德宽厚之心待之，严格审讯用刑制度，严查在押囚犯审判记录，严禁狱吏在监管期间施行暴力，在一定程度上尊重普通生命的价值和意义。

西汉景帝于中元四年（前146年）九月曾颁布诏书曰：“法令度量，所以禁暴止邪也。狱，人之大命，死者不可复生。吏或不奉法令，以货赂为市，朋党比周，以苛为察，以刻为明，令亡罪者失职，朕甚怜之。”〔3〕汉宣帝对此亦十分重视，先于地节四年（前66年）九月下诏曰：“令甲，死者不可生，刑者不可息。此先

〔1〕〔2〕《汉书》卷五十一《路温舒传》。
〔3〕《汉书》卷五《景帝记》。

帝之所重，而吏未称。今系者或以掠辜若饥寒瘐死狱中，何用心逆人道也！朕甚痛之。其令郡国岁上系囚以掠笞若瘐死者所坐名、县、爵、里，丞相御史课殿最以闻。”又因“日有蚀之”而于五凤四年（前54年）四月再次颁布诏书：“遣丞相、御史掾二十四人循行天下，举冤狱，察擅为苛禁深刻不改者。”[1]其子汉成帝即位之初，亦追随宣帝旨意，“举（孔光）为博士，数使录冤狱，行风俗，振赡流民”[2]。

西汉如此，东汉亦然。汉章帝认为当时有些官员凭一时之喜怒而非国家法规来判定老百姓是否犯有罪过，导致一年之中入狱自杀的人数多于明确判刑的，违背了官吏为人父母的初衷，于是下诏责令相关部门纠察此种恶劣行径：“孔子曰：‘刑罚不中，则人无所措手足。’今吏多不良，擅行喜怒，或案不以罪，迫胁无辜，致令自杀者，一岁且多于断狱，甚非为人父母之意也。有司其议纠举之。”[3]汉和帝永元八年（96年）九月，因京师暴发蝗灾，遂命“百僚师尹勉修厥职，刺史、二千石详刑辟，理冤虐”[4]。汉质帝时也曾于本初元年（146年）诏令天下，坚决反对滥用刑罚的行为：“昔尧命四子，以钦天道，《鸿范》九畴，休咎有象。夫瑞以和降，异因逆感，禁微应大，前圣所重。顷者，州郡轻慢宪防，竞逞残暴，造设科条，陷入无罪。或以喜怒驱逐长吏，恩阿所私，罚枉仇隙，至令守阙诉讼，前后不绝。送故迎新，人离其害，怨气伤和，以致灾眚。《书》云：‘明德慎罚。’

---

〔1〕《汉书》卷八《宣帝记》。
〔2〕《汉书》卷八十一《孔光传》。
〔3〕《后汉书》卷三《章帝纪》。
〔4〕《后汉书》卷四《和帝纪》。

方春东作，育微敬始。其敕有司，罪非殊死，且勿案验，以崇在宽。”[1]东汉末年，刘姓汉室江山岌岌可危，灵帝虽不为明君，亦于熹平五年（176 年）派侍御史奔赴各地，详查冤假错案，对于罪责轻微的在押犯人适度减免部分刑法，并适度减轻囚犯们的劳动强度：“使侍御史行诏狱亭部，理冤枉，原轻系，休囚徒。”[2]

为了确保审判的公正，防止冤假错案发生，汉代创设了录囚制度。录囚，指皇帝以及刺史、郡守等官吏，定期或不定期巡视监狱，审录在押囚犯情况，检查下级司法机关对案件的审理是否有失公正，以便及时纠正冤假错案。录囚最早是刺史奉命所为，西汉武帝设置刺史后，刺史每年秋冬季巡行诸郡，按照六条诏书行使职责，其中之一就是“断治冤狱”：“刺史班宣，周行郡国，省察治状，黜陟能否，断治冤狱，以六条问事，非条所问，即不省。”[3]这一制度发展至东汉明帝时，皇帝亦有亲录囚徒之事。作为监督监狱管理的执行司法制度，有利于提高司法官员明法慎刑的意识，因而为历代王朝所重视，成为朝廷监督全国司法状况的重要手段，对后世司法实践产生了积极的影响。

对于在押犯人中的老弱病残人士，两汉政府更为重视，强调贯彻儒家的恤刑思想，多施行宽仁的减免措施。景帝于后元三年（前 141 年）宣布八十岁以上的耄耋老人、八岁以下的垂髫小儿、孕妇、盲人和侏儒可以在拘禁时免戴刑具：“高年老长，人所尊敬也；鳏寡不属逮者，人所哀怜也。其著令：年八十以上，八岁以

〔1〕《后汉书》卷七《质帝纪》。
〔2〕《后汉书》卷八《灵帝纪》。
〔3〕《汉书》卷十九上《百官公卿表》注引《汉官典职仪》。

下，及孕者未乳，师、朱儒当鞠系者，颂系之。”[1]宣帝更为关照老年人，于元康四年（前62年）提出八十岁以上老人犯法，若非诬告及杀伤人等罪名，则可免除牢狱：“惟耆老之人，发齿堕落，血气衰微，亦亡暴虐之心，今或罹文法，拘执囹圄，不终天命，朕甚怜之。自今以来，诸年八十以上，非诬告杀伤人，佗皆勿坐。”[2]成帝则格外重视儿童教育，于鸿嘉元年（前20年）下令未满七岁之孩童若罪当死可免：“年未满七岁，贼斗杀人及犯殊死者，上请廷尉以闻，得减死。”[3]东汉光武帝于建武三年（27年）仿景帝诏令宣布：“男子八十以上，十岁以下，及妇人从坐者，自非不道、诏所名捕，皆不得系。”[4]平帝元始元年（1年）还曾规定女犯服刑期间可以每月出钱三百雇人代役，以便回家探亲：“天下女徒已论，归家，顾山钱月三百。”[5]

汉代对于案件的审理都以案发地为管辖原则，县不仅是地方行政机构，也是基层法院。如果高官贵族犯案，或者涉及谋反叛乱等威胁皇权的要案，一般由中央直接处理。对于地方官吏不敢或难以决断的重大疑难案件，亦可向上一级主管部门汇报，是为报谳审批的制度，始自汉高祖刘邦：“狱之疑者，吏或不敢决，有罪者久而不论，无罪者久系不决。自今以来，县道官狱疑者，各谳所属二千石官，二千石官以其罪名当报之。”如果地方官所属上级两千石官对此也难以判定，则要上报主管国家司法的最高官吏廷尉，不能擅自处理：“所不能决者，皆移廷尉，廷尉亦当报之。

---

〔1〕〔3〕《汉书》卷二十三《刑法志》。
〔2〕《汉书》卷八《宣帝纪》。
〔4〕《后汉书》卷一上《光武帝纪》。
〔5〕《汉书》卷十二《平帝纪》。

廷尉所不能决，谨具为奏，傅所当比律令以闻。”为了强调这一制度的重要性，汉景帝先后于中元五年（前 145 年）和后元元年（前 143 年）颁布诏书，重申狱事审理对于社会治理的重要意义，并且制定对于上报地方官员免责的条目：“狱，重事也。人有愚智，官有上下。狱疑者谳，有令谳者已报谳而后不当，谳者不为失。”〔1〕

汉代统治者出于“慎刑”的考虑，为了减少主客观失误，既不放过罪犯，也不冤枉好人，自秦汉开始已在司法程序中设立覆审制度——乞鞫。如果当事人及其亲属对原司法机关的判决不服，可以向上级司法机关提起请求对该案重新审理：“被冤之家，乃甫当乞鞫，告故以信直，亦无益于死亡矣。”〔2〕乞鞫须在判决公布三个月内向被告人所在地的司法机关提出，否则不得请求覆审。正如《周礼·秋官·朝士》“期外不听”郑玄注引汉郑司农云：“若今时徒论决，满三月，不得乞鞫。”〔3〕如果当事人认为蒙受冤狱严重，也可越级上书中央司法机关申冤，是为“诣阙上书”。这一制度对纠正地方司法不公、减少冤假错案、缓和社会矛盾等是有一定的积极意义的。

---

〔1〕《汉书》卷二十三《刑法志》。

〔2〕《潜夫论》卷四《述赦》，第 204 页。

〔3〕郑玄注，贾公彦疏，黄侃经文句读：《周礼注疏》，《清十三经注疏》本，上海古籍出版社 1990 年 12 月第 1 版，第 532 页。

第四节　经济（赋役）与土地制度

一、防奢尚简

提倡勤俭节约，反对奢侈浪费，历代贤明帝王多循此制。汉初统治者认真汲取秦朝灭亡教训，采取与民休息、清静无为、休养生息的治国方略，防奢尚简，轻徭薄赋，以期社会尽快进入平稳发展的良性轨道。史载汉文帝在位二十三年，没有增添任何车骑服御之物，并且要求女眷衣裙不能长至拖地，一生注重简朴为世人称道：

> 孝文帝从代来，即位二十三年，宫室苑囿狗马服御无所增益，有不便，辄弛以利民。尝欲作露台，召匠计之，直百金。上曰："百金中民十家之产，吾奉先帝宫室，常恐羞之，何以台为！"上常衣绨衣，所幸慎夫人，令衣不得曳地，帏帐不得文绣，以示敦朴，为天下先。……汉兴，至孝文四十有余载，德至盛也……岂不仁哉！〔1〕

汉成帝虽远不及文帝圣德，但于永始四年（前 13 年）六月颁布诏书，抨击社会讲求奢侈之风，对于朝廷内外臣僚皇亲国戚扩大府第宅院、蓄养奴婢歌妓舞女等超出制度规格的行为甚为不满，

〔1〕《史记》卷十《孝文本纪》。

命令有关部门对这种侈靡之风进行约束禁止，并要求监察官员司隶校尉进行监督：

圣王明礼制以序尊卑，异车服以章有德，虽有其财，而无其尊，不得逾制，故民兴行，上义而下利。方今世俗奢僭罔极，靡有厌足。公卿列侯亲属近臣，四方所则，未闻修身遵礼，同心忧国者也。或乃奢侈逸豫，务广第宅，治园池，多畜奴婢，被服绮縠，设钟鼓，备女乐，车服嫁娶葬埋过制。吏民慕效，寖以成俗，而欲望百姓俭节，家给人足，岂不难哉！《诗》不云乎？“赫赫师尹，民具尔瞻。”其申敕有司，以渐禁之。青绿民所常服，且勿止。列侯近臣，各自省改。司隶校尉察不变者。[1]

西汉哀帝时，国运已日渐衰败，但对于防奢尚简仍有清晰认识。他即位之初，即诏令天下：“制节谨度以防奢淫，为政所先，百王不易之道也。诸侯王、列侯、公主、吏二千石及豪富民多畜奴婢，田宅亡限，与民争利，百姓失职，重困不足。其议限列。”要求相关部门对诸侯王、列侯、公主、吏二千石及豪富等所应享有的土地、奴婢、牲畜、家宅等进行规范限定，其结果是：“诸王、列侯得名田国中，列侯在长安及公主名田县道，关内侯、吏民名田，皆无得过三十顷。诸侯王奴婢二百人，列侯、公主百人，关内侯、吏民三十人。年六十以上，十岁以下，不在数中。贾人皆不得名田、为吏，犯者以律论。诸名田畜奴婢过品，皆没入县

〔1〕《汉书》卷十《成帝纪》。

官。齐三服官、诸官织绮绣，难成，害女红之物，皆止，无作输。除任子令及诽谤诋欺法。掖庭宫人年三十以下，出嫁之。官奴婢五十以上，免为庶人。禁郡国无得献名兽。益吏三百石以下奉。察吏残贼酷虐者，以时退。有司无得举赦前往事。博士弟子父母死，予宁三年。"[1]东汉安帝亦曾于永初元年（107 年）诏令三公“明申旧令，禁奢侈，无作浮巧之物，殚财厚葬”[2]，反对殚财厚葬的侈靡风气。

古人囿于有限的科学知识，对于天灾天象难以作出科学的合理解释，故而一旦发生灾异，常会从人君角度反省，检讨治理缺失：“天生民，为之置君以养治之。人主不德，布政不均，则天示之灾以戒不治。”[3]而其结论常归于奢淫之风：

> 定公二年“五月，雉门及两观灾”。董仲舒、刘向以为此皆奢僭过度者也。[4]
>
> 严公二十八年“冬，大（水）亡麦禾”。董仲舒以为夫人哀姜淫乱，逆阴气，故大水也。刘向以为水旱当书，不书水旱而曰“大亡麦禾”者，土气不养，稼穑不成者也。是时，夫人淫于二叔，内外亡别，又因凶饥，一年而三筑台，故应是而稼穑不成，饰台榭内淫乱之罚云。遂不改寤，四年而死，祸流二世，奢淫之患也。[5]
>
> 严公三十一年“冬，不雨”。是岁，一年而三筑台，奢侈

---

〔1〕《汉书》卷十一《哀帝纪》。
〔2〕《后汉书》卷五《安帝纪》。
〔3〕《汉书》卷四《文帝纪》。
〔4〕〔5〕《汉书》卷二十七上《五行志》。

不恤民。[1]

土，中央，生万物者也。其于王者，为内事。宫室、夫妇、亲属，亦相生者也。古者天子诸侯，宫庙大小高卑有制，后夫人媵妾多少进退有度，九族亲疏长幼有序。孔子曰："礼，与其奢也，宁俭。"故禹卑宫室，文王刑于寡妻，此圣人之所以昭教化也。如此则土得其性矣。若乃奢淫骄慢，则土失其性。亡水旱之灾而草木百谷不孰，是为稼穑不成。[2]

景帝中六年，梁孝王田北山，有献牛，足上出背上。刘向以为近牛祸。先是孝王骄奢，起苑方三百里，宫馆阁道相连三十余里。纳于邪臣羊胜之计，欲求为汉嗣，刺杀议臣爰盎，事发，负斧归死。既退归国，犹有恨心，内则思虑霿乱，外则土功过制，故牛祸作。足而出于背，下奸上之象也。犹不能自解，发疾暴死，又凶短之极也。[3]

董仲舒和刘向作为西汉时期的著名思想家，谈及从春秋时期到当时所发生过的水旱、饥馑、牛祸等诡异天灾，将其原因全部归结于上层统治阶级"奢僭过度"、"奢侈不恤民"、"奢淫骄慢"等原因，强调防奢尚简对于社稷安危的重要意义。纵观封建社会历史，统治阶级虽然难以摆脱追权逐利的阶级局限，但历朝历代都会涌现出大量崇简去奢的思想，或形成于国家制度。两汉亦然，试举几例以资明证。

霍光作为汉武帝和昭帝两朝的重要谋臣，为汉室的安定和中

〔1〕《汉书》卷二十七中之上《五行志》。
〔2〕《汉书》卷二十七上《五行志》。
〔3〕《汉书》卷二十七下之上《五行志》。

兴建立了不朽功勋，然其位高权重之后，亦有奢侈挥霍的恶习。茂陵徐生就此认为“夫奢则不逊，不逊必侮上。侮上者，逆道也。在人之右，众必害之。霍氏秉权日久，害之者多矣。天下害之，而又行以逆道”，故而断言“霍氏必亡”〔1〕，终成历史定论。汉成帝曾广召天下直言之士入白虎殿参与对策，问及天地之道、人之行义和治世要务等问题。杜钦认为“汉家承周秦之敝”，基础未为牢固，故应坚持“抑文尚质，废奢长俭，表实去伪”这十二字原则，方为“当世治之所务也”〔2〕。东汉最高统治者也以“孝悌慈仁，允恭节约，杜绝奢盈之源，防抑逸欲之兆”为执政之道。〔3〕著名思想家王充受汉章帝公车征召时已近古稀之年，无力承担舟车之劳，遂“造《养性书》十六篇，裁节嗜欲，颐神自守”献给君主。其《贵忠》篇提到京师贵戚生活奢靡，就连奴仆侍妾的穿着都是锦罗玉缎，如此攀比竞欲的状况若不勒令禁止，必将会“破终身之业”：“……昔孝文皇帝躬衣弋绨，革舄韦带。而今京师贵戚，衣服饮食，车舆庐第，奢过王制，固亦甚矣。且其徒御仆妾，皆服文组彩牒，锦绣绮纨，葛子升越，筒中女布。犀象珠玉，虎魄玳瑁，石山隐饰，金银错镂，穷极丽靡，转相夸咤。其嫁娶者，车軿数里，缇帷竟道，骑奴侍童，夹毂并引。富者竞欲相过，贫者耻其不逮，一飨之所费，破终身之业。古者必有命然后乃得衣缯丝而乘车马，今虽不能复古，宜令细民略用孝文之制”〔4〕，希望效仿汉文帝之制，躬行节俭。汉献帝时大权旁

---

〔1〕《汉书》卷六十八《霍光传》。
〔2〕《汉书》卷六十《杜周传》。
〔3〕《后汉书》卷十上《皇后纪》。
〔4〕《后汉书》卷四十九《王符传》。

落，侍中荀悦依然为国尽忠职守，作《申鉴》五篇，强调治理国家首先需要摒除伪、私、放、奢四患：“致政之术，先屏四患……一曰伪，二曰私，三曰放，四曰奢。伪乱俗，私坏法，放越轨，奢败制。四者不除，则政末由行矣。夫俗乱则道荒，虽天地不得保其性矣；法坏则世倾，虽人主不得守其度矣；轨越则礼亡，虽圣人不得全其道矣；制败则欲肆，虽四表不得充其求矣。”〔1〕

二、减免租赋

租赋，即田租和赋税，始于春秋，兴于两汉，是封建国家的财政收入来源，由各级政府强制征收。西汉统治者吸收有秦暴政灭亡之教训，在租赋制度上采取了较为宽松的政策。

田租即土地税，国家定期向土地所有者按照土地产量征收一定比例的税金。汉高祖刘邦吸取秦朝重税苛政亡国的教训，采取休养生息之计：“约法省禁，轻田租，什五而税一，量吏禄，度官用，以赋于民。”将田租由秦代的十税一降低了百分之三十，减轻了农民负担，调动了农民积极性，从而促进了西汉初年经济的恢复和发展。汉文帝三年（前177年）九月发布诏书曰：“农，天下之大本也，民所恃以生也，而民或不务本而事末，故生不遂。朕忧其然，故今兹亲率群臣农以劝之。其赐天下民今年田租之半。”十二年（前168年）三月，再次诏告天下：“道民之路，在于务本。朕亲率天下农，十年于今，而野不加辟，岁一不登，民有饥色，是从事焉尚寡，而吏未加务也。吾诏书数下，岁劝民种树，

〔1〕《后汉书》卷六十二《荀悦传》。

而功未兴，是吏奉吾诏不勤，而劝民不明也。且吾农民甚苦，而吏莫之省，将何以劝焉？其赐农民今年租税之半。”〔1〕孝景元年（前156年）五月发布诏令曰“令田半租”，并于次年（前155年）确定“令民半出田租，三十而税一”的政策，进一步降低田租，使得中国封建社会出现第一个治世局面——“文景之治”。东汉光武帝初年，因战争导致国库亏空，复行什一之税：“顷者师旅未解，用度不足，故行什一之税。”建武六年，“军士屯田，粮储差积”，时运好转，遂“令郡国收见田租三十税一”〔2〕，恢复西汉景帝旧制。

赋税方面，以货币为形式，按人或户征收。《新论·谴非》记载西汉后半期的情况：“汉宣以来，百姓赋钱一岁为四十余万万，吏俸用其半，余二十万万藏于都内，为禁钱。”〔3〕其中最为普遍的是口钱与算赋两种。

口钱是未成年者的人头税。西汉经过文景之治休养生息，至武帝统治时期开始扩张步伐，为了满足军队供给，特规定三岁至十四岁的未成年者因不供徭役需出口钱，每人每年二十三钱，给广大农民造成了负担：“古民亡赋算口钱，起武帝征伐四夷，重赋于民，民产子三岁则出口钱，故民重困，至于生子辄杀，甚可悲痛。”到汉元帝时，御史大夫贡禹建议减轻民困，将起征年龄改为七岁：“宜令儿七岁去齿乃出口钱，年二十乃算。……天子下其议，令民产子七岁乃出口钱，自此始。”〔4〕由此西汉一朝的口钱政策，正如《汉旧仪》所载：“年七岁以至十四岁，出口钱，

---

〔1〕《汉书》卷四《文帝纪》。

〔2〕《后汉书》卷一下《光武帝纪》。

〔3〕桓谭著：《新论》卷中《谴非第六》，上海人民出版社1977年6月第1版，第22页。

〔4〕《汉书》卷七十二《贡禹传》。

人二十三。二十钱以食天子。其三钱者，武帝加口钱，以补车骑马。”[1]缴纳口钱的百姓较先前减少了三分之一，在一定程度上减轻了农民负担。在此之前，“昭宣中兴”之时，亦曾多次减免口赋。昭帝元凤四年（前77年）春正月，下诏“毋收四年、五年口赋。三年以前逋更赋未入者，皆勿收”；元平元年（前74年）春二月下诏强调农业生产：“天下以农桑为本。日者省用，罢不急官，减外繇，耕桑者益众，而百姓未能家给，朕甚愍焉。其减口赋钱。”经“有司奏请减什三”，将口赋减少三成[2]；宣帝五凤三年（前55年），下诏“减天下口钱”[3]。东汉基本沿用西汉口赋政策，常因天灾而减免灾区租赋。汉安帝元初四年（117年）“夏四月，会稽大疫，遣光禄大夫将太医循行疾病，赐棺木，除田租、口赋”；建光元年（121年）“冬十一月己丑，郡国三十五地震，或拆裂。诏三公以下，各上封事陈得失。遣光禄大夫案行，赐死者钱，人二千。除今年田租。其被灾甚者，勿收口赋”[4]。顺帝永建三年（128年）“春正月丙子，京师地震，汉阳地陷裂。甲午，诏实核伤害者，赐年七岁以上钱，人二千；一家被害，郡县为收敛。乙未，诏勿收汉阳今年田租、口赋”；阳嘉元年（132年）“临辟雍飨射，大赦天下，改元阳嘉。诏宗室绝属籍者，一切复籍；禀冀州尤贫民，勿收今年更、租、口赋”[5]。

另一种人头税是算赋，年满十五周岁不足五十七周岁的成年

---

〔1〕郑文：《论衡析诂》卷十二《谢短篇》注引《汉旧仪》，巴蜀书社1999年1月第1版，第584页。

〔2〕《汉书》卷七《昭帝纪》。

〔3〕《汉书》卷八《宣帝纪》。

〔4〕《后汉书》卷五《安帝纪》。

〔5〕《后汉书》卷六《顺帝纪》。

人需要每年支付一百二十钱。据《汉书·高祖纪》记载，高祖四年（前203年）八月，“初为算赋”，注引如淳曰：“《汉仪注》民年十五以上至五十六出赋钱，人百二十为一算，为治库兵车马。”〔1〕两汉时期基本沿袭此制，但也会根据灾异国情，从体恤民情的角度出发，适当减轻算赋，以确保社会稳定发展。宣帝甘露二年（前52年）春正月，“减民算三十”〔2〕，一算减三十钱，约占年算钱的四分之一。成帝建始二年（前31年），“减天下赋钱，算四十”〔3〕，更是减少三分之一。同时，如遇人祸天灾，也会根据实际情况免除赋税。章帝元和元年（84年）二月，下诏免除无田迁徙贫民三年算赋：“王者八政，以食为本，故古者急耕稼之业，致耒耜之勤，节用储蓄，以备凶灾，是以岁虽不登而人无饥色。自牛疫已来，谷食连少，良由吏教未至，刺史、二千石不以为负。其令郡国募人无田欲徙它界就肥饶者，恣听之。到在所，赐给公田，为雇耕佣，赁种饷，贳与田器，勿收租五岁，除算三年。”〔4〕汉桓帝永寿元年（155年），“诏太山、琅邪遇贼者，勿收租、赋，复更、算三年”〔5〕。惠帝时为了增加人口，鼓励早婚生育，规定女子十五至三十岁未出嫁者，每年征收五倍于常人的算赋：“女子年十五以上至三十不嫁，五算。”〔6〕章帝元和二年（85年）亦下诏：“《令》云‘人有产子者复，勿算三岁’。今诸怀妊者，赐胎养谷人三斛，复其夫，勿算一岁，著以为令。”〔7〕免

---

〔1〕《汉书》卷一上《高祖纪》。
〔2〕《汉书》卷八《宣帝纪》。
〔3〕《汉书》卷十《成帝纪》。
〔4〕〔7〕《后汉书》卷三《章帝纪》。
〔5〕《后汉书》卷七《桓帝纪》。
〔6〕《汉书》卷二《惠帝记》。

产子之家三年算赋、怀孕女子之夫一年算赋，以奖励人口增殖。

除此之外，两汉统治者根据岁时年景亦会颁布减免田租的政策，尤其是减免那些受到天灾地区的贫民百姓的田租。

> 被地震坏败甚者，勿收租赋。〔1〕
>
> 关东今年谷不登，民多困乏。其令郡国被灾害甚者毋出租赋。江海陂湖园池属少府者以假贫民，勿租赋。〔2〕
>
> 被灾害什四以上，民赀不满三万，勿出租赋。〔3〕
>
> 其令水所伤县邑及他郡国灾害什四以上，民赀不满十万，皆无出今年租赋。〔4〕
>
> 是岁，牛疫。京师及三州大旱，诏勿收兖、豫、徐州田租、刍稿，其以见谷赈给贫人。〔5〕
>
> 今年郡国秋稼为旱蝗所伤，其什四以上勿收田租、刍稿。〔6〕

同时，为了扶持百姓发展生产，政府还采取向民众施行“振贷”措施，将钱、粮、种子或土地借给穷困百姓：

> 百姓鳏寡孤独穷困之人或阽于死亡，而莫之省忧。为民父母将何如？其议所以振贷之。〔7〕

---

〔1〕《汉书》卷八《宣帝纪》。
〔2〕〔3〕《汉书》卷十《成帝纪》。
〔4〕《汉书》卷十一《哀帝纪》。
〔5〕《后汉书》卷三《章帝纪》。
〔6〕《后汉书》卷四《和帝纪》。
〔7〕《汉书》卷四《文帝纪》。

（武帝元狩六年）今遣博士（褚）大等六人分循行天下，存问鳏寡废疾，无以自振业者贷与之。[1]

（宣帝元平四年）春正月，诏曰："盖闻农者兴德之本也，今岁不登，已遣使者振贷困乏。"[2]

（宣帝地节四年）九月，诏曰："朕惟百姓失职不赡，遣使者循行郡国问民所疾苦。吏或营私烦扰，不顾厥咎，朕甚闵之。今年郡国颇被水灾，已振贷。"[3]

（成帝和平三月）遣光禄大夫博士嘉等十一人行举濒河之郡水所毁伤困乏不能自存者，财振贷。[4]

（成帝鸿嘉四年）秋，勃海、清河河溢，被灾者振贷之。[5]

百姓丰收后需要遵照相关制度偿还国家，如果再次遇到天灾人祸，政府会根据实际情况出台政策免收所振贷款物：

（昭帝始元二年）往年灾害多，今年蚕麦伤，所振贷种、食勿收责，毋令民出今年田租。[6]

（宣帝元康元年）三月，诏曰："加赐鳏寡孤独、三老、孝弟力田帛。所振贷勿收。"

（宣帝神爵元年）春三月，诏曰："赐天下勤事吏爵二级，民一级，女子百户牛酒，鳏寡孤独高年帛。所振贷物勿

[1]《汉书》卷六《武帝纪》。
[2][3]《汉书》卷八《宣帝纪》。
[4][5]《汉书》卷十《成帝纪》。
[6]《汉书》卷七《昭帝纪》。

收。”[1]

（成帝建始三年）春三月，赦天下徒。赐孝弟力田爵二级。诸逋租赋所振贷勿收。

（成帝河平四年）春正月……赦天下徒，赐孝弟力田爵二级，诸逋租赋所振贷勿收。[2]

同时，对于孝悌、力田、高年、鳏寡孤独等人员，或减免徭役，或赏赐布帛钱物。汉文帝即位后就特别关注鳏、寡、孤、独、病等普通穷困百姓，尤其是对于年老力衰之人，并对部分官吏用陈年旧米熬粥供老人食用表示谴责，下令每月定时定量免费给老人提供米肉酒，如有延误，必将严惩：

方春和时，草木群生之物皆有以自乐，而吾百姓鳏寡孤独穷困之人或阽于死亡，而莫之省忧。为民父母将何如？其议所以振贷之。又曰：“老者非帛不暖，非肉不饱。今岁首，不时使人存问长老，又无布帛酒肉之赐，将何以佐天下子孙孝养其亲？今闻吏禀当受鬻者，或以陈粟，岂称养老之意哉！具为令。”有司请令县道，年八十已上，赐米人月一石，肉二十斤，酒五斗。其九十已上，又赐帛人二匹，絮三斤。赐物及当禀鬻米者，长吏阅视，丞若尉致。不满九十，啬夫、令史致。二千石遣都吏循行，不称者督之。

十三年六月，诏令天下重视农业生产，适度减免租税，并恤

[1]《汉书》卷八《宣帝纪》。
[2]《汉书》卷十《成帝纪》。

及天下孤寡，赐给布帛等生活用品：

农，天下之本，务莫大焉。今廑身从事，而有租税之赋，是谓本末者无以异也，其于劝农之道未备。其除田之租税。赐天下孤寡布帛絮各有数。[1]

相关史料还有：

皇帝使谒者赐县三老、孝者帛，人五匹；乡三老、弟者、力田帛，人三匹；年九十以上及鳏寡孤独帛，人二匹，絮三斤；八十以上米，人三石。[2]

鳏寡孤独高年贫困之民，朕所怜也。前下诏假公田，贷种、食。其加赐鳏寡孤独高年帛。[3]

赐天下男子爵，人二级；三老、孝悌、力田人三级，流人无名数欲占者一级；鳏、寡、孤、独、笃癃、贫不能自存者粟，人五斛。[4]

赐民爵，人二级，孝悌、力田人三级，爵过公乘，得移与子若同产、同产子，民脱无名数及流民欲占者人一级；鳏、寡、孤、独、笃癃、贫不能自存者谷，人三斛；贞妇帛，人一匹。[5]

---

〔1〕《汉书》卷四《文帝纪》。
〔2〕《汉书》卷六《武帝纪》。
〔3〕《汉书》卷八《宣帝纪》。
〔4〕《后汉书》卷二《明帝纪》。
〔5〕《后汉书》卷五《安帝纪》。

参考文献：

《史记》，中华书局1999年1月版。

《汉书》，中华书局1999年2月版。

《后汉书》，中华书局1999年3月版。

《三国志》，中华书局1999年3月版。

《晋书》，中华书局，1999年4月版。

商鞅等著，章诗同注：《商君书》，上海人民出版社1974年5月版。

韩非子：《韩非子》，上海古籍出版社1989年9月版。

荀子：《荀子》，上海古籍出版社1989年9月版。

桓宽：《盐铁论》，上海人民出版社1974年6月版。

桓谭：《新论》，上海人民出版社1977年6月版。

王符撰，汪继培笺：《潜夫论》，上海古籍出版社1978年4月版。

陆贾著，王利器校注：《新语校注》，中华书局1986年8月版。

刘向撰，向宗鲁校证：《说苑校证》，中华书局1987年7月版。

刘安等编著，高诱注：《淮南子》，上海古籍出版社1989年9月版。

董仲舒：《春秋繁露》，上海古籍出版社1989年9月版。

郑玄注，贾公彦疏，黄侃经文句读：《周礼注疏》（《清十三经注疏》本），上海古籍出版社1990年12月版。

王肃注：《孔子家语》，上海古籍出版社1990年9月版。

孔安国注，孔颖达等正义，黄侃经文句读：《尚书正义》（《清十三经注疏》本），上海古籍出版社1990年12月版。

郑玄注，孔颖达等正义，黄侃经文句读：《礼记正义》（《清十三经注疏》本），上海古籍出版社1990年12月版。

许慎撰，段玉裁注：《说文解字注》，浙江古籍出版社1998年2月版。

赵晔撰，吴庆峰点校：《二十五别史》，齐鲁书社2000年5月版。

袁宏撰，周天游校注：《后汉纪》，天津古籍出版社1987年12月版。

杜预注，孔颖达等正义，黄侃经文句读：《春秋左传正义》（《清十三经注疏》本），上海古籍出版社 1990 年 12 月版。

杜佑撰，王文锦等点校：《通典》，中华书局 1988 年 12 月版。

虞世南：《北堂书钞》，中国书店 1989 年 7 月版。

张九龄等著，袁文兴、潘寅生主编：《唐六典全译》，甘肃人民出版社 1997 年 11 月版。

李昉等撰：《太平御览》，中华书局 1960 年 2 月第 1 版。

徐天麟著，子予整理：《东汉会要》卷二十《职官二·刺史》，上海古籍出版社 1978 年版。

戴埴：《鼠璞》，中华书局 1985 年 1 月版。

马端临：《文献通考》，浙江古籍出版社 1988 年 11 月版。

顾炎武著，黄汝成集释：《日知录》，花山文艺出版社 1990 年 8 月版。

刘宝楠：《论语正义》（《清十三经注疏》本），上海古籍出版社 1993 年 11 月版。

张政主编：《中国古代职官大辞典》，河南人民出版社 1990 年 10 月版。

王洲明、徐超校注：《贾谊集校注》，人民文学出版社 1996 年 11 月版。

郑文：《论衡析诂》，巴蜀书社 1999 年 1 月版。

周天：《中国历代廉政监察制度史》，上海文艺出版总社·百家出版社 2007 年 8 月版。

余华青主编：《中国古代廉政制度史》，上海人民出版社 2007 年 11 月版。

本章执笔：任　慧

第四章 三国两晋廉政制度

三国两晋时期包含魏（220—265）、蜀（221—263）、吴（222—280）三国鼎立以及西晋（265—317）统一、东晋（317—420）偏安江左几个重要阶段，除西晋王朝的短暂统一外，中国社会基本处于战争频仍的割据态势。即便如此，封建统治者仍然希望加强中央集权，巩固江山大业，由此各项政治制度在沿袭汉制的基础上有所创新，在廉政制度的建设方面亦有贡献。

从监察体制来看，这一时期中央监察系统大体因袭汉制，御史中丞、司隶校尉、尚书左丞虽各有侧重，但均可行使监察职责。西晋后期，中央监察权力逐渐集中于御史台，御史中丞执掌监察大权。此外，曹操在中央监察体制内部创立了一种新的官职——校事，执行特别监察任务；孙吴亦有效仿。地方监察执行力度虽然几于荒疏，但曹魏和西晋相继制定了地方监察条例，包括《察吏六条》、《能否十条》、《察长吏八条》、《五条律察郡》等，可谓有益探索。古代谏官制度在这一时期也得到重要发展，逐步走向规范化和系统化，有了自己独立的机构——集书省或门下省。其中，门下省是中国古代中央政府的中枢机构之一，由皇帝的侍从机构侍中寺改设，专司谏议封驳，长官为侍中。

无论三国鼎立还是西晋一统，封建统治者对人才都极为重视，曹操就曾三下求贤令，不拘一格选拔人才，希望汇聚当时的仁人志士助其实现政治理想。整体而言，三国两晋时期延续了汉代包括孝廉、茂才、贤良、文学诸多科目在内的察举征辟制度，但最为重要的人才选拔方式则是曹魏所创立的九品中正制度。这一制度“盖以论人才优劣，非为世族高卑”〔1〕，将人才选拔权力收归国家所有，颇具创新意味。虽然实行不久即出现明显的弊端，且为后世所诟病，但在出台伊始确实选拔了一批人才，对于抑制地方豪强势力、加强中央集权统治、客观公正选拔人才、巩固曹魏政权起到了一定的积极作用。

对于官吏考核管理方面，三国两晋时期确定将考课权由尚书省独立掌管，下设不同尚书曹，并结合实际情况多次制定考课之法，包括魏明帝时期刘劭所制定的《都官考课》法、齐王曹芳时期王昶奉命所撰写的《百官考课》七十二条以及晋武帝初年杜预受诏所作考课之法等等。虽然皆未得以贯彻实施，但对于中国封建社会考课制度的发展，起到了承上启下的作用。

此外，在司法制度方面，三国两晋基本承袭两汉约法省刑、理冤狱、恤囚徒的“轻法”思想。曹操一生四处征战，严明军纪是管理军队的基本要素。针对军队触犯法律的问题，建安十九年（214 年）十二月设置理曹掾一职，专门处理军中触犯刑法之人：

〔1〕《宋书》卷九十四《恩幸传》。

“夫刑，百姓之命也，而军中典狱者或非其人，而任以三军死生之事，吾甚惧之。其选明达法理者，使持典刑。”[1]魏明帝曹叡青龙二年（234 年）春天，由于天象异常，“二月乙未，太白犯荧惑”，故而反省执政方略，决定减免刑罚：“鞭作官刑，所以纠慢怠也，而顷多以无辜死。其减鞭杖之制，著于令”[2]。西晋作为魏晋南北朝四百多年乱世唯一的统一年代，开国君主晋武帝司马炎重视法制建设，咸熙元年（264 年）下诏编修律法，至泰始四年（268 年）“凡律令合二千九百二十六条，十二万六千三百言，六十卷，故事三十卷”的《泰始律》终于颁布执行。作为我国古代一部重要法典，《泰始律》相比汉魏旧律，篇目大为增加，条目却减省两千余条，可谓简约完备，故而对南北朝乃至隋唐的法律影响深远。尤其是在约法省刑方面亦有相当的发展：“减枭斩族诛从坐之条，除谋反适养母出女嫁皆不复还坐父母弃市，省禁固相告之条，去捕亡、亡没为官奴婢之制。轻过误老少女人当罚金杖罚者，皆令半之。”[3]

在三国两晋二百年的历史中，虽然多为乱世，但沿袭汉代之制，在监察制度、官吏管理和司法制度建设等方面亦取得了一些实际效果，对吏治澄清和廉政建设起到了一定的积极作用。

第一节　监察体制

魏晋南北朝是中国古代监察制度由秦汉初创阶段向隋唐完备

---

〔1〕《三国志》卷一《魏书一·武帝纪》。
〔2〕《三国志》卷三《魏书三·明帝纪》。
〔3〕《晋书》卷三十《刑法志》。

阶段过渡的重要时期。由于时局动荡不安，政权更迭频繁，包括政治、经济、文化等在内的各项社会制度均难以保持稳定连贯的良性发展，所谓各代有异。

一、中央监察

三国西晋时期，中央监察系统大体因袭汉制，御史中丞、司隶校尉、尚书左丞虽各有侧重，但均可行使监察职责。西晋后期，中央监察权力逐渐集中于御史台，御史中丞执掌监察大权。

御史中丞一职，历经秦汉四百余年发展，在曹魏文帝黄初二年（221 年）改名为“宫正”，魏明帝曹叡即位后复称，其后两晋沿用汉魏之制。曹魏时期，御史中丞作为御史台的最高长官，下设治书执法、治书侍御史、侍御史和殿中侍御史四类属官。西晋时期“御史中丞督司百僚。皇太子以下，其在行马内，有违法宪者皆弹纠之。虽在行马外，而监司不纠，亦得奏之”〔1〕。其属官发展为治书侍御史四人（太康中省二人）、侍御史九人、殿中侍御史四人，泰始四年（268 年）又置“黄沙狱治书侍御史”一人（后省）。此外还有禁防御史（沿魏置，后省之）、检校御史、监搜御史和督运御史诸多专项监察官吏，御史属官分工日益明确，表明御史的监察职能向纵深发展的趋势。

> 治书侍御史，掌举劾官品第六已上。汉宣帝斋居决事，令御史二人治书，因谓之治书御史。汉东京使明法律者为之，

〔1〕《晋书》卷四十七《傅咸传》。

天下谳疑事，则以法律当其是非。魏、晋以来，则分掌侍御史所掌诸曹，若尚书二丞也。〔1〕

侍御史，于周为柱下史。《周官》有御史，掌治令，亦其任也。秦置侍御史，汉因之。二汉员并十五人。掌察举非法，受公卿奏事，有违失者举劾之。凡有五曹，一曰令曹，掌律令；二曰印曹，掌刻印；三曰供曹，掌斋祠；四曰尉马曹，掌官厩马；五曰乘曹，掌护驾。魏置御史八人，有治书曹，掌度支运，课第曹，掌考课，不知其余曹也。晋西朝凡有吏曹、课第曹、直事曹、印曹、中都督曹、外都督曹、媒曹、符节曹、水曹、中垒曹、营军曹、算曹、法曹，凡十三曹，而置御史九人。晋江左初，省课第曹，置库曹，掌厩牧牛马市租。后复分库曹，置外左库、内左库二曹。宋太祖元嘉中，省外左库，而内左库直云左库。世祖大明中，复置。废帝景和元年又省。顺帝初，省营军并水曹，省算曹并法曹，吏曹不置御史，凡十御史焉。魏又有殿中侍御史二人，盖是兰台遣二御史居殿内察非法也。晋西朝四人，江左二人。秦、汉有符节令，隶少府，领符玺郎、符节令史。盖《周礼》典瑞、掌节之任也。汉至魏别为一台，位次御史中丞，掌授节、铜虎符、竹使符。晋武帝泰始九年，省并兰台，置符节御史掌其事焉。〔2〕

殿中侍御史，案魏兰台遣二御史居殿中，伺察非法，即其始也。及晋，置四人，江左置二人。又案魏晋官品令又有禁防御史第七品，孝武太元中有检校御史吴琨，则此二职亦

〔1〕〔2〕《宋书》卷四十《百官志下》。

兰台之职也。[1]

司隶校尉作为中央监察官吏源于汉朝。东汉时期，司隶校尉“掌察举百官以下，及京师近郡犯法者”，“并领一州”[2]，集地方行政长官和中央监察官于一身，地位显赫，甚至一度成为权臣争夺的要职。建安十八年（213 年）曹操撤销司隶校尉建制。黄初初年（220 年）魏文帝复制，之后司隶校尉与御史中丞并驾齐驱，共同监督朝廷官吏：“晋亦因汉，以中丞为台主，与司隶分督百僚，自皇太子以下无所不纠。初不得纠尚书，后亦纠之。中丞专纠行马内，司隶专纠行马外。虽制如是，然亦更奏众官，实无其限。”[3]

晋惠帝时期，时任司隶校尉的傅咸“劲直忠果，劾按惊人”，对于“不纠三公”的监察限制不满，遂上书详细谈及当时御史中丞和司隶校尉并行的监察体制：

> 按令，御史中丞督司百僚。皇太子以下，其在行马内，有违法宪者皆弹纠之。虽在行马外，而监司不纠，亦得奏之。如令之文，行马之内有违法宪，谓禁防之事耳。宫内禁防，外司不得而行，故专施中丞。今道路桥梁不修，斗讼屠沽不绝，如此之比，中丞推责州坐，即今所谓行马内语施于禁防。既云中丞督司百僚矣，何复说行马之内乎！既云百僚，而不得复说行马之内者，内外众官谓之百僚，则通内外矣。司隶

〔1〕《晋书》卷二十四《职官》。
〔2〕《后汉书》志第二十七《百官四》。
〔3〕《通典》卷二十四《职官六》，第663页。

所以不复说行马内外者，禁防之事已于中丞说之故也。中丞、司隶俱纠皇太子以下，则共对司内外矣，不为中丞专司内百僚，司隶专司外百僚。自有中丞、司隶以来，更互奏内外众官，惟所纠得无内外之限也。而结一旦横挫臣，臣前所以不罗缕者，冀因结奏得从私愿也。今既所愿不从，而敕云但为过耳，非所不及也，以此见原。臣忝司直之任，宜当正己率人，若其有过，不敢受原，是以申陈其愚。司隶与中丞俱共纠皇太子以下，则从皇太子以下无所不纠也。得纠皇太子而不得纠尚书，臣之暗塞既所未譬。皇太子为在行马之内邪，皇太子在行马之内而得纠之，尚书在行马之内而不得纠，无有此理。〔1〕

其奏议“条理灼然，朝廷无以易之”。从此之后，位列三公的尚书也被置于中央监察官吏的监督之下。并且，“中丞专纠行马内，司隶专纠行马外”的权力限制在实际操作中并非定制，御史中丞和司隶校尉的实际权限不断扩大，导致职权重叠、事权混乱，影响监察职能的有效发挥，东晋时期最终废除司隶校尉。此后，中央监察权力几乎全部归入御史所在机构御史台，御史台亦不再是其他政府机构的附属机构，而是独立为与行政、司法、军事等政府机构平行的专司监察机构，实现了御史监察职权的初步统一，为唐代确立御史台总领监察的单一的监察体制奠定了基础。

此外，尚书左丞亦为中央监察官吏，隶属于尚书。尚书由丞相一职发展而来，故而尚书左丞的职责大体相当于汉朝丞相司直。

〔1〕《晋书》卷四十七《傅咸传》。

据史书记载："左丞主台内禁令，寝庙祠祀，朝仪礼制，选用署吏，急假兼纠弹之事；（西晋）傅咸答辛旷诗序曰：'尚书左丞，弹八座以下，居万机之会，乃皇朝之司直，天台之管辖'。"[1]由此可知同汉朝司直"掌佐丞相，举不法"不同，两晋时期的尚书左丞已非行政系统内部的专职监察官吏，而且仅能于尚书台内部行使监察权力。南朝时尚书左丞职权范围增大，可以弹劾百官。宋齐两朝还出现过尚书左丞检举控告御史中丞的事，说明监察机构之间可以互相监督。

曹魏时期，由于曹操通过"挟天子以令诸侯"的手段夺取的刘姓汉室江山，朝廷内部多有东汉旧臣，为了防止这些人图谋不轨，故而曹操在中央监察体制内部创立了一种新的官职——校事，执行特别监察任务："昔武皇帝大业草创，众官未备，而军旅勤苦，民心不安，乃有小罪，不可不察，故置校事。"[2]校事作为皇帝耳目，其职责就是暗中刺探臣民言行，"使察群下"。由于受到君主的特别重视，校事执掌"上察宫庙、下摄众司"的特权，常常恣意妄为，引起朝中正直官吏的强烈不满。时任尚书郎的高柔就曾上书曹操，认为"设官分职，各有所司。今置校事，既非居上信下之旨。又达等数以憎爱擅作威福，宜检治之"[3]。曹操，天下之枭雄是也，何尝不知这种刺探监视工作非贤人君子所能为，但从稳固政权的出发点考虑，于是选用卢洪、赵达等类似"群盗"之人担任校事，纯粹是为加强中央集权铁腕手段的工具而已。

曹操对校事"检御有方，不至纵恣"，待其子曹丕执政之时，

---

〔1〕《通典》卷第二十二《职官四》，第599页。
〔2〕《三国志》卷十四《魏书十四·程晓传》。
〔3〕《三国志》卷二十四《魏书二十四·高柔传》。

校事职权越来越大，日益放横骄纵："官无局业，职无分限，随意任情，唯心所适。法造于笔端，不依科诏；狱成于门下，不顾覆讯。其选官属，以谨慎为粗疏，以謥词为贤能。其治事，以刻暴为公严，以循理为怯弱。外则托天威以为声势，内则聚群奸以为腹心。大臣耻与分势，含忍而不言，小人畏其锋芒，郁结而无告。"[1]这种类似特务的职位终因奸佞刻暴、不合民心而走向末路。魏齐王曹芳嘉平年间（249—254），黄门侍郎程晓上书建议罢去校事：

晓上疏曰："《周礼》云：'设官分职，以为民极。'《春秋传》曰：'天有十日，人有十等。'愚不得临贤，贱不得临贵。于是并建圣哲，树之风声。明试以功，九载考绩。各修厥业，思不出位。故栾书欲拯晋侯，其子不听；死人横于街路，邴吉不问。上不责非职之功，下不务分外之赏，吏无兼统之势，民无二事之役，斯诚为国要道，治乱所由也。远览典志，近观秦汉，虽官名改易，职司不同，至于崇上抑下，显分明例，其致一也。初无校事之官干与庶政者也。昔武皇帝大业草创，众官未备，而军旅勤苦，民心不安，乃有小罪，不可不察，故置校事，取其一切耳，然检御有方，不至纵恣也。此霸世之权宜，非帝王之正典。其后渐蒙见任，复为疾病，转相因仍，莫正其本。遂令上察宫庙，下摄众司，官无局业，职无分限，随意任情，唯心所适。法造于笔端，不依科诏；狱成于门下，不顾覆讯。其选官属，以谨慎为粗疏，

[1] 《三国志》卷十四《魏书十四·程昱传》。

以谄诇为贤能。其治事，以刻暴为公严，以循理为怯弱。外则托天威以为声势，内则聚群奸以为腹心。大臣耻与分势，含忍而不言，小人畏其锋芒，郁结而无告。至使尹模公于目下肆其奸慝；罪恶之著，行路皆知，纤恶之过，积年不闻。既非《周礼》设官之意，又非《春秋》十等之义也。今外有公卿将校总统诸署，内有侍中尚书综理万机，司隶校尉督察京辇，御史中丞董摄宫殿，皆高选贤才以充其职，申明科诏以督其违。若此诸贤犹不足任，校事小吏，益不可信。若此诸贤各思尽忠，校事区区，亦复无益。若更高选国士以为校事，则是中丞司隶重增一官耳。若如旧选，尹模之奸今复发矣。进退推算，无所用之。昔桑弘羊为汉求利，卜式以为独烹弘羊，天乃可雨。若使政治得失必感天地，臣恐水旱之灾，未必非校事之由也。曹恭公远君子，近小人，《国风》托以为刺。卫献公舍大臣，与小臣谋，定姜谓之有罪。纵令校事有益于国，以礼义言之，尚伤大臣之心，况奸回暴露，而复不罢，是衮阙不补，迷而不返也。”于是遂罢校事官。[1]

三国之中，吴国亦设有校事一职。“魏、吴有校事官，似北魏之候官、明之厂卫……或谓之典校，或谓之校曹，或谓之校郎，或谓之校官。”[2]同曹魏情况类似，孙权信任的校官吕壹、秦博等人，操弄威柄，骄纵行事。史书对此多有记载：

---

〔1〕《三国志》卷十四《魏书十四·程晓传》。

〔2〕俞正燮:《癸巳存稿》卷七《校事考》，商务印书馆 1957 年 11 月重印第 1 版（1937 年初版），第 211 页。

时中书典校吕壹，窃弄权柄，擅作威福，逊与太常潘濬同心忧之，言至流涕。后权诛壹，深以自责，语在权传。[1]

（陆）凯上疏曰："……夫校事，吏民之仇也。先帝末年，虽有吕壹、钱钦，寻皆诛夷，以谢百姓。今复张立校曹，纵吏言事，是不遵先帝十八也。"[2]

久之，吕壹、秦博为中书，典校诸官府及州郡文书。壹等因此渐作威福，遂造作榷酤障管之利，举罪纠奸，纤介必闻，重以深案丑诬，毁短大臣，排陷无辜，雍等皆见举白，用被谴让。后壹奸罪发露，收系廷尉。雍往断狱，壹以囚见，雍和颜色，问其辞状，临出，又谓壹曰："君意得无欲有所道？"壹叩头无言。时尚书郎怀叙面詈辱壹，雍责叙曰："官有正法，何至于此！"[3]

校事本为中书，以管理朝内各官府及州郡文书为职，后奉命为密探，"举罪纠奸，纤介必闻，重以深案丑诬，毁短大臣，排陷无辜"，受到顾雍、诸葛瑾、陆逊、陆凯等重臣的一致反对，然孙权在位期间，一直没有取消校事。其子孙亮继位后，太傅诸葛恪遂"罢视听，息校官"[4]。吴国末帝孙皓曾恢复校官，"复张立校曹，纵吏言事"[5]，然不久吴国即为西晋所灭，校事一职亦随之消亡。

---

〔1〕《三国志》卷五十八《吴书十三·陆逊传》。
〔2〕〔5〕《三国志》卷六十一《吴书十六·陆凯传》。
〔3〕《三国志》卷五十二《吴书七·顾雍传》。
〔4〕《三国志》卷六十四《吴书十九·诸葛恪传》。

二、地方监察

魏晋南朝时期，由于战争不断，政权更迭频繁，朝廷主要确保中央政府正常行使职能，地方监察几于荒疏。虽然曹魏和西晋相继制定了地方监察条例，但执行力度有限。作为地方监察官吏的刺史，职权范围承袭东汉，进一步深入扩展于行政及军事领域。三国时曹魏贾逵任豫州刺史，“是时天下初复，州郡多不摄”，贾逵认为“州本以御史出监诸郡，以六条诏书察长吏二千石已下，故其状皆言严能鹰扬有督察之才，不言安静宽仁有恺悌之德也。今长吏慢法，盗贼公行，州知而不纠，天下复何取正乎？”于是仿照汉朝制定《察吏六条》，得到文帝的褒赞，遂“布告天下，当以豫州为法”〔1〕。其具体内容为：

> 察民疾苦冤失职者；察墨绶长吏以上居官政状；察盗贼为民之害及大奸猾者；察犯田律四时禁者；察民有孝悌廉洁行修正茂才异等者；察吏不簿入钱谷放散者。〔2〕

此六条规定之监察范围相比汉武帝之六条明显扩大，不仅包括“墨绶长吏”，而且包括“盗贼”和“大奸猾”。将一般民众列入刺史监察职权范围之内，也证明了东汉以来刺史从单纯的监察官员逐渐发展为地方行政长官，地方监察从而几于荒疏的事实。

---

〔1〕《三国志》卷十五《魏书十五·贾逵传》。

〔2〕萧统著，李善注：《文选》之沈休文《齐故安陆昭王碑文》注引《汉书音义》，上海古籍出版社 1986 年 6 月第 1 版，第 2551—2552 页。

西晋政府制定了一系列地方监察法规。泰始四年（268年）六月，晋武帝诏告天下，明确严格规定地方官吏的职责："田畴辟，生业修，礼教设，禁令行，则长吏之能也。人穷匮，农事荒，奸盗起，刑狱烦，下陵上替，礼义不兴，斯长吏之否也。若长吏在官公廉，虑不及私，正色直节，不饰名誉者，及身行贪秽，谄黩求容，公节不立，而私门日富者，并谨察之。"同年十二月又"班五条诏书于郡国：一曰正身，二曰勤百姓，三曰抚孤寡，四曰敦本息末，五曰去人事"[1]。这些法规又称《能否十条》、《察长吏八条》、《五条律察郡》等，内容虽然愈加广泛具体，但对于没有专职地方监察官的地方行政官员来说，多少有点儿形同虚设的意味，并无实际效用。其后东晋南朝时期，士族执政崇尚清谈，地方监察更无建树，甚至远不如北朝少数民族政权。

三、谏官制度

三国两晋南朝是古代谏官制度的重要发展和形成时期，谏官系统走向规范化、系统化，有了自己独立的机构——集书省或门下省。门下省是中国古代中央政府的中枢机构之一，由皇帝的侍从机构侍中寺改设，专司谏议封驳，长官为侍中。

侍中源自秦时丞相属吏，汉时掌殿内文书往来，并负责皇帝生活起居，其后逐渐参与顾问应对、拾遗补阙、谏诤纠察，地位渐趋尊崇。汉武帝以后多授重臣硕儒，以备咨询。东汉后期虽仍无定员，但愈为显贵，与给事黄门侍郎组成侍中寺，管理宫门内

---

〔1〕《晋书》卷三《武帝纪》。

外众务。据史书记载，东汉末年凉州武将李傕参与军阀混战，挟持汉献帝以令诸侯，十分暴虐嚣张。献帝虽为君主却因胁迫而毫无尊严权力可言，向李傕“求米五斛、牛骨五具以赐左右”结果只得到“腐牛骨，皆臭不可食”。献帝十分生气，想要诘责李傕，但经侍中杨琦劝慰，只得忍气吞声：

> 是日，傕复移乘舆幸北坞，使校尉监坞门，内外隔绝。诸侍臣皆有饥色，时盛暑热，人尽寒心。帝求米五斛、牛骨五具以赐左右，傕曰：“朝铺上饭，何用米为？”乃与腐牛骨，皆臭不可食。帝大怒，欲诘责之。侍中杨琦上封事曰：“傕，边鄙之人，习于夷风，今又自知所犯悖逆，常有怏怏之色，欲辅车驾幸黄白城以纾其愤。臣愿陛下忍之，未可显其罪也。”帝纳之。[1]

建安时，献帝又为曹操所挟。其时荀彧作为侍中，“常居中持重，太祖虽征伐在外，军国事皆与彧筹焉。太祖问彧：‘谁能代卿为我谋者？’彧言‘荀攸、钟繇’。先是，彧言策谋士，进戏志才。志才卒，又进郭嘉。太祖以彧为知人，诸所进达皆称职……皆如彧所策”[2]。侍中之重要，由此可知。

曹魏以后侍中方有定员四人，“（建安十八年）十一月，初置尚书、侍中、六卿”[3]，与散骑常侍同备顾问献纳，成为清要之官。“御登殿，与散骑常侍对扶，侍中居左，常侍居右。备切问

---

〔1〕《三国志》卷六《魏书六·董卓传》注引《献帝起居注》。

〔2〕《三国志》卷十《魏书十·荀彧传》。

〔3〕《三国志》卷一《魏书一·武帝纪》。

近对，拾遗补阙."[1]散骑常侍亦本秦官，魏文帝黄初年间（220—226）将其“合之于中常侍，同掌规谏，不典事……至晋不改”[2]。魏明帝曹叡自幼便与侍中并列帷幄：“帝生数岁而有岐嶷之姿，武皇帝异之，曰：‘我基于尔三世矣。’每朝宴会同，与侍中近臣并列帷幄。好学多识，特留意于法理。”[3]太和二年（228年）六月，下诏高选博士担任侍中一职：“尊儒贵学，王教之本也。自顷儒官或非其人，将何以宣明圣道？其高选博士，才任侍中常侍者。”[4]高贵乡公曹髦正元元年（254年）冬十月，“遣侍中持节分适四方，观风俗，劳士民，察冤枉失职者”[5]。魏齐王曹芳正始八年（247年）冬十二月，散骑常侍谏议大夫孔乂奏曰：“礼，天子之宫，有斫砻之制，无朱丹之饰，宜循礼复古。今天下已平，君臣之分明，陛下但当不懈于位，平公正之心，审赏罚以使之。可绝后园习骑乘马，出必御辇乘车，天下之福，臣子之愿也。”与尚书何晏“咸因阙以进规谏”[6]。

经过汉末三国纷争，西晋统治者得以再次通过完善政治专制制度来巩固专制皇权。晋武帝即位后在泰始元年（265年）就“开直言之路，置谏官以掌之”，次年下诏曰：“古者百官，官箴王阙。然保氏特以谏诤为职，今之侍中、常侍实处此位。择其能正色弼违匡救不逮者，以兼此选。”[7]改侍中寺为门下省，侍中直接参与朝政，“尽规献纳，纠正违阙，监合尝御药，

[1][2]《晋书》卷二十四《职官志》。
[3][4]《三国志》卷三《魏书三·明帝纪》注引《魏书》。
[5][6]《三国志》卷四《魏书四·少帝纪》。
[7]《晋书》卷三《武帝纪》。

封玺书”〔1〕，位在尚书令、诸大将军之下，中书监之上，从曹魏时期的加衔、内廷顾问成为实权在握的朝廷要职。东晋偏安江左，谏诤之职继续由侍中、散骑常侍担任，给事中、散骑侍郎都负责顾问应对。其时皇权衰落，高门士族门阀贵族掌权，谏官难以发挥应有的作用，“及江左哀帝兴宁四年，桓温奏省二人，后复旧”〔2〕。

三国蜀汉以恢复刘姓汉室天下为己任，其政治制度亦多沿用汉制。后主即位以后，谏官制度逐渐建立，朝廷设谏议大夫六人，职掌谏诤多博学贤良之士：“五梁者，字德山，犍为南安人也，以儒学节操称。从议郎迁谏议大夫、五官中郎将。”〔3〕“（尹默）从司马德操、宋仲子等受古学。皆通诸经史，又专精于左氏《春秋》，自刘歆条例，郑众、贾逵父子、陈元方、服虔注说，咸略诵述，不复按本。先主定益州，领牧，以为劝学从事。及立太子，以默为仆射，以《左氏传》授后主。后主践阼，拜谏议大夫。”〔4〕同时，也设有议郎、侍中、散骑常侍和中常侍等兼顾顾问应对的职官。诸葛亮《出师表》中曾提到：“先帝知臣谨慎，故临崩寄臣以大事也。受命以来，夙夜忧叹，恐托付不效，以伤先帝之明，故五月渡泸，深入不毛。今南方已定，兵甲已足，当奖率三军，北定中原，庶竭驽钝，攘除奸凶，兴复汉室，还于旧都。此臣所以报先帝，而忠陛下之职分也。至于斟酌损益，进尽忠言，则攸之、祎、允之任也。”其中郭攸之、费祎、董允都曾担任侍中

〔1〕《通典》卷第二十一《职官三·门下省》，第544页。
〔2〕《晋书》卷二十四《职官》。
〔3〕《三国志》卷四十二《蜀书十二·杜微传》。
〔4〕《三国志》卷四十二《蜀书十二·尹默传》。

一职，负责“斟酌损益，进尽忠言”即为谏诤之事。[1]

第二节 官吏管理制度

一、人才选拔及任用

三国两晋恰逢乱世，而乱世往往和人才辈出相关联。前有春秋战国诸子百家，这一时期虽远未及此成就，但对于人才的重视则多有体现。曹操作为曹魏的领袖，一直贯彻唯才是举的方针，坚持宽松的人才选拔环境，最为著名的就是三下求贤令：

（建安十五年）春，下令曰：“自古受命及中兴之君，曷尝不得贤人君子与之共治天下者乎！及其得贤也，曾不出闾巷，岂幸相遇哉？上之人不求之耳。今天下尚未定，此特求贤之急时也。‘孟公绰为赵、魏老则优，不可以为滕、薛大夫’。若必廉士而后可用，则齐桓其何以霸世！今天下得无有被褐怀玉而钓于渭滨者乎？又得无盗嫂受金而未遇无知者乎？二三子其佐我明扬仄陋，唯才是举，吾得而用之。”

（建安十九年）十二月……令曰：“夫有行之士未必能进取，进取之士未必能有行也。陈平岂笃行，苏秦岂守信邪？而陈平定汉业，苏秦济弱燕。由此言之，士有偏短，庸可废乎！有司明思此义，则士无遗滞，官无废业矣。”

---

〔1〕《三国志》卷三十五《蜀书五·诸葛亮传》。

（建安二十二年）秋八月，令曰："昔伊挚、傅说出于贱人，管仲，桓公贼也，皆用之以兴。萧何、曹参，县吏也，韩信、陈平负污辱之名，有见笑之耻，卒能成就王业，声著千载。吴起贪将，杀妻自信，散金求官，母死不归，然在魏，秦人不敢东向，在楚则三晋不敢南谋。今天下得无有至德之人放在民间，及果勇不顾，临敌力战；若文俗之吏，高才异质，或堪为将守；负污辱之名，见笑之行，或不仁不孝而有治国用兵之术：其各举所知，勿有所遗。"〔1〕

其子曹丕执掌魏国政权期间，继承乃父唯才是举的方针，亦有求贤之举：

（黄初三年）春正月……诏曰："今之计、孝，古之贡士也；十室之邑，必有忠信，若限年然后取士，是吕尚、周晋不显于前世也。其令郡国所选，勿拘老幼；儒通经术，吏达文法，到皆试用。有司纠故不以实者。"〔2〕

在这种背景下，三国两晋时期的人才选拔制度，最为著名的就是始创于曹魏的九品中正制度。

东汉中后期以来，由地方举荐人才的察举制度弊端日显，豪强大族左右乡里清议，官吏入选"权门请托"与"矫情窃名"屡见不鲜，桓帝时更有歌谣"举秀才，不知书；举孝廉，父别居。寒素清白浊如泥，高第良将怯如鸡"讽刺名不副实的选举结果。

〔1〕《三国志》卷一《魏书一·武帝纪》注引《魏书》。
〔2〕《三国志》卷二《魏书二·文帝纪》。

加之汉末丧乱，百姓颠沛流离，依据乡评的察举制度渐趋失去土壤，“魏氏承颠覆之运，起丧乱之后，人士流移，考详无地”〔1〕。为了抑制地方豪强势力，加强中央集权统治，客观公正选拔人才，曹魏政权遂将选官权由地方收归中央，设立九品官人之法，规范人才品定标准，选贤使能，唯才是举，“盖以论人才优劣，非为世族高卑”〔2〕。

220 年，魏文帝曹丕即位，接受尚书令陈群建议，“制九品官人之法”：

> 按，九品之制，初因后汉建安中天下兴兵，衣冠士族多离于本土，欲征源流，遽难委悉。魏氏革命，州、郡、县俱置大小中正，各以本处人任诸府公卿及台省郎吏，有德充才盛者为之，区别所管人物，定为九等。其有言行修著则升进之，或以五升四，以六升五。傥或道义亏阙则降下之，或自五退六，自六退七。〔3〕

九品官人法，又称九品中正制。“九品”是评定功德才行的九个等级，“中正”是中央设置的负责地方评定的官员。具体而言，在州、郡、县分别设置立大小中正之官，由具备“德充才盛”和“贤有识鉴”现任原籍官员担任。中正对于所负责区域内已经做官或从未入仕者进行广泛察访，根据家世（品）德才（状）评定等第，分为上上、上中、上下、中上、中中、中下、下上、下中、

〔1〕《晋书》卷三十六《卫瓘传》。
〔2〕《宋书》卷九十四《恩幸传》。
〔3〕《通典》卷十四《选举二·历代制中》，第 327—328 页。

下下九级。中正职责在于品评而非任命，其时用人权归中央司徒、吏部尚书，中正需将评定结果与相关档案材料造表成册送交司徒府，由司徒核定后转由吏部尚书按品级授官。士人经九品官人法入仕后，亦非高枕无忧，同样需要接受朝廷考核："中、正检定人才，每三年更行铨论。小中正礼教有亏者，司徒、州郡大中正不加贬黜者，均免官。"〔1〕每三年须由中正清查其言行政绩，以为升迁或黜陟依据。由此，从九品中正制创始初衷来看，这一制度可谓标准清晰，程序严谨，"其法更未尝不详慎也"〔2〕。

九品中正制使得政府全面掌握国家选拔人才的权力，作为国家制度颇具创新意味，在出台伊始确实选拔了一批人才，对于曹魏政权巩固起到了一定的积极作用："汉末丧乱，魏武始基，军中仓卒，权立九品，盖以论人才优劣，非为世族高卑。因此相沿，遂为成法。自魏至晋，莫之能改。州都郡正，以才品人，而举世人才，升降盖寡。"〔3〕"魏文帝为魏王时，三方鼎立，士流播迁，四人错杂，详核无所。延康元年，吏部尚书陈群以天朝选用不尽人才，乃立九品官人之法，州郡皆置中正，以定其选，择州郡之贤有识鉴者为之，区别人物，第其高下。"〔4〕"一时制度建立，吏治澄清，曹家的得天下，这制度也有关系的。"〔5〕但其弊端也十分明显且很快暴露出来。

朝廷设中正专职负责选举，本意在于将此权力由地方收归中

---

〔1〕 张鹏一编著，徐清廉校：《晋令辑存》卷一《贡士令第三》，三秦出版社 1989 年 1 月第 1 版，第 39—40 页。

〔2〕《廿二史劄记·晋书》，中华书局 1984 年版（下同），第 166 页。

〔3〕《宋书》卷九十四《恩幸传》。

〔4〕《通典》卷第十四《选举二·历代制中》，第 326 页。

〔5〕 钱穆：《中国历代政治得失》，三联书店 2005 年 3 月第 2 版（下同），第 46 页。

央，但郡县小中正由此掌控管理进退权柄，成为其时官吏选拔的关键人物，“九品中正者，寄雌黄于一人之口”〔1〕，“是以吏部不能审定核天下人才士庶，故委中正铨第等级，凭之授受”〔2〕，反而形成朝中大权旁落的尴尬局面。同时，中正据品状考选人才，导致官吏轻政绩重虚名：“中正评语，连做官人未做官人通体要评，而吏部凭此升黜，如是则官吏升降，其权操之中正，而不操于此本官之上司。这是把考课铨叙与选举混淆了。于是做官的也各务奔竞，袭取社会名誉，却不管自己本官职务与实际工作，而其上司也无法奈何他。”〔3〕

西晋代魏后，九品中正制愈趋偏离初始方向，担任中正者多出自豪门世族。由此这一阶层便顺理成章地把持选举，而选举标准也由家世德才逐渐演变成只重家世出身的单一标准。虽然司马炎曾于咸熙二年（265 年）颁布《诸郡中正六条举淹滞令》，对官员的德行加以明确规定：“一曰忠恪匪躬，二曰孝敬尽礼，三曰友于兄弟，四曰洁身劳谦，五曰信义可复，六曰学以为己”〔4〕，但收效甚微。这一原本希望公平客观选拔人才的政治制度遂被门阀氏族所垄断，“台阁选举，涂塞耳目，九品访人，唯问中正。故据上品者，非公侯之子孙，则当涂之昆弟也”〔5〕，以致形成“上品无寒门，正品无庶族”的局面，广大寒士难有进身之机会。后世依此种种弊端对九品中正制多为诋毁之词，但正如钱穆先生所言：“在曹操当时，采行九品中正制而有效于一时，但以后此制度墨守

〔1〕《文献通考》卷二十八《选举一》，第 267 页。
〔2〕《通典》卷第十四《选举二》，第 328 页。
〔3〕《中国历代政治得失》，第 46—47 页。
〔4〕《晋书》卷三《武帝纪》。
〔5〕《晋书》卷四十八《段灼传》。

不变，毛病丛出，后来人便只怪九品中正制不好，其实这也有些冤枉。”〔1〕毕竟九品中正制的初衷是积极选拔人才为国家治理和政治清明所用。

此外，汉代选人的主要方式察举制度，包括孝廉、茂才、贤良、文学诸多科目在魏晋依然偶有实行，共同为民间广大贤才名士创造入仕良机：“按，魏晋以来，虽立九品中正之法，然仕进之门则与两汉一而已。或公府辟召，或郡国荐举，或由曹掾积累而升，或由世胄承袭而用，大率不外此三四涂辙。”〔2〕试举几例如下：

（黄初二年）春正月……初令郡国口满十万者，岁察孝廉一人；其有秀异，无拘户口。〔3〕

（黄初四年）夏五月，有鹈鹕鸟集灵芝池，诏曰：“此诗人所谓污泽也。曹诗‘刺恭公远君子而近小人’，今岂有贤智之士处于下位乎？否则斯鸟何为而至？其博举天下俊德茂才、独行君子，以答曹人之刺。”〔4〕

（太和四年）十二月丙寅，诏公卿举贤良。

（青龙元年）三月甲子，诏公卿举贤良笃行之士各一人。〔5〕

（嘉平二年）春正月，天子命帝立庙于洛阳，置左右长史，增掾属、舍人满十人，岁举掾属任御史、秀才各一

〔1〕《中国历代政治得失》，第49页。

〔2〕《文献通考》卷二十八《选举考·举士》，第267页。

〔3〕〔4〕《三国志》卷二《魏书二·文帝纪》。

〔5〕《三国志》卷三《魏书三·明帝纪》。

人。[1]

（泰始四年）十一月……己未，诏王公卿尹及郡国守相，举贤良方正直言之士。[2]

（咸和六年）三月……癸未，诏举贤良直言之士。[3]

同时，魏晋时期对于通过察举制度由地方选举出来的人才，亦循汉制重视考试的作用。魏文帝继位后，三府认为以德行举孝廉足矣，无须再设经试。时任司徒的华歆恐此将会导致天下士子学业荒废，故而强调孝廉考试的重要意义，得到文帝的赞同：

文帝即王位……三府议："举孝廉，本以德行，不复限以试经。"歆以为"丧乱以来，六籍堕废，当务存立，以崇王道。夫制法者，所以经盛衰。今听孝廉不以经试，恐学业遂从此而废。若有秀异，可特征用。患于无其人，何患不得哉？"帝从其言。[4]

东晋时亦有强调考试的记载。元帝大兴三年（320 年），地方推举孝廉、秀才不复策试："先是，以兵乱之后，务存慰悦，远方秀孝到，不策试，普皆除署。至是，帝申明旧制，皆令试《经》，有不中科，刺史、太守免官。太兴三年，秀孝多不敢行，其有到者，并托疾。"元帝遂欲除署孝廉，尚书郎孔坦则认为学校和考试

〔1〕《晋书》卷一《宣帝纪》。
〔2〕《晋书》卷三《武帝纪》。
〔3〕《晋书》卷七《成帝纪》。
〔4〕《三国志》卷十三《魏书十三·华歆传》。

十分重要：

“臣闻经邦建国，教学为先，移风崇化，莫尚斯矣。古者且耕且学，三年而通一经，以平康之世，犹假渐渍，积以日月。自丧乱以来，十有余年，干戈载扬，俎豆礼戢，家废讲诵，国阙庠序，率尔责试，窃以为疑。然宣下以来，涉历三载，累遇庆会，遂未一试。扬州诸郡，接近京都，惧累及君父，多不敢行。其远州边郡，掩诬朝廷，冀于不试，冒昧来赴，既到审试，遂不敢会。臣愚以不会与不行，其为阙也同。若当偏加除署，是为肃法奉宪者失分，侥幸投射者得官，颓风伤教，惧于是始。

“夫王言如丝，其出如纶，临事改制，示短天下，人听有惑，臣窃惜之。愚以王命无贰，宪制宜信。去年察举，一皆策试。如不能试，可不拘到，遣归不署。又秀才虽以事策，亦泛问经义，苟所未学，实难暗通，不足复曲碎垂例，违旧造异。谓宜因其不会，徐更革制。可申明前下，崇修学校，普延五年，以展讲习，钧法齐训，示人轨则。夫信之与法，为政之纲，施之家室，犹弗可贰，况经国之典而可玩黩乎！”

帝纳焉。听孝廉申至七年，秀才如故。[1]

考试方式以其相对客观的特质在魏晋以至南北朝时期延续，对隋唐科举制度的诞生及绵延千载，具有积极的历史作用。

---

〔1〕《晋书》卷七十八《孔坦传》。

二、考核制度

三国两晋以至南北朝时期，由于时局动荡，整体考课情况并不乐观。从现存史料来看，考课方法、对象、年限、科目等多依循汉制，包括上计、巡行等各项制度。与汉代不同的是，魏晋时尚书省独立成为全国中枢行政机关，考课权遂归于此，由不同尚书曹分掌：

考功郎中一人。(……魏尚书有考功、定课二曹。宋元嘉三年，又置公论郎，并其任也。例在吏部郎中篇。后魏考功郎掌考第孝秀。北齐考功郎中亦掌考第及孝秀贡士。)〔1〕

考功郎中一人，从五品上。(《汉官仪》:“曹郎二人，掌天下岁尽集课。”魏尚书郎曹有考功郎中一人。宋、齐并置功论郎中，梁有秩论侍郎，并考功郎中之任也。北齐有考功郎中。)〔2〕

上计制度，作为中央对郡国考课的重要形式，其负责官吏在魏晋时期有“计吏”、“上计吏”、“上计掾”、“计掾”和“计曹掾”等多种名称，虽然执行效果因乱世而曲曲折折，但其所经历的延续的法制化过程，为考课制度的进一步发展奠定了基础。

东汉末年军阀混战，政权飘摇，包括官吏管理在内的各项政治制度遭到严重破坏。建安年间，曹操挟天子以令诸侯，丞相掾

---

〔1〕《通典》卷第二十三《职官五》，第634页。
〔2〕《唐六典》卷二《尚书吏部》，第41页。

属刘廙上书曹操，建议恢复上计制度：

昔者周有乱臣十人，有妇人焉，九人而已，孔子称“才难，不其然乎”！明贤者难得也。况乱弊之后，百姓凋尽，士之存者盖亦无几。股肱大职，及州郡督司，边方重任，虽备其官，亦未得人也。此非选者之不用意，盖才匮使之然耳。况于长吏以下，群职小任，能皆简练备得其人也？其计莫如督之以法。不尔而数转易，往来不已，送迎之烦，不可胜计。转易之间，辄有奸巧，既于其事不省，而为政者亦以其不得久安之故，知惠益不得成于己，而苟且之可免于患，皆将不念尽心于恤民，而梦想于声誉，此非所以为政之本意也。今之所以为黜陟者，近颇以州郡之毁誉，听往来之浮言耳。亦皆得其事实而课其能否也？长吏之所以为佳者，奉法也，忧公也，恤民也。此三事者，或州郡有所不便，往来者有所不安。而长吏执之不已，于治虽得计，其声誉未为美；屈而从人，于治虽失计，其声誉必集也。长吏皆知黜陟之在于此也，亦何能不去本而就末哉？以为长吏皆宜使小久，足使自展。岁课之能，三年总计，乃加黜陟。课之皆当以事，不得依名。事者，皆以户口率其垦田之多少，及盗贼发兴，民之亡叛者，为得负之计。如此行之，则无能之吏，修名无益；有能之人，无名无损。法之一行，虽无部司之监，奸誉妄毁，可得而尽。〔1〕

---

〔1〕《三国志》卷二十一《魏书二十一·刘廙传》注引《廙别传》。

根据刘廙的建议，考课应该依据户口垦田、盗贼治安等客观统计结果。其时限为三年，根据统计结果进行奖惩。而其意义在于："如此行之，则无能之吏，修名无益；有能之人，无名无损。法之一行，虽无部司之监，奸誉妄毁，可得而尽。"刘廙官职虽未为显赫，但他的建议甚为曹操赏识，"事上，太祖甚善之"。随后北方广大地区逐渐开始恢复上计考课制度，各郡县一般皆置上计吏。据史料所载：韦诞"建安中，为郡上计吏"〔1〕；司马懿"汉建安六年，郡举上计掾"〔2〕。曹魏政权建立后，魏明帝、齐王芳、高贵乡公等有关于上计吏的史料更多。由此，刘廙不愧为曹操所夸赞："非但君当知臣，臣亦当知君。今欲使吾坐行西伯之德，恐非其人也。"〔3〕

东汉灭亡，魏蜀吴三分天下，继续保持发展军事力量的同时，各政权也开始注重稳固朝政，加强中央集权，由此开始重视官吏的有效管理。曹魏依循汉制，结合实际情况，多次制定考课之法。魏明帝青龙年间（233—240），召见中书郎卢毓，谈及选举之道莫在于有名，遭到卢毓的反对，认为应当根据政绩"明试以功"，建议重建考课之法：

（卢毓）时举中书郎。诏曰："得其人与否，在卢生耳。选举莫取有名，名如画地作饼，不可啖也。"毓对曰："名不足以致异人，而可以得常士。常士畏教慕善，然后有名，非所当疾也。愚臣既不足以识异人，又主者正以循名案常为职，

---

〔1〕《三国志》卷二十一《魏书二十一·韦诞传》注引《文章叙录》。
〔2〕《晋书》卷一《宣帝纪》。
〔3〕《三国志》卷二十一《魏书二十一·刘廙传》。

但当有以验其后。故古者敷奏以言，明试以功。今考绩之法废，而以毁誉相进退，故真伪浑杂，虚实相蒙。”[1]

虽然“帝纳其言，即诏作考课法”，但不知何故，现存史料未见此法详定及实施。鉴于“百官考课，王政之大较”，因而几年之后，魏明帝再次下诏，令散骑常侍刘劭制定《都官考课》法，重视程度可见一斑：

百官考课，王政之大较，然而历代弗务，是以治典阙而未补，能否混而相蒙。陛下以上圣之宏略，愍王纲之弛颓，神虑内鉴，明诏外发。臣奉恩旷然，得以启蒙，辄作《都官考课》七十二条。[2]

这次制定的七十二条《都官考课》条例，可谓明细严实，遂引来朝廷上下的普遍关注和激烈讨论。支持者如散骑黄门侍郎杜恕：

时又大议考课之制，以考内外众官。（杜）恕以为用不尽其人，虽才且无益，所存非所务，所务非世要。上疏曰：

“《书》称‘明试以功，三考黜陟’，诚帝王之盛制。使有能者当其官，有功者受其禄，譬犹乌获之举千钧，良、乐之选骥足也。虽历六代而考绩之法不著，关七圣而课试之文不垂，臣诚以为其法可粗依，其详难备举故也。语曰：“世有

〔1〕《三国志》卷二十二《魏书二十二·卢毓传》。
〔2〕《三国志》卷二十一《魏书二十一·刘劭传》。

乱人而无乱法。”若使法可专任，则唐、虞可不须稷、契之佐，殷、周无贵伊、吕之辅矣。今奏考功者，陈周、汉之法为，缀京房之本旨，可谓明考课之要矣。于以崇揖让之风，兴济济之治，臣以为未尽善也。其欲使州郡考士，必由四科，皆有事效，然后察举，试辟公府，为亲民长吏，转以功次补郡守者，或就增秩赐爵，此最考课之急务也。臣以为便当显其身，用其言，使具为课州郡之法，法具施行，立必信之赏，施必行之罚。至于公卿及内职大臣，亦当俱以其职考课之也。

“古之三公，坐而论道，内职大臣，纳言补阙，无善不纪，无过不举。且天下至大，万机至众，诚非一明所能遍照。故君为元首，臣作股肱，明其一体相须而成也。是以古人称廊庙之材，非一木之支；帝王之业，非一士之略。由是言之，焉有大臣守职辨课可以致雍熙者哉！且布衣之交，犹有务信誓而蹈水火，感知己而披肝胆，徇声名而立节义者；况于束带立朝，致位卿相，所务者非特匹夫之信，所感者非徒知己之惠，所徇者岂声名而已乎！

“诸蒙宠禄受重任者，不徒欲举明主于唐、虞之上而已；身亦欲厕稷、契之列。是以古人不患于念治之心不尽，患于自任之意不足，此诚人主使之然也。唐、虞之君，委任稷，契、夔、龙而责成功，及其罪也，殛鲧而放四凶。今大臣亲奉明诏，给事目下，其有夙夜在公，恪勤特立，当官不挠贵势，执平不阿所私，危言危行以处朝廷者，自明主所察也。若尸禄以为高，拱默以为智，当官苟在于免负，立朝不忘于容身，洁行逊言以处朝廷者，亦明主所察也。诚使容身保位，无放退之辜，而尽节在公，抱见疑之势，公义不修而私议成俗，虽仲尼为谋，犹不能尽一才，又况于世俗之人乎！今之学者，师商、韩而上法术，竞以儒家为迂阔，不周世用，此最风俗之流弊，创业者之所致慎也。”〔1〕

朝中上下对此考课条例非议甚多，傅嘏、崔林等都鲜明地表示反对：

时散骑常侍刘劭作考课法，事下三府。（傅）嘏难劭论曰：“盖闻帝制宏深，圣道奥远，苟非其才，则道不虚行，神而明之，存乎其人。暨乎王略亏颓而旷载罔缀，微言既没，六籍泯玷。何则？道弘致远而众才莫晞也。案劭考课论，虽欲寻前代黜陟之文，然其制度略以阙亡。礼之存者，惟有周典，外建侯伯，藩屏九服，内立列司，管齐六职，土有恒贡，官有定则，百揆均任，四民殊业，故考绩可理而黜陟易通也。大魏继百王之末，承秦、汉之烈，制度之流，靡所修采。自建安以来，至于青龙，神武拨乱，肇基皇祚，扫除凶逆，芟夷遗寇，旌旗卷舒，日不暇给。及经邦治戎，权法并用，百官群司，军国通任，随时之宜，以应政机。以古施今，事杂义殊，难得而通也。所以然者，制宜经远，或不切近，法应时务，不足垂后。夫建官均职，清理民物，所以立本也；循名考实，纠励成规，所以治末也。本纲未举而造制未呈，国略不崇而考课是先，惧不足以料贤愚之分，精幽明之理也。昔先王之择才，必本行于州闾，讲道于庠序，行具而谓之贤，

〔1〕《三国志》卷十六《魏书十六·杜畿传》。

道修则谓之能。乡老献贤能于王，王拜受之，举其贤者，出使长之，科其能者，入使治之，此先王收才之义也。方今九州之民，爰及京城，未有六乡之举，其选才之职，专任吏部。案品状则实才未必当，任薄伐则德行未为叙，如此则殿最之课，未尽人才。述综王度，敷赞国式，体深义广，难得而详也。”〔1〕

散骑常侍刘劭作《考课论》，制下百僚。（崔）林议曰：“案《周官》考课，其文备矣，自康王以下，遂以陵迟。此即考课之法存乎其人也。及汉之季，其失岂在乎佐吏之职不密哉？方今军旅，或猥或卒，备之以科条。申之以内外，增减无常，固难一矣。且万目不张举其纲，众毛不整振其领。皋陶仕虞，伊尹臣殷，不仁者远。五帝三王未必如一，而各以治乱。《易》曰：‘易简，而天下之理得矣。’太祖随宜设辟，以遗来今，不患不法古也。以为今之制度，不为疏阔，惟在守一勿失而已。若朝臣能任仲山甫之重，式是百辟，则孰敢不肃？”〔2〕

由上可知，刘劭精心制定的《都官考课》七十二条“其文可谓致密”，但并不十分符合时局形势，故而阻力重重，加上明帝不久驾崩，终未能发挥应有的作用，但君主对于官吏需要定期考核的思路始终没有改变。魏齐王曹芳嘉平初年，司马懿除掉另一位辅政大臣曹爽后可谓独揽大权，为了收拢人心，遂“奏博问大臣得失”。征南将军王昶上疏陈治略五事，其中谈及应该依照考试结

〔1〕《三国志》卷二十一《魏书二十一·傅嘏传》。
〔2〕《三国志》卷二十四《魏书二十四·崔林传》。

果对官员进行奖惩："欲用考试，考试犹准绳也，未有舍准绳而意正曲直，废黜陟而空论能否也。""欲令居官者久于其职，有治绩则就增位赐爵。"曹芳善其言，下诏表示褒赞，并让他撰写《百官考课》。王昶"以为唐虞虽有黜陟之文，而考课之法不垂。周制冢宰之职，大计群吏之治而诛赏，又无校比之制。由此言之，圣主明于任贤，略举黜陟之体，以委达官之长，而总其统纪，故能否可得而知也"〔1〕。从现存史料来看，王昶所制《百官考课》条例，突破秦汉以来重地方官考核的情况，开创了中央政府对内职官员进行考课的尝试。

吴、蜀两国，似也实行过考课制度。据史书记载，陆凯上疏吴末帝孙皓，提到孙权执政之时采用的考课制度今已不见，因而导致地方官吏无心吏治："先帝时，居官者咸久于其位，然后考绩黜陟。今州县职司，或莅政无几，便征召迁转，迎新送旧，纷纭道路，伤财害民，于是为甚。"〔2〕蜀国丞相诸葛亮亦曾"考微劳，甄壮烈"〔3〕，但详情待考。

西晋建立，中国社会呈现短暂的统一态势，对于官员管理问题，统治者继续努力推动。开国君主晋武帝初年，杜预因"博学多通，明于兴废之道"而奉命与车骑将军贾充等共同制定《泰始律》。其后杜预作为河南尹"以京师王化之始，自近及远，凡所施论，务崇大体"，再次受诏作考课之法：

臣闻上古之政，因循自然，虚己委诚，而信顺之道应，

〔1〕《三国志》卷二十七《魏书二十七·王昶传》。
〔2〕《三国志》卷六十一《吴书十六·陆凯传》。
〔3〕《资治通鉴》卷七十一《魏纪三》，第2243页。

神感心通，而天下之理得。逮至淳朴渐散，彰美显恶，设官分职，以颁爵禄，弘宣六典，以详考察。然犹倚明哲之辅，建忠贞之司，使名不得越功而独美，功不得后名而独隐，皆畴咨博询，敷纳以言。及至末世，不能纪远而求于密微，疑诸心而信耳目，疑耳目而信简书。简书愈繁，官方愈伪，法令滋章，巧饰弥多。昔汉之刺史，亦岁终奏事，不制算课，而清浊粗举。魏氏考课，即京房之遗意，其文可谓至密。然由于累细以违其体，故历代不能通也。岂若申唐尧之旧，去密就简，则简而易从也。夫宣尽物理，神而明之，存乎其人。去人而任法，则以伤理。今科举优劣，莫若委任达官，各考所统。在官一年以后，每岁言优者一人为上第，劣者一人为下第，因计偕以名闻。如此六载，主者总集采案，其六岁处优举者超用之，六岁处劣举者奏免之，其优多劣少者叙用之，劣多优少者左迁之。今考课之品，所对不钧，诚有难易。若以难取优，以易而否，主者固当准量轻重，微加降杀，不足复曲以法尽也。《己丑诏书》以考课难成，听通荐例。荐例之理，即亦取于风声。六年顿荐，黜陟无渐，又非古者三考之意也。今每岁一考，则积优以成陟，累劣以取黜。以士君子之心相处，未有官故六年六黜清能，六进否劣者也。监司将亦随而弹之。若令上下公相容过，此为清议大颓，亦无取于黜陟也。[1]

杜预认为，封建统治“设官分职，以颁爵禄，弘宣六典，以

〔1〕《晋书》卷三十四《杜预传》。

详考察”，是为“明哲之辅”。不幸的是自从汉末以来考课难以为继，“法令滋章，巧饰弥多”。曹魏虽重新制定考课条例，然“其文可谓至密。然由于累细以违其体，故历代不能通也”，而西晋初年临时采用的“荐例”方式，“又非古者三考之意”。于是杜预所制定的考课之法，首先建议在各部门设置主持考课的官吏：“今科举优劣，莫若委任达官，各考所统”，每年上计时进行评定：“在官一年以后，每岁言优者一人为上第，劣者一人为下第，因计偕以名闻。”然后以六年为周期，综合统计成绩优劣予以奖惩：“如此六载，主者总集采案，其六岁处优举者超用之，六岁处劣举者奏免之，其优多劣少者叙用之，劣多优少者左迁之。”同时，杜预也谈到，考课涉及各级地方官吏，名目众多，执行起来并非易事：“今考课之品，所对不钧，诚有难易。若以难取优，以易而否，主者固当准量轻重，微加降杀，不足复曲以法尽也。”如此详尽的考虑，情形如何呢？晋惠帝初年，廷尉刘颂左迁河内郡守，临行前将自己的政治思想总结万言上书，其中谈到当时盛行清议法的弊端，建议设立考课之法：“今阎闾少名士，官司无高能，其故何也？清议不肃，人不立德，行在取容，故无名士。下不专局，又无考课，吏不竭节，故无高能。无高能，则有疾世事；少名士，则后进无准，故臣思立吏课而肃清议。”元康初年，刘颂迁为吏部尚书，再次提出希望通过考课明其赏罚：“欲令百官居职希迁，考课能否，明其赏罚。”〔1〕由此可知，杜预所制考课条例虽有异于曹魏，但终究难离未竟之运。

东晋一朝偏安江南一隅，初期似乎对地方长吏实行过考课制

〔1〕《晋书》卷四十六《刘颂传》。

度："元帝为晋王，课督农功，诏二千石长吏以入谷多少为殿最。"[1]根据每年谷物收成为考核内容。"会稽内史诸葛恢莅官三年，政清人和，为诸郡首，宜进其位班，以劝风教。今增恢秩中二千石"，正所谓"赏罚黜陟，所以明政道也"[2]。可见，明确的奖惩措施对于澄清吏治、激励官员是很有必要的。

〔1〕《晋书》卷二十六《食货志》。
〔2〕《晋书》卷七十七《诸葛恢传》。

参考文献：

《后汉书》，中华书局 1999 年 3 月版。

《三国志》，中华书局 1999 年 3 月版。

《晋书》，中华书局 1999 年 4 月版。

《宋书》，中华书局 1999 年 5 月版。

萧统著，李善注：《文选》，上海古籍出版社 1986 年 6 月版。

杜佑撰，王文锦等点校：《通典》，中华书局 1988 年 12 月版。

李林甫等撰，陈仲夫点校：《唐六典》，中华书局 1992 年 1 月版。

《资治通鉴》，中华书局 1956 年 6 月版。

马端临：《文献通考》，浙江古籍出版社 1988 年 11 月第 1 版。

俞正燮：《癸巳存稿》，商务印书馆，1957 年 11 月重印版（1937 年初版）。

张鹏一编著，徐清廉校：《晋令辑存》，三秦出版社 1989 年 1 月版。

钱穆：《中国历代政治得失》，三联书店 2005 年 3 月版。

本章执笔：任　慧